Karl-Heinz Hennen

Niederländisch

Ein Sprachkurs für Schule, Beruf
und Weiterbildung

unter Mitarbeit von Rainer Neukirch,
Herman Vekeman, Jef Vromans

Max Hueber Verlag

Zum Lehrbuch sind außerdem erhältlich:

Arbeitsbuch – Best.Nr. 2.5114
2 Cassetten – Best.Nr. 4.5114

5. 4. 3. | Die letzten Ziffern
1996 95 94 93 92 | bezeichnen Zahl und Jahr des Druckes.
Alle Drucke dieser Auflage können, da unverändert, nebeneinander benutzt werden.
1. Auflage

Verlagsredaktion: Manfred Zimmer, München
Zeichnungen: Winston D. Harms, Zandvoort
Gesamtherstellung: Allgäuer Zeitungsverlag, Kempten
Printed in Germany
ISBN 3-19-005114-3

Vorwort

Dieses Lehrbuch gibt eine Einführung in die niederländische Sprache, die in den Niederlanden und in Belgien sowie teilweise noch in ehemaligen Kolonien dieser Länder von mehr als zwanzig Millionen Menschen gesprochen wird. Das erreichbare Lernziel entspricht den Anforderungen des „Zertifikats Niederländisch" des Deutschen Volkshochschul-Verbandes, das in dreizehn europäischen Ländern anerkannt ist. Mit dem Lehrwerk wird der verbindliche Wortschatz von rund 2000 Wörtern nahezu vollständig erarbeitet. Darüber hinaus bietet es zahlreiche Erweiterungen in Form von Wortfeldern und Satzmustern. Sie dienen der sprachlichen Differenzierung und Realisierung möglichst vieler wirklichkeitsnaher Sprechanlässe.

Mit *Niederländisch* werden auch die Anforderungen des „Certificaat Nederlands als vreemde taal" auf dem Niveau „elementaire kennis" und „basiskennis" vollständig und auf dem Niveau „uitgebreide kennis" weitgehend erfüllt.

Das Lehrwerk ist geeignet für:

- die Erwachsenenbildung (wie etwa an Volkshochschulen und in vergleichbaren Weiterbildungseinrichtungen)
- Sprachkurse an Universitäten
- Schüler der letzten Klassen der Mittelstufe und der Oberstufe.

Auf kommunikativer Basis vermittelt *Niederländisch* Grundkenntnisse zur Bewältigung von Alltagssituationen. Darüber hinaus wird die Fähigkeit entwickelt, Informationen, Erfahrungen und Ansichten zu zahlreichen Lebensbereichen mitzuteilen, auszutauschen und zu kommentieren. Schrittweise erkennt der Lerner dabei die Regeln der Grammatik, erweitert seinen Wortschatz und sammelt landeskundliches Wissen. Neben den überwiegend auf Partner- und Gruppenarbeit abgestimmten Übungen im Lehrbuch bietet das Arbeitsbuch ausreichend Gelegenheit, in Einzelarbeit Erlerntes zu festigen und zu wiederholen. Ebenso kann der Lerner hier sein Hörverständnis gezielt trainieren.
Der Einsatz der Textcassetten im Unterricht ist besonders empfehlenswert, um den Lerner frühzeitig an unterschiedliche Sprecher und Sprechgeschwindigkeiten zu gewöhnen.

In den Lektionen finden sich zur leichteren Orientierung folgende Symbole:

Text auf Cassette

Partnerarbeit

Gruppenarbeit

⊙ Erweiterung des Wortschatzes über die Zertifikatsanforderungen hinaus

Wir wünschen Ihnen beim Lernen viel Spaß und Erfolg.

Inhalt

Les	Redeabsichten	Bereiche	Grammatik
15 Seite 81	Vorgänge erklären und Handlungsanweisungen geben; schlechtes Befinden ausdrüken; einen Irrtum aufklären; Eigenschaften und Zustände beschreiben; Ortsbeschreibungen durchführen	Flugreise; Gesundheitszustand; Datum; Hotel und Service; touristischer Prospekt; Landschaft	**Plural** auf **-heid/heden; Präsens** bei Verben mit **Konsonantenwechsel s/z** und **f/v; Plural** auf **-en** mit **Konsonantenwechsel** von **f/s** zu **v/z**
16 Seite 85	Beschreibung eines Vorgangs; Gesprächsthema wechseln; Gefallen, Mißfallen ausdrücken; Recht, Unrecht geben; Zustände beschreiben; Glückwünsche ausdrücken	Umzug in eine neue Wohnung; Art, Lage, Größe von Wohnung oder Haus, Beschreibung der Zimmer und der Einrichtung; Miete, Kosten; Lage des Wohnortes; Glückwunschkarte	**Imperfekt** der **schwachen Verben; Genitiv** bei Personennamen
17 Seite 89	Beschreibung eines Vorgangs; Beschreibung von Erlebnissen; Beschreibung von Dingen; Zufriedenheit, Unzufriedenheit ausdrücken	Autofahrt in die Niederlande; Sehenswürdigkeiten; Verkehrsstau; Wohnungseinrichtung, elektrische Anschlüsse, Heizung, Geräte etc.; Berufe, Arbeitsbedingungen	**Imperfekt** der **schwachen Verben:** Verbstamm auf **-f, -s, -d, -t; Possessivpronomen;** Plural auf -eren; **zwei Pluralformen** eines Substantivs mit **Bedeutungsunterschieden**
18 Seite 94	Gesundheitliches Befinden beschreiben; Sorge ausdrücken; um eine Gefälligkeit bitten; Dienste anbieten und darauf reagieren; Empfehlungen aussprechen; Eigenschaften, Zustände von Personen beschreiben	Krankheit; Arztbesuch; Medizin; Fische, Muscheln, Krebse etc.; Supermarkt; Metzger; Fleisch-, Wurstsorten; Maße und Gewichte	**Maße** und **Gewichte, Dezimalzahlen**

Les	Redeabsichten	Bereiche	Grammatik
23 Seite 122	Einkaufsgespräch erarbeiten und führen; Zustände beschreiben; von der Notwendigkeit einer Handlung überzeugen; Absichten und Pläne darlegen	Kleider kaufen und umtauschen; Wetterbericht in Zeitung; Friseur	**Imperfekt** und **Perfekt;** temporale **Konjunktionen:** *als, nadat, sinds, terwijl, toen, tot, voordat, zodra, zolang;* unregelmäßige **Steigerung**
24 Seite 126	Voraussetzungen nennen, Bedingungen stellen; die Eignung für etwas darlegen; den Erwartungen eines Dritten entsprechen	Stellenanzeige; Bewerbungsgespräch; Bewerbungsschreiben; Landschaft, Natur, Umgebung, Umweltschutz; Farben	Abweichender Gebrauch von *hebben* und *zijn* bei **Perfektzeiten**
25 Seite 130	Tätigkeiten, Beschäftigungen beschreiben, Hintergründe erläutern; kritische Diskussionen führen; Eigenschaften von Dingen und Personen nennen	Hausfrauentätigkeiten; Kindererziehung; Berufsleben; niederländisches Geld	**Vokaländerungen** bei Pluralbildungen; Ergänzungen zum **Partizip Perfekt; Infinitiv** mit oder ohne *te* nach *liggen, lopen, staan, zitten;* **Steigerungen** mit *meer, meest*
26 Seite 135	Wünsche äußern, Mißfallen, Unzufriedenheit ausdrücken; Auswahl treffen; Gefühle, Stimmungen wiedergeben	Getränke, Speisen; Essen im Restaurant	Ergänzungen zum **Adjektiv;** Ergänzungen zu **Vergleichen; Diminutive; Passiv**

Les	Redeabsichten	Bereiche	Grammatik
27 Seite 140	Zwischen mehreren Möglichkeiten abwägen; Interesse an etwas ausdrücken; Vorgang schildern und Erwartungen äußern	Beschäftigungen in Freizeit und Urlaub; Hobbys; Anzeige bei der Polizei; Straßenwacht; Gemüseladen, Gemüsesorten	**Brüche** und andere **Zahlwörter; Adverbialpronomen** *er;* **Konjunktionen:** *al, hoewel*
28 Seite 144	Jemanden zu überzeugen versuchen; Weg, Landschaft beschreiben; nach Absichten und Gewohnheiten fragen, diese erläutern; Auskünfte erteilen	Reklame eines Touristikbüros; Angebot in einem Prospekt; Rund um das Auto: Fahrstil, Reparaturen, Ersatzteile, Kauf, Verkehrsschilder; Zugverbindungen	**Relativpronomen;** Ergänzungen zur **Pluralbildung** auf **-s**
29 Seite 149	Freude, Gefallen ausdrücken; um Gefälligkeiten bitten; Ursachen beschreiben, Erfahrungen austauschen; Änderungen mitteilen; Vorsorge treffen, Folgen bedenken; Mitgefühl, Teilnahme bezeugen	Frühstück im Hotel; Besuch beim Zahnarzt; Adressenänderung; Parkschein und Parkzeit	**Reflexive** und **nichtreflexive Verben;** Unterschiede der **Reihenfolge** von Verben; Ergänzungen zur **Pluralbildung; Konjunktionen:** *dat, opdat, zodat, of*
30 Seite 154	Entwicklungen von Sachverhalten aufzeigen und erläutern; Unterschiede verdeutlichen; Voraussetzungen und Bedingungen nennen können	Bevölkerung der Niederlande; Religionsgemeinschaften; niederländische Provinzen; Zollbestimmungen; Reisedokumente	**Konjunktionen:** *doch, echter, maar, terwijl; als, indien; alsof, of*

Derde test

Seite 158

Anhang

Les 1

1

Dag

A: Dag mevrouw.
B: Dag meneer.
A: Ik ben Arie de Groot.
B: Ik ben Annie Gerritsen.

2

Hallo

A: Hallo.
B: Hallo.
A: Ik ben Wim.
B: Ik ben Nelly.

3

Dag mevrouw / meneer.
Ik ben .....

Hallo.
Ik ben .....

4

Mag ik mij even voorstellen?

A: Dag mevrouw.
B: Dag meneer.
A: Mag ik mij even voorstellen?
Mijn naam is De Groot.
B: Ik ben blij u te leren kennen.
Mijn naam is Annie Gerritsen.
A: Hoe maakt u het, mevrouw Gerritsen?
B: Dank u. En hoe maakt u het, meneer De Groot?
A: Goed, dank u.

5

Hoe maak je het?

A: Hallo.
B: Hallo.
A: Ik ben Wim.
B: Ik ben blij je te leren kennen.
Ik ben Nelly.
A: Hoe maak je het, Nelly?
B: Dank je. En hoe maak jij het, Wim?
A: Goed, dank je.

6

Mag ik mij even voorstellen?
Mijn naam is ..... (Ik ben .....)

Hoe maakt u het .....?
(Goed.) Dank u. En hoe maakt u het .....?

Hoe maak je het .....?
(Goed.) Dank je. En hoe maak jij het .....?

7

Hoe heet u?

A: Excuseert u mij, hoe heet u?
B: Ik heet De Groot.
A: En hoe is uw voornaam?
B: Mijn voornaam is Arie.
En wie bent u?
A: Ik ben Annie Gerritsen.

8

Hoe heet jij?

A: Sorry, hoe heet jij?
B: Ik heet Wim.
A: En hoe is jouw achternaam?
B: Mijn achternaam is Wouters.
En wie ben jij?
A: Ik ben Nelly Mook.

9

Hoe is uw naam? (Hoe heet u? Wie bent u?)
Hoe is jouw naam? (Hoe heet jij/je? Wie ben jij/je?)

Mijn naam (voornaam/achternaam) is .....
(Ik heet ..... Ik ben .....)

10

Kom je uit Duitsland?

A: Ik heet Annie, en jij?
B: Ik heet Hans.
Ik ben blij je te leren kennen.
A: Kom je uit Duitsland?
B: Ja, ik kom uit Keulen.
Jij komt zeker uit Nederland?
A: Nee, ik kom niet uit Nederland.
Ik kom uit België.

11

Kom je uit ..... (Duitsland)?
Ja.
Ja, (ik kom) uit ..... (Keulen).
Nee, (ik kom) niet uit ..... Ik kom uit .....
Nee, uit .....

12

ik/mijn – jij (je) / jouw (je) – u/uw

Ik heet Annie.
Mag **ik** mij even voorstellen?
Mijn naam is Gerritsen.

Jij komt uit België. – **Je** komt uit België.
Kom **jij** uit Duitsland? – Kom **je** uit Duitsland?
Hoe is **jouw** voornaam? – Hoe is **je** voornaam?

U bent mevrouw Gerritsen.
Komt **u** uit Duitsland?
Hoe is **uw** naam?

Die Kurzform **je** ist für Personal- und Possessivpronomen gleich. Sie wird in unbetonter Stellung verwendet.

13

Een telefoongesprek

A: Met mevrouw De Vries.
B: Dag, mevrouw De Vries. Met Bergman.
Hoe gaat het met u?
A: Dank u. En met u?
B: Goed, dank u. Kan ik uw man spreken?

A: Het spijt me. Hij is niet thuis. Hij is op reis.

B: Daar is niets aan te doen. Ik zal dan morgen nog eens opbellen. Dag, mevrouw De Vries.

A: Dag, meneer Bergman.

14

Voer een telefoongesprek

A: Met .....
B: Dag .....
Met .....
Hoe .....
A: Dank u. En .....
B: Goed, ...

Kan ik uw	man vrouw	spreken?

A: Het spijt me.	Hij Zij	is niet thuis.

Hij Zij	is op .....

B: Daar is niets .....
Ik zal dan morgen nog eens .....
Dag .....
A: Dag .....

15

ben – bent – is

ik	**ben** thuis.	u	**bent** **is**	thuis.
jij/je	**bent** thuis.			
hij zij/ze het	**is** thuis.			

Pas op: **Ben** je thuis?
Ben jij thuis?

Steht das Verb vor dem Personalpronomen, wird **je** häufiger als **jij** verwendet, da es meist unbetont ist. In jedem Fall entfällt dann die Verbendung **-t**.

16

Hoe maakt u het?
Hoe gaat het met u?

Hoe maak jij (je) het?
Hoe gaat het met jou (je)?

Beide Ausdrücke sind gleichwertig.

17

Zo zegt men het in het Nederlands

Dag meneer. / *Dag mevrouw.*
Ik ben blij u te *leren kennen.*
Met (mevrouw) .....
Het spijt me.
Hij is niet *thuis.*
Meneer De Vries is *op reis.*
Daar is niets aan te doen.
Ik *zal* dan morgen nog eens *opbellen.*

Les 2

1

Op reis

A: Kan ik uw man spreken?
B: Het spijt me. Hij is niet thuis. Hij is op reis.
A: Wanneer komt hij terug?
B: Hij is met de auto naar Duitsland.
Hij zal vanavond zeker weer terug zijn.
A: Mag ik dan over een uur of drie nog eens terugkomen?
B: Natuurlijk, meneer Kuiper.
A: Dank u. Tot ziens, mevrouw Sluis.
B: Geen dank. Dag, meneer Kuiper.

2

Voer een telefoongesprek

A: Kan ik uw | man / vrouw | spreken?
B: Het spijt me. | Hij / Zij | is niet thuis.
| Hij / Zij | is op .....
A: Daar is niets ..... te doen.
B: Hij zal | vanavond / morgen / over een uur / over een uur of drie | weer terug zijn.
A: | Mag / Kan | ik dan nog ..... opbellen?
B: | Zeker, / Natuurlijk, | meneer ..... / mevrouw .....
A: Dank u; dag .....
B: Dag .....

3

jij/je – jouw/je

Jij komt uit Keulen, ik uit Utrecht.
Je komt uit Keulen.

Is de meneer op de foto **jouw** man?
Mag ik **je** man spreken?

In betonter Stellung müssen **jij** und **jouw** verwendet werden.

4

Kun je een ogenblik wachten?

A: Is je vrouw thuis?
B: Ik weet het niet, Griet. Ik zal eens even gaan kijken. Kun je een ogenblik wachten?
A: Natuurlijk, Piet.

– Een paar minuten later –

B: Sorry, ze is niet thuis. Ik hoor van mijn zoon dat zij met mijn dochter is gaan winkelen.

5

A: Is je vrouw / man / dochter / zoon thuis?

B: Ik weet het niet. Kun je een ..... wachten? .....

B: Sorry, / Het spijt me, zij / hij is niet thuis.

Zij / Hij is gaan winkelen. / op reis.

A: Hartelijk dank / Dank je / Bedankt (voor je moeite), ...

6

Waar kom jij vandaan?

A: Waar kom jij vandaan?

B: Ik kom uit Duitsland.
Waar kom jij vandaan?

A: Ik kom uit België.
Kom jij ook uit België?

C: Nee, ik kom uit Nederland.
In welke stad woon jij?

B: Ik woon in Keulen.
En uit welke stad kom jij?

C: Ik kom uit Utrecht.

7

Belgische, Nederlandse en Duitse steden

1 Groningen
2 Amsterdam
3 's-Gravenhage / Den Haag
4 Rotterdam
5 Arnhem / Arnheim
6 Eindhoven
7 Gent
8 Antwerpen
9 Brussel / Bruxelles / Brüssel
10 Leuven / Löwen
11 Maastricht
12 Aken / Aachen
13 Keulen / Köln
14 Luik / Liège / Lüttich
15 Luxemburg / Luxembourg

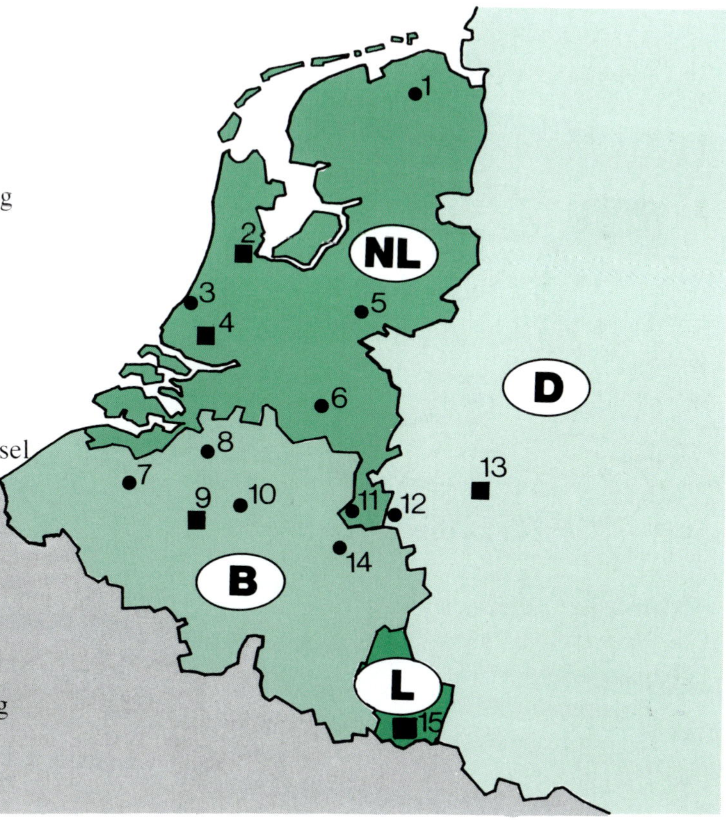

8

De nationaliteit

A: Wat is uw nationaliteit?
B: Ik ben Duitser.
A: En is uw vrouw ook Duitse?
B: Nee, zij is Nederlandse.
A: Dan moet ik ook nog vragen, welke nationaliteit uw dochtertje heeft .....
B: Zij is Duitse.

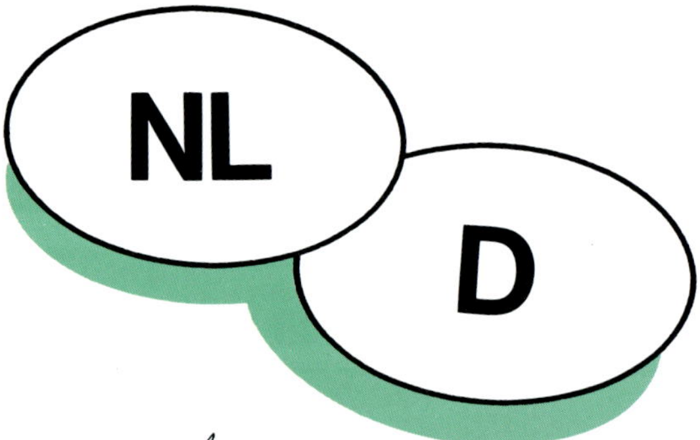

9

Waar kom jij vandaan?
  Ik kom uit .....
Kom jij (ook) uit .....?
  Nee, ik kom niet uit .....
  Ik kom uit .....
In welke stad woon je?
  (Ik woon) in .....

10

Waar komt u vandaan?
  Ik kom uit .....
Komt u (ook) uit .....?
  Nee, ...
In welke stad woont u?
  (Ik woon) in .....
Wat is uw nationaliteit?
  Ik ben .....

11

Nederland – Nederlands – de Nederlander – de Nederlandse
België – Belgisch – de Belg – de Belgische
Duitsland – Duits – de Duitser – de Duitse

Frankrijk – Frans – de Fransman – de Franse/Française
Italië – Italiaans – de Italiaan – de Italiaanse
Engeland – Engels – de Engelsman – de Engelse

Spanje – Spaans – de Spanjaard – de Spaanse

12

Vragende voornaamwoorden

Hoe heet u?
Wie bent u?
Waar woont u?
Wanneer komt hij terug?
In **welke** stad woon je?
Wat is uw nationaliteit?
Wat voor een nationaliteit hebt u?

13

Kunt u wat langzamer spreken?

A: Ik kan u niet goed verstaan, als u zo vlug praat. Kunt u wat langzamer spreken, alstublieft?
B: Ja, vanzelfsprekend. Bent u buitenlander?
A: Ja, ik ben Duitser. Ik kom uit Frankfurt.
B: U spreekt al heel goed Nederlands.

14

Kunt u wat langzamer spreken, alstublieft?
Ja, natuurlijk.
Ja, zeker.
Bent u buitenlander?
Ja, ik ben ..... / Nee.

15

Hoofdtelwoorden/Cijfers

0	1	2	3
nul	een, één	twee	drie
4	5	6	7
vier	vijf	zes	zeven
8	9	10	11
acht	negen	tien	elf
12			
twaalf			

16

Zo zegt men het in het Nederlands

Hij *komt over een uur of drie terug.*
Geen dank.
Ik *zal* eens even *gaan kijken.*
Zij is *gaan winkelen.*
Ik vind het jammer dat zij niet thuis is.
Waar komt u *vandaan*?

Les 3

1

Kennis maken

A: Bent u (me)juffrouw Mulder?

B: Nee, u vergist zich. Ik ben mevrouw De Smet, maar (me)juffrouw Mulder zal over een ogenblik hier zijn.

A: Pardon, mevrouw De Smet. Ik hoop dat u mij de vergissing niet kwalijk neemt.

B: Natuurlijk niet. Ik neem aan dat u meneer Van Gelderen bent?

A: Ja, dat ben ik. Sorry, nu ben ik ook nog vergeten mij voor te stellen.

B: Mag ik u aan die dame voorstellen, die daar net komt?
Meneer Van Gelderen – (Me)juffrouw Mulder.

A: Aangenaam.

2

A: Bent u mevrouw (meneer, (me)juffrouw) .....?

B:
- Nee, u vergist zich. | Ik ben .....
- Nee. | Ik ben .....
- Nee, dat ben ik niet. | Ik ben .....
- Ja, dat ben ik.

A: Ik neem aan dat u mevrouw (meneer, (me)juffrouw) ..... bent?

B:
- Nee, u vergist zich. | Ik ben .....
- Nee. | Ik ben .....
- Nee, dat ben ik niet. | Ik ben .....
- Ja, dat ben ik.

A: Mag ik u aan mevrouw (meneer, (me)juffrouw) ..... voorstellen?

(Me)juffrouw	(Me)juffrouw .....
Mevrouw	Mevrouw .....
Meneer	Meneer .....

B:
- Ik ben blij u te leren kennen.
- Aangenaam.

3

Rangtelwoorden

1e	(de, het) eerste	5e	(de, het) vijfde	9e	(de, het) negende
2e	tweede	6e	zesde	10e	tiende
3e	derde	7e	zevende	11e	elfde
4e	vierde	8e	achtste	12e	twaalfde

4

Tegenwoordige tijd van „mogen, kunnen, zullen"

ik	**mag**	**kan**	**zal**	morgen nog eens opbellen.
jij/je, u	**mag**	**kunt (kan)**	**zult (zal)**	
hij, zij, het	**mag**	**kan**	**zal**	
wij, jullie, zij	**mogen**	**kunnen**	**zullen**	

Pas op! **Kun** (Kan) / **Zul** (Zal) je (jij) morgen nog eens opbellen?

Bei **mogen** gibt es im Präsens nur noch zwei Formen, eine für den Singular und eine für den Plural. Bei **kunnen** und **zullen** gibt es drei Formen. **Kunt** und **zult** sind bei der zweiten Person Singular noch die wesentlich gebräuchlicheren Formen. Wird bei diesen beiden Formen **je/jij** nachgestellt (Inversionsstellung), so entfällt das „-t".
Zullen wird im Niederländischen zur Bildung des Futurs benutzt.

5

Nederlands leren

A: Is dat uw vierde les Nederlands?
B: Nee, dat is al mijn vijfde les Nederlands.
A: Heeft u al een andere vreemde taal geleerd?
B: Ja, ik heb op school Engels geleerd.
A: Heeft u ook al een andere vreemde taal geleerd?
C: Nee, nog niet. – Leert u nog andere vreemde talen dan Nederlands?
A: Nee, helaas niet. Ik leer alleen maar Nederlands.

6

Is dat uw	eerste tweede derde	les Nederlands?

Ja.
Nee, dat is (al) mijn ..... les (Nederlands).

Heeft/Hebt u ook al een andere vreemde taal geleerd?

Ja, ik heb (op school)	Engels Italiaans Spaans	geleerd.

Nee,	nog niet. helaas (nog) niet.

Leert u nog andere vreemde talen	dan behalve	Nederlands?

Ja, ik leer ook/ook nog .....
Nee, helaas niet.

7

Meneer Van Gelderen verwacht u

A: Goedemorgen mevrouw.
B: Goedemorgen meneer. Mag ik uw naam weten?
A: Natuurlijk. Mijn naam is Dik de Brouwer. Hier is mijn kaartje.
B: Dank u. Meneer Van Gelderen verwacht u. Ik zal hem even roepen.

C: Dag Dik.
A: Dag Klaas.
C: Fijn dat je gekomen bent. Hoe maak je het?
A: Dank je, heel goed. En jij?
C: Dank je, uitstekend.
Mag ik je aan mijn vrouw voorstellen?
A: Ik vind het leuk u te leren kennen, mevrouw Van Gelderen.
D: Welkom bij ons, meneer De Brouwer.
A: Hoe gaat het met u, mevrouw Van Gelderen?
D: Ik voel me vandaag niet goed. Ik heb hoofdpijn.
A: Dat vind ik erg jammer.

8

dag	– goedendag
morgen	– goedemorgen
middag	– goedemiddag
avond	– goede*n*avond
nacht	– goedenacht
	– welterusten

9

Dag (Goedemorgen, Goedenavond), mevrouw (meneer, mejuffrouw). Mag ik uw naam weten?

Ik vind het leuk Het is fijn Ik ben blij	dat u gekomen bent. u te leren kennen.

Hoe maakt u het? (Hoe gaat het /met u/?)
Dank u, goed.
Dank u, heel goed.
Dank u, uitstekend.
(Dank u.) Ik voel me goed.

Hoe maakt u het? (Hoe gaat het /met u/?)
Ik voel me niet (erg) goed.
Dat vind ik (erg) jammer.

Dag (Goedemiddag / Tot ziens) .....

10

Persoonlijke voornaamwoorden – enkelvoud

ik <	**mij**	Mag ik **mij** even voorstellen?
	me	Mag ik **me** even voorstellen?
jij	– **jou**	Hoe gaat het met **jou**?
je	– **je**	Hoe gaat het met **je**?
u	– **u**	Ik neem het **u** niet kwalijk.
hij	– **hem**	Ik heb **hem** geroepen.
zij	– **haar**	Ik zal **haar** morgen opbellen.
ze	– **ze**	Ik zal **ze** morgen opbellen.
het	– **het**	Waar is het boek? – **Het** ligt hier. – Wie heeft **het** gelezen?

Die Personalpronomen haben im Niederländischen eine Form für den Nominativ und eine Form für alle anderen Fälle, wobei der Genitiv zusammen mit **van** und bei Personen gelegentlich der Dativ mit **aan** gebildet werden.
Die Kurzformen des Personalpronomens werden meistens in unbetonter Stellung benutzt.

11

Tegenwoordige tijd van „hebben"

ik	**heb**	geen tijd.
jij, je	**hebt**	geen tijd.
u	**hebt** **heeft**	geen tijd.
hij, zij, het	**heeft**	geen tijd.
wij, jullie, zij	**hebben**	geen tijd.

Pas op! **Heb** je geen tijd?

U heeft hat gegenüber **u hebt** ein höheres Niveau.

12

Zo zegt men het in het Nederlands

U *vergist* zich.
Dat neem ik (niet) kwalijk.
Neem (het) mij/me niet kwalijk.
Ik *ben* vergeten mij voor te stellen.
Ik *leer (alleen maar)* Nederlands.
Leert u nog andere talen *behalve* Nederlands? – Nee, *helaas* niet.
Het gaat me *uitstekend*.
Dat vind ik erg jammer.
Welterusten!

Les 4

1

Een verrassend bezoek

Bij de familie De Bruin wordt gebeld. Meneer de Bruin doet de deur open en ziet een hem onbekende vrouw.

A: Dag meneer ..... ik vermoed ..... meneer De Bruin.

B: Ja, dat is juist ..... dag mevrouw ..... Maar, wie bent u?

A: Ik ben mevrouw Claas. Kan ik met uw vrouw spreken?

B: Verwacht zij u, mevrouw Claas?

A: Nee, zeker niet. Ik kom onverwacht.

B: Wanneer hebt u kennis gemaakt met mijn vrouw?

A: Wij zijn samen op school geweest. Misschien heeft uw vrouw het wel eens over een zekere Clara gehad. Dat ben ik.

B: Clara Claas ..... nu begrijp ik het. Ik ben blij u te leren kennen. Komt u maar binnen!

A: Dank u.

2

Ik vermoed, dat u	mevrouw ..... meneer	bent.

Ja, dat is juist.
Ja, dat ben ik.
Nee, u vergist zich. Ik ben .....

(Maar,) wie bent u?	Ik ben .....
Hoe is uw naam?	(Mijn naam is) .....
Hoe heet u?	(Ik heet) .....

Kan ik met uw	vrouw man	spreken?

Verwacht	zij hij	u,	meneer .....? mevrouw .....?

Ja. Ik heb mijn bezoek aangemeld.
Ja. Ik heb mij aangemeld.
Nee. Mijn bezoek is onverwacht.
Nee. Ik kom onaangemeld.

Wanneer hebt u kennis gemaakt met mijn	vrouw? man?

Wij zijn samen op school geweest.
Wij hebben samen een cursus Nederlands gevolgd.
Wij hebben als studenten samen in hetzelfde huis gewoond.
Wij hebben samen gestudeerd.
Wij hebben samen gewerkt.
Wij hebben samen onze dienstplicht vervuld.

3

Stoor ik?

A: Dag, meneer Schrijver.
B: Dag, mevrouw Van der Elst.
A: Ik ben blij u te zien. U wilt zeker naar mijn man.
B: Stoor ik?
A: Integendeel. Blijft u gerust.

4

A: Dag .....
B: Dag .....
A: | Ik vind het leuk | u te zien.
   | Het is fijn | dat u gekomen bent.
   | Ik ben blij | dat u hier bent.
Welkom bij ons!
U wilt zeker naar .....
B: Stoor ik (niet)?
A: | Integendeel.
   | Natuurlijk niet.
   | Vanzelfsprekend niet.

5

Het gezin Van Gelderen

6

Hoeveel kinderen heeft het gezin Van Gelderen?
Hoe heet de zoon?
Is Mieke de voornaam van de dochter?
Hoe is de voornaam van de vader?
Hoe heet de moeder van Ruud en Johanna?

7

Zitten te wachten

Mevrouw Claas en meneer De Bruin gaan het huis binnen.

A: Stoor ik?
B: Nee, helemaal niet. Gaat u zitten, alstublieft! Mag ik u iets aanbieden?
A: Doet u geen moeite, alstublieft!
B: Mijn vrouw is gaan winkelen. Zij zal over een paar minuten weer terug zijn. Ik hoop dat u de tijd hebt om te wachten en om een kopje koffie te drinken.
A: U bent heel vriendelijk. Ik wacht graag nog even om een vriendin terug te zien.

8

Komt u maar binnen!
Stoor ik (niet)?
Mag ik u iets aanbieden?

Hebt u de tijd om	een paar minuten
Hebt u tijd om	een ogenblik
Kunt u	een half uurtje

(te) wachten?

9

Komt u binnen, alstublieft!
Komt u maar binnen!
Komt u binnen!

Kom binnen, alsjeblieft!
Kom maar binnen!
Kom binnen!

Binnen!

10

Alstublieft (a.u.b.) en alsjeblieft

Komt u binnen, **alstublieft**!
Gaat u zitten, **alstublieft**!
Neemt u plaats, **a.u.b.**!

Kom binnen, **alsjeblieft**!
Kom **alsjeblieft** binnen!
Ga zitten, **alsjeblieft**!

Kunt u mij dit boek geven, **a.u.b.**?
Kun je mij dit boek geven, **alsjeblieft**?
– Ja, graag!

Häufiger als das deutsche „bitte“ wird **alstublieft/alsjeblieft** nachgestellt.
alstublieft → bei Personen, die man siezt.
alsjeblieft → bei Personen, die man duzt.

11

Tegenwoordige tijd van „willen“

ik	**wil**	naar huis gaan.
jij/je, u	**wilt**	naar huis gaan.
hij, zij, het	**wil**	naar huis gaan.
wij, jullie, zij	**willen**	naar huis gaan.

Pas op! **Wil** je naar huis gaan?

12

Meervoud van de tegenwoordige tijd

wij **zijn – zullen – kunnen – mogen**
jullie **zijn – zullen – kunnen – mogen**
zij **zijn – zullen – kunnen – mogen**

Wij **zijn** samen op school geweest.
Moeder en dochter **zullen** gaan winkelen.
Jullie **kunnen** morgen nog eens terugkomen.
Mogen zij ons bezoeken?

13

Zo zegt men het in het Nederlands

Bij de familie De Bruin *wordt gebeld*.
Hij *doet* de deur *open*.
Wij zijn samen *op school* geweest.
Zij heeft het over een *zekere* Clara *gehad*.
Nu *begrijp* ik het.
Komt u maar binnen!
Wij hebben een cursus Nederlands *gevolgd*.
Blijft u *gerust*!
Doet u geen moeite!
Ik *zal* mijn vriendin *terugzien*.
Gaat u zitten, a.u.b.!
Zij gaan het huis *binnen*.
Dat is *juist*.

Les 5

1

Het gaat niet zo best

A: Dag meneer Loontiens. Fijn dat u gekomen bent. Hoe is het? Doet het nog pijn?

B: Het gaat alweer een beetje beter, meneer Been.

A: Daar zie ik mevrouw Geels. Kent u elkaar al?
Meneer Loontiens – mevrouw Geels.

B: Prettig met u kennis te maken, mevrouw Geels.

C: Ik ben blij u persoonlijk te leren kennen, meneer Loontiens. Getelefoneerd hebben wij al vaak met elkaar. Hoe gaat het?

B: Niet zo best.

C: Wat mankeert u?

B: Ik heb sinds een paar dagen (het) spit in de rug.

C: O, dat doet zeer. Spoedige beterschap!

2

Mag ik u (aan) meneer/mevrouw ..... voorstellen? Meneer ....., mevrouw .....

Kent u elkaar al?

U bent toch mevrouw/meneer .....
Ja, dat is juist.
Nee, u vergist zich. Ik ben .....

Prettig kennis met u te maken.
Ik ben blij u te leren kennen.
Fijn/Prettig u te leren kennen.

Hoe gaat het (met u)?
Hoe gaat het (ermee)?
Hoe is het?

Het wordt steeds erger.
Het gaat niet zo best. / Niet zo best.
Het gaat alweer (een beetje beter).
Het gaat wel.

Wat mankeert u?
Ik heb hoofdpijn (koorts/het spit in de rug).
Spoedige beterschap! / Beterschap!

3

Tot later!

Mevrouw Claas en meneer De Bruin zitten in de woonkamer hun kopje koffie te drinken.

A: Ik vind het jammer dat mijn vrouw nog niet terug is. U wacht al meer dan een half uur.

B: Daar is niets aan te doen. Uw vrouw weet toch niet dat ik hier ben. Maar nu moet ik gaan.

A: Dat is erg jammer! Kunt u niet nog een kwartiertje blijven?

B: Nee, helaas niet. Ik moet weg.

A: Ik dank u voor uw bezoek. Het was leuk u te leren kennen.

B: Ik dank u hartelijk voor uw vriendelijkheid. Doet u de groeten aan uw vrouw!

A: Dat zal ik graag doen. Wanneer zien wij elkaar terug? Ik hoop dat u spoedig nog eens langskomt.

B: Ja, graag. Ik heb ook het gevoel dat we goed met elkaar kunnen opschieten. Maar de volgende keer zal ik eerst met uw vrouw een afspraak maken. Tot ziens, meneer De Bruin.

A: Tot later, mevrouw Claas.

4

Mag ik u een kopje koffie/thee aanbieden?

Kunt u nog even(-tjes) / een paar minuten / een kwartiertje / een half uurtje blijven?

Wanneer zien wij elkaar terug?
Zullen wij een afspraak maken?

5

Enkelvoud en meervoud

de man	**de** mann**en**
de vrouw	**de** vrouw**en**
het boek	**de** boek**en**
een man	mann**en**
een vrouw	vrouw**en**
een boek	boek**en**

Hij doet **de** deur open en ziet **een** vreemde vrouw.
De kinderen doen **de** deur**en** open, maar zij vergeten ze weer dicht te doen.
De vriend**en** zullen **de** boek**en** meebrengen.
Op **het** ogenblik kan ik u niet helpen.

Das Niederländische kennt nur zwei bestimmte Artikel: **de** entspricht den deutschen „der“ und „die“; **het** entspricht „das“. Für den unbestimmten Artikel gibt es nur die Form **een**. Die Formen der Artikel sind unveränderlich, gelten also für alle Fälle.
Die häufigste Pluralbildung bei Substantiven ist die Wortverlängerung **-en**.

6

Bezoek, gast, uitnodiging

Clara Claas wil een kennis bezoeken. Zij gaat op bezoek bij familie De Bruin. Meneer De Bruin krijgt bezoek. Mevrouw De Bruin heeft Clara Claas niet uitgenodigd. Haar bezoek is niet aangekondigd. Zij wordt niet verwacht. Mevrouw Claas en mevrouw De Bruin hebben geen afspraak gemaakt. Mevrouw Claas is op visite bij meneer De Bruin. Clara Claas is de gast van meneer De Bruin. Mevrouw Claas wil even

op mevrouw De Bruin wachten. Voor een nieuwe visite wil Clara Claas met mevrouw De Bruin afspreken. Mevrouw De Bruin kan dan telefonisch afzeggen, als zij nog vóór het bezoek weg moet. Als zij enigszins kan, blijft zij natuurlijk thuis.

7

Heeft u de teksten 4.1 en 4.7, 5.3 en 5.6 goed begrepen?

Is Clara Claas een kennis van meneer de Bruin?
Verwacht mevrouw De Bruin bezoek?
Is Clara Claas samen met mevrouw De Bruin op reis geweest?
Waar is mevrouw De Bruin?
Wat biedt meneer De Bruin mevrouw Claas aan?

8

de zoon	→ **hij**
de dochter	→ **zij**
het boek	→ **het**

Mijn zoon is niet thuis.	**Hij** is op reis.
De dochter is thuis.	**Zij** leest een boek.
Dit boek is interessant.	**Het** is van mijn vriend.

9

Groeten – de groeten doen

(Doet u) de groeten aan uw man!
(Doe) de groeten aan je man!
De groetjes aan uw man!
Groet (u) uw man!
Groet je man!

10

Excuseert u mij!
Excuseer me! Excuseer!
Pardon!
Sorry!

Zij verontschuldigt zich.

Neemt u (het) mij niet kwalijk dat ik stoor!
Neem (het) me niet kwalijk dat ik stoor!

11

Tevergeefs

a. 's Avonds heeft mevrouw Claas 't idee haar schoolvriendin nog eens op te bellen.
b. Zij gaat naar een telefooncel en vindt het telefoonnummer van familie De Bruin in de telefoongids.
c. Clara Claas neemt de hoorn van de haak, gooit een kwartje in de gleuf en draait de kiesschijf (het nummer).
d. Bij familie De Bruin gaat de telefoon. Meneer De Bruin krijgt een telefoontje.
e. Het telefoongesprek is tevergeefs. Het lukt Clara Claas opnieuw niet met mevrouw De Bruin te telefoneren. Zij is alweer niet thuis.
f. Mevrouw Claas verontschuldigt zich, omdat zij meneer De Bruin nog een keer gestoord heeft.

12

Verklaar iemand, hoe hij vanuit een telefooncel telefoneert! (zie nummer 11, a–c)

Gebruik de volgende uitdrukkingen:
opbellen – telefoneren
de telefooncel – het (telefoon)nummer – de telefoongids
de hoorn – het telefoontoestel
een kwartje in de gleuf doen/gooien
de kiesschijf, het nummer draaien

13

Zo zegt men het in het Nederlands

Hoe is het? / Hoe gaat het (ermee)?
Het doet pijn/zeer.
Het gaat *niet zo best.*
Het gaat *alweer* (een beetje beter).
Kent u elkaar al?
Prettig met u *kennis te maken.*
Wat *mankeert* u?
Spoedige beterschap! / Beterschap!
Zij zitten hun kopje koffie *te drinken.*
Wanneer zien we *elkaar terug*?
Ik zal *spoedig* nog eens *langskomen.*
We kunnen goed met elkaar *opschieten.*
Zij is (niet) *uitgenodigd.*
Wij hebben *(g)een afspraak gemaakt.*
Dat spreken we af.
Zij is *op visite* bij meneer De Bruin.
De telefoon *gaat.*
Hij krijgt een *telefoontje.*
Zij heeft hem *nog een keer* gestoord.

Les 6

1

Een autotocht naar Gent

A: Vinden jullie het een leuk idee, aanstaande zondag een autotocht naar Gent te maken?

B: Dat komt mij goed uit, pa. We spreken op school net over België.

C: Ja, Gent is een mooie stad. Er zijn daar zeer interessante dingen te zien, Elza. En jouw voorstel, Joost, om per auto te gaan, vind ik ook prima!

D: Jullie zijn het dus allemaal eens. Ik hoop maar dat het niet al te vervelend zal zijn.

A: Nou, Ruud, het is prachtig dat we het zo vlug eens zijn over ons tochtje.

2

Vinden jullie het fijn/leuk/goed/een leuk/goed idee, aanstaande/komende/volgende zondag/maandag/dinsdag/ ..... een autotocht naar ..... te maken?

Dat komt mij goed uit.
Ik vind je/jouw voorstel fijn/goed/leuk/prima.
Dat vind ik fijn/goed .....
Ik ben het eens met je/jouw voorstel.
Daar ben ik het mee eens.

Dat komt mij niet (zo goed) uit.
Ik vind je/jouw voorstel niet (zo) fijn/goed/leuk/prima.
Dat vind ik niet (zo) fijn/goed .....
Ik vind je/jouw voorstel vervelend.
Dat vind ik vervelend.
Ik ben het niet eens met je/jouw voorstel.
Daar ben ik het niet mee eens.

3

Op kantoor

Er wordt aan de deur geklopt.

A: Binnen!

B: Stoor ik, meneer Lubberdink?

A: Helemaal niet, meneer De Wolf. Waarover gaat het?

B: Ik heb moeilijkheden met deze brief.

A: Geeft u mij de brief maar! .....
Wilt u over een kwartiertje nog eens terugkomen?

B: Mag het ook over een half uurtje zijn, meneer Lubberdink?

A: Afgesproken!

4

Tegenwoordige tijd van „worden“

ik	**word**	bij de baas geroepen.
jij/je, u	**wordt**	bij de baas geroepen.
hij, zij, het	**wordt**	bij de baas geroepen.
wij, jullie, zij	**worden**	bij de baas geroepen.

Pas op! **Word** je bij de baas geroepen?

De jongen **wordt** rood.
Wat zal er van hem **worden**?
Het **wordt** licht.
Er **wordt** aan de deur geklopt.

5

De klant is koning

A: De klant is niet tevreden, meneer De Wolf!

B: Ja, hij heeft een klacht ingediend, meneer Lubberdink. Maar ik vind dat hij daar ongelijk in heeft .....

A: Dat geloof ik ook, meneer De Wolf. Maar de klant is koning. En hier hebben wij te maken met een heel goede klant. Breng dus de zaak in orde!

B: Zoals u wenst, meneer Lubberdink!

6

Hebt u de teksten 3 en 5 goed begrepen?

Wat voor een probleem heeft meneer De Wolf?
Wanneer moet meneer De Wolf bij de chef terugkomen?
Wat staat er in de brief van de klant?
Wat is de mening van meneer De Wolf?
Wat moet meneer De Wolf doen?

7

Maak een telefoongesprek uit les 5.11d–f:

A: Met .....
B: Met .....
Mag ik ..... spreken?
A: Het spijt me. / Het is jammer. Hij / Zij is alweer .....
B: Excuseert .....!
Ik hoop dat u mij de storing niet kwalijk neemt.
A: .....
B: Tot de volgende keer, ...
A: Dag .....

8

Gebruiksaanwijzing

Hoorn afnemen.

Geld inwerpen – bij weigering zwarte knop indrukken.

1 2 3
4 5 6
7 8 9
0

Kiestoon:
Dan meteen kiezen.
Lokaal: kies abonneenummer.
Interlokaal: kies netnummer en bij kiestoon abonneenummer.

Internationaal: kies 09 en bij kiestoon – zonder onderbreking – landnummer, netnummer (zonder eerste 0) en abonneenummer.

Stoortoon: geld snel inwerpen.

Bezettoon en seriegesprekken: druk de stift even in, het tegoed blijft staan voor het volgende gesprek; kies opnieuw.

Hoorn ophangen – geld terug (alleen niet verbruikte munten); toestel wisselt niet.

10

Ik moet nu echt weg

A: Het spijt me erg, Irene, ik moet dringend weg.
B: Dat is erg jammer, Ward. Wij zijn toch pas begonnen met vieren.
A: Ik verwacht nog een zakenvriend. Ik moet nu echt weg.
B: Je kunt toch nog eens terugkomen, als je met je zaken klaar bent.
A: Dat hangt ervan af, of we het vlug eens zijn met elkaar.
B: Tot dan, Ward.
A: Tot kijk, Irene.

9

Gebiedende wijs – imperatief

Neem dit boek!
Neemt u dit boek!
Nemen jullie dit boek!

Doe de deur open!
Doet u de deur open!

Deur open!

Doe de deur dicht!
Doet u de deur dicht!

Deur dicht!

Neem dit boek! etc. wird häufig auch gebraucht, wenn
- die angesprochene Person gesiezt wird (statt: *Neemt u dit boek!*),
- mehrere Personen angesprochen werden (statt: *Neemt u/Nemen jullie* .....).

11

Jammer

Ik vind het jammer	dat zij op reis is.
(Het is) jammer	dat zij op reis is.
Wat jammer	dat zij op reis is!
Jammer!	Zij is op reis.

12

Wat denkt meneer Lubberdink?

Meneer De Wolf heeft mij beloofd ervoor te zorgen dat de klant tevreden zal zijn. Hij heeft wel beweerd dat de klant ongelijk heeft in zijn klacht. Maar hij is een van mijn betrouwbaarste medewerkers. Het zal wel meevallen, als hij met die kwestie bezig is. Meneer De Wolf is me nog nooit tegengevallen. Ik ben ervan overtuigd dat mijn raad eigenlijk niet nodig was. Waarschijnlijk wilde hij mij alleen maar op de hoogte stellen. Er bestaat geen gevaar dat de klant zich ergert. Dat is de hoofdzaak.

14

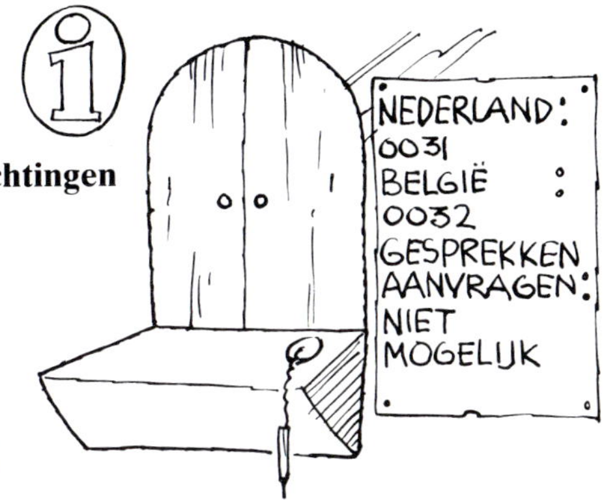

Inlichtingen

15

Afscheid nemen

Dag!	Tot ziens!	Tot kijk!
Tot later!	Tot de volgende keer!	
Tot straks!	Tot zo!	Tot dan!

13

Meervoudsvormen

de ma**n**	de ma**nnen**
het gespre**k**	de gespre**kken**
de bli**k**	de bli**kken**
het bo**s**	de bo**ssen**
de bru**g**	de bru**ggen**

De man doet zijn werk. – **De mannen** doen hun werk.
Het telefoongesprek is interessant. – **De telefoongesprekken** zijn interessant.

Der Plural wird durch Anhängen von **-en** gebildet.
Im Singular haben die Beispielwörter einen kurzen Vokal, dem ein Konsonant folgt. Um durch das Schriftbild zu verdeutlichen, daß auch bei Wortverlängerung der Vokal kurz bleibt, wird der Konsonant verdoppelt.

16

Zo zegt men het in het Nederlands

Dat vind ik een *leuk* idee.
We maken een *autotocht*.
Dat komt mij goed uit.
Wij zijn het eens over ons *tochtje*.
Ik vind jouw *voorstel* prima.
Waarover gaat het?
Afgesproken!
Wat zal er *van hem* worden?
De klant *heeft een klacht ingediend*.
Hij heeft daar ongelijk in.
We hebben met een goede klant *te maken*.
Breng de zaak *in orde*!
Bij weigering zwarte knop *indrukken*!
We *zijn* begonnen met vieren.
Ik moet nu *echt weg*.
Ik ben met mijn zaak *klaar*.
Het zal wel *meevallen/tegenvallen*.
Hij is met die *kwestie bezig*.
Hij *stelt* mij *op de hoogte*.

Les 7

1

De V.V.V. en de Dienst Toerisme

A: Als jullie op school over België spreken, kun je door het tochtje naar Gent zeker heel wat leren, Elza.

B: Dat is juist, pa. Ik ben er ook blij om dat we met de auto naar Gent willen rijden. Ik wil nog gauw proberen een paar actuele inlichtingen te krijgen.

A: Waar wil je die vandaan halen?

B: Ik ben van plan een briefje aan de V.V.V. in Gent te schrijven en naar een plattegrond en een gids te vragen.

A: Dat wordt niet veel. In Gent bestaat geen V.V.V.

B: Dat begrijp ik niet. Gent is toch een grote stad, met veel vreemdelingenverkeer.

A: Daar heb je gelijk in. In België zegt men echter niet V.V.V. maar Dienst Toerisme.

B: Dat hoor ik nu voor de eerste keer. Ik ga dan vlug het briefje schrijven. Als ik het vandaag nog naar de brievenbus breng, zal het morgen aankomen. Dus kan ik het antwoord voor woensdag of donderdag verwachten.

A: Als de postbeambten vlot werken, kan de brief wel op maandag of dinsdag aankomen. Maar ik ben niet zo optimistisch. Misschien hebben zij het bij de Dienst Toerisme erg druk. Dan mag je blij zijn, als je op vrijdag of zaterdag, dus nog juist op tijd, iets hoort.

2

Hebt u tekst 1 goed begrepen?

Waar bestaat een V.V.V. en waar een Dienst Toerisme?
Welke actuele inlichtingen kunt u onder meer bij de V.V.V. krijgen?
Wat wil Elza doen?
Waar wil Elza haar briefje heen brengen?
Wanneer verwachten Elza en haar vader het antwoord van de Dienst Toerisme?

3

De post

Elza gaat naar de post. – Op het postkantoor koopt ze een paar postzegels. – Weer thuis schrijft ze een brief aan de Dienst Toerisme in Gent. – Ze vergeet niet, de afzender te vermelden, plakt een postzegel op de enveloppe, en brengt de brief naar de brievenbus. – Elke dag zodra ze uit school komt, vraagt ze of er post is. – Maar pas na een week brengt de postbode een pakje van de Dienst Toerisme voor haar.

4

Stelt u zich voor dat u Elza bent en vertel wat er gebeurd is (zie nummer 3)!

Je kunt de volgende begrippen ook door andere vervangen:
brief → briefje, briefkaart
Dienst Toerisme → V.V.V. (Nederlandse stad!)
uit school → van het werk/van het kantoor
maar pas na een week → al na twee/drie dagen/maar pas na tien/twaalf dagen/twee weken
een pakje → een briefkaart/een brief

5

Streekpost – overige bestemmingen

In de inwerpopening „streekpost" uitsluitend post deponeren bestemd voor de woonplaatsen met de postcodenrs 3800 t/m 3839 nl.: Amersfoort – Hoogland – Hooglanderveen – Leusden – Stoutenburg.

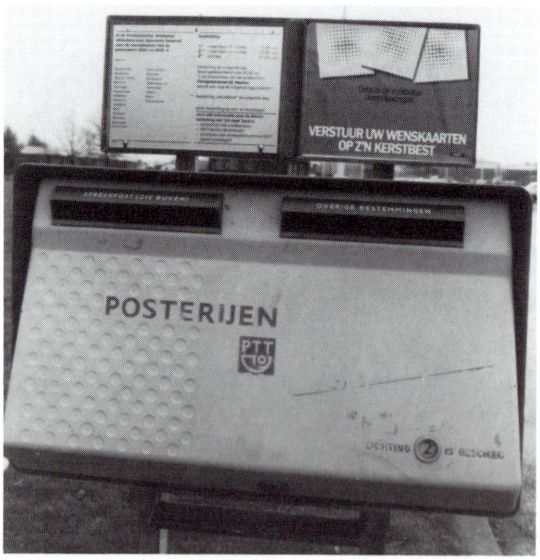

6

naar, na en over

PLAATS:
Elza gaat *naar de brievenbus.*
We gaan *naar huis.*
Meneer Sluisman rijdt met de auto *naar Amstelveen.*

VOLGORDE:
Je komt *na mij* aan de beurt.
Na de gast ga ik het huis binnen.

TIJD:
Na het weekeinde rijdt meneer Bergman terug.
Zelfs *na jaren* houden wij nog contact met vrienden uit de schooltijd.
Pas *na twee uur* komt haar man terug.

Gebruik in deze gevallen „over":
Mag ik *over een uurtje* nog eens terugkomen?
Zij zal *over een ogenblik* hier zijn.

Bei Ortsbestimmungen wird meist **naar**, bei Zeitbestimmungen und Kennzeichnungen der Reihenfolge meist **na** verwendet. Zur Bezeichnung von – oft unbestimmten – Zeiträumen, die erst bevorstehen, wird **over** verwendet.

7

Tegenwoordige tijd

ik	**krijg**	een brief.
jij/je, u, hij, zij, het	**krijgt**	een brief.
wij, jullie, zij	**krijgen**	een brief.
ik	**hoor**	dat graag.
jij/je, u, hij, zij, het	**hoort**	dat graag.
wij, jullie, zij	**horen**	dat graag.
ik	**bel**	hem op.
jij/je, u, hij, zij, het	**belt**	hem op.
wij, jullie, zij	**bellen**	hem op.
ik	**vergeet**	de sleutel.
jij/je, u, hij, zij, het	**vergeet**	de sleutel.
wij, jullie, zij	**vergeten**	de sleutel.

Pas op! **Krijg** **je** een brief?
Hoor **je** dat graag?
Bel **je** hem op?

Für das Präsens der Verben gibt es drei verschiedene Formen; zwei für den Singular und eine für den Plural.
Bei Verbstämmen auf **-t** wird für die 2. und 3. Person Singular kein weiteres **-t** angefügt **(vergeet)**.
Lange Vokale werden doppelt geschrieben, wenn die Silbe mit einem Konsonanten schließt **(hoor, hoort, vergeet)**. Bei Wortverlängerung und Silbenöffnung nach dem Vokal (= Möglichkeit der Trennung des Wortes) wird der Vokal einfach geschrieben **(ho-ren, verge-ten)**.
Kurze Vokale werden immer einfach geschrieben. Vor der Silbenöffnung muß allerdings immer mindestens ein Konsonant stehen **(bel, belt)**. In manchen Fällen ist dafür die Verdopplung des Konsonanten erforderlich **(bel-len)**.
Steht, z.B. in der Frage, das Verb vor dem Personalpronomen, so entfällt bei der 2. Person Singular das **-t** beim Verb (**Krijg je**, usw.).

8

Een brief

Henk Jansen
Bakkerstraat 35
Utrecht

Utrecht, 4 mei 1987

Aan de
Dienst Toerisme
postbus
B-1000 Brussel
België

Geachte dames en heren,

Ik ben van plan het aanstaande weekeinde in Brussel door te brengen. Mag ik daarom vragen, of u zo vriendelijk wilt zijn, mij een plattegrond van de stad te sturen en misschien ook nog een gids, waarin de bezienswaardigheden beschreven zijn?

Mijn hartelijke dank voor uw moeite.

Met vriendelijke groeten,

Henk Jansen

Henk Jansen

9

Beleefd vragen

Kunt u mij een gids sturen?
Kunt u mij een gids sturen, alstublieft?
Mag ik u vragen mij een gids te sturen?
Wilt u zo vriendelijk zijn mij een gids te sturen?

10

Vandaan

Waar **komen** jullie **vandaan**?
We komen van Enschede.
We komen uit Enschede.
Waar **haal** je de inlichtingen **vandaan**?
Ik krijg ze van de V.V.V. in Utrecht.

11

Vorm juiste antwoorden als reactie op de volgende situaties

Situaties	Reacties	
	1e deel	2e deel (kan gedeeltelijk ontbreken)
a. Meneer Bergman biedt mevrouw Gerritsen aan, haar met de auto mee te nemen. b. Ruud geeft Henk een interessant boek. c. Jan heeft voor Annie een koffer gedragen. d. Meneer De Bruin biedt mevrouw Claas een kopje koffie aan. e. Wim vraagt Betty, hoe het met haar gaat. f. Meneer Van Gelderen vraagt mevrouw De Brouwer, hoe het met haar gaat.	Dank u Dank je Ik dank u zeer Ik dank je zeer Hartelijk dank Bedankt Ja	voor je hulp. voor uw hulp. Ik ben tevreden. (heel) goed. voor je/uw moeite. Dat vind ik fijn. Ik voel me goed. Ik voel me niet erg lekker. Ik heb hoofdpijn. als u zo vriendelijk wilt zijn.

12

Zo zegt men het in het Nederlands

Je kunt door het tochtje naar Gent zeker *heel wat* leren.
Ik ben (er) blij (om) dat we naar Gent rijden.
Ik ben van plan een brief te schrijven.
In Gent *bestaat* geen V.V.V.
Dat hoor ik *voor de eerste keer*.
Zij hebben het erg druk.
Zij brengt het weekend in Brussel *door*.
Zij *plakt* een postzegel op de briefkaart.
Pas na een week krijgt ze post.
Wat is er *gebeurd*?
Kunt u dit woord door een ander *vervangen*?
Je komt na mij *aan de beurt*.
Ik ga het huis binnen.
Geen fietsen *plaatsen*!

Les 8

1

Mevrouw De Braet is er niet

A: Met Geraerts.

B: Met Van Vliet. Heb ik een verkeerd nummer of spreek ik toch met de Dienst Toerisme?

A: Daar spreekt u mee. U hebt het goede nummer. Waarmee kan ik van dienst zijn?

B: Kunt u mij met mevrouw De Braet verbinden?

A: Een ogenblik, a.u.b., blijft u aan het toestel!

.....

A: Het spijt me, mevrouw De Braet is er niet. Kunt u mij zeggen wat u wenst? Misschien kan ik u helpen.

B: Hartelijk dank, ik wil mevrouw De Braet privé spreken. Ik bel dan later nog eens op.

2

Uitdrukkingen bij telefoongesprekken (zie ook les 5.11 en 5.12, les 6.7).

Is dit het goede nummer?
  U hebt een verkeerd nummer.
  U bent verkeerd verbonden.

Mag ik meneer/mevrouw ..... (even) hebben?
Kunt u mij met meneer/mevrouw ..... verbinden?
Kunt u mij meneer/mevrouw ..... (even) geven?
Ik zou graag meneer/mevrouw ..... (even) willen spreken.

Spreek ik met .....?
  Daar spreekt u (niet) mee.

Blijft u aan de lijn!
Blijft u aan het toestel!

3

Gesprek met een douaneambtenaar

A: Nederlandse douane! Dag meneer!
B: Dag meneer!
A: Uw papieren alstublieft! ..... Mag ik ook nog even uw rijbewijs hebben?
B: Dat zit in de portefeuille. Een ogenblik alstublieft. ..... Daar heb ik het al.
A: Dank u. ..... Alles in orde. ..... Hebt u iets aan te geven?
B: Ik geloof van niet.
A: Heeft u iets gekocht?
B: Ja, ik heb het een en ander gekocht.
A: Maakt u dan alstublieft uw koffer open!
B: Graag.
A: Dat is allemaal vrij van invoerrechten. U kunt de koffer weer sluiten. ..... Tot ziens en goede reis!
B: Tot ziens, meneer!

4

Mag ik	uw pas(poort) uw papieren uw reispas uw rijbewijs	hebben?

Hebt u iets aan te geven?
Hebt u iets gekocht?
Kunt u de koffer openmaken, a.u.b.?

5

Blij

Ik ben blij u te zien.
Ik ben blij u te leren kennen.
Ik ben blij dat we naar Gent rijden.
Ik ben er blij om dat u mij meeneemt.
Ik heb een nieuwe auto. *Ik ben er blij mee.* – *Ik ben blij met* mijn nieuwe auto.

6

Hoofdtelwoorden (getallen, cijfers)

0	nul	**8**	acht	**16**	zestien
1	een, één	**9**	negen	**17**	zeventien
2	twee	**10**	tien	**18**	achttien
3	drie	**11**	elf	**19**	negentien
4	vier	**12**	twaalf	**20**	twintig
5	vijf	**13**	dertien	**21**	eenentwintig
6	zes	**14**	veertien	**22**	tweeëntwintig
7	zeven	**15**	vijftien	**23**	drieëntwintig (enz.)

30	dertig	**1001**	(duizend een)/duizend en een (tot 1012)
40	veertig	**1013**	duizend dertien (enz.)
50	vijftig	**1100**	elfhonderd/duizend honderd
60	zestig	**1200**	twaalfhonderd/duizend tweehonderd (enz.)
70	zeventig	**2000**	tweeduizend
80	tachtig (!)	**3000**	drieduizend (enz.)
90	negentig	**10000**	tienduizend
100	honderd	**100000**	honderdduizend
101	(honderd een)/ honderd en een (tot 112)	**200000**	tweehonderdduizend (enz.)
113	honderd dertien (enz.)	**1000000**	een miljoen
200	tweehonderd	**2000000**	twee miljoen (enz.)
300	driehonderd (enz.)	**1000000000**	een miljard
1000	duizend	**2000000000**	twee miljard (enz.)

7

Aanhef brief

Geachte heer,
Geachte heren,
Geachte mevrouw,
Geachte dames,
Geachte dames en heren,
Beste heer Bergman,
Lieve mevrouw Gerritsen,
Beste vriend,
Beste Frans,
Lieve Betty,

8

Een brief besluiten

U bij voorbaat dankend,
Hoogachtend,
Met de meeste hoogachting,
(Met) vriendelijke groeten,
(Met) de beste groeten,
(Met) beste wensen,
(Met) hartelijke groeten,
(Met) hartelijke groeten en beste wensen,
Veel liefs,
Groetjes,

9

Vragen van de lokettist

A: Hoe oud is uw zoon?
B: Piet is twaalf jaar.
A: Kunt u mij de geboortedatum zeggen?
B: Hij is op twee mei geboren.
A: En wanneer?
B: In 1975.
A: Hij is dus ouder dan twaalf. Wat jammer, dan moet hij de volle prijs voor het plaatsbewijs betalen. Hij ziet er jonger uit.
B: Ja, hij is ouder dan hij lijkt.

10

Piet is twaalf **jaar**. – Piet is twaalf.
Ruud is ouder **dan** twaalf (jaar).
Piet is een jaar jonger **dan** Ruud.
Ruud is **even** oud **als** Gerrit.

Als Vergleichsworte werden **dan** und **als** verwendet, zusammen mit einem Komparativ jedoch nur **dan**. Die Gleichheit wird durch **even ..... als** ausgedrückt.

11

Hoe oud is uw zoon (uw dochter, je zoon)?
Hoe oud bent u? / Hoe oud ben je?
Wanneer bent u (ben je) geboren?
Kunt u mij de (uw) geboortedatum zeggen?

12

De datum

Utrecht, 3 oktober 1983 (3–10–83)

(spreek: drie oktober negentien drieëntachtig
drie oktober negentienhonderd-drieëntachtig)

Antwerpen, 25 mei 1795

(spreek: vijfentwintig mei zeventien vijfennegentig
vijfentwintig mei zeventienhonderdvijfennegentig)

13

Schrijf een briefje

net als 7.8, maar gebruik een paar andere begrippen en uitdrukkingen (zie ook les 7.9 en les 8.7 en 8.8)!

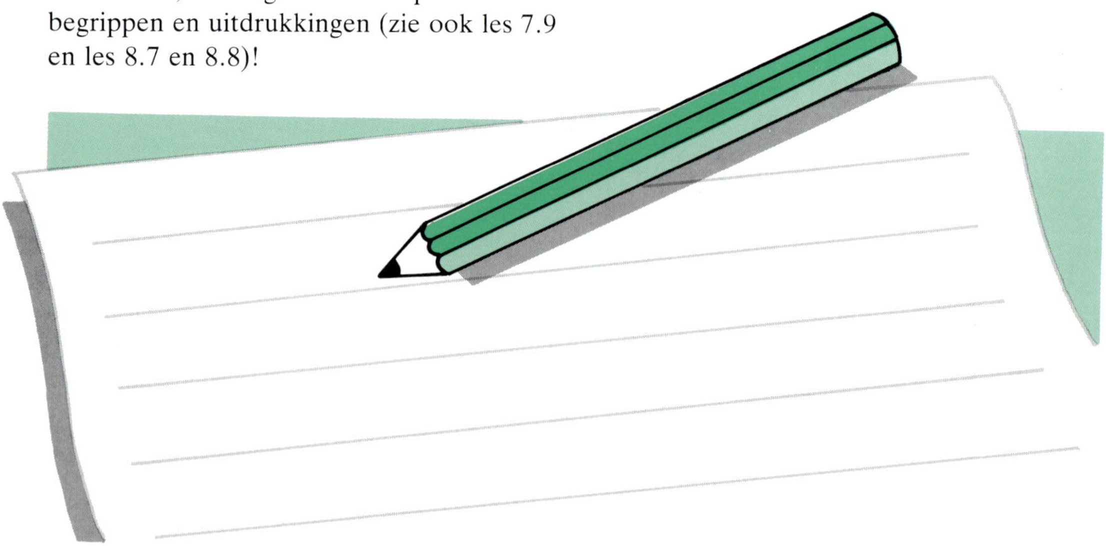

14

Persoonlijke voornaamwoorden – verbogen vormen

ik	– mij	Hij heeft **mij** gevraagd.
	me	Hij heeft **me** gevraagd.
jij	– jou	Ik heb **jou** het boek gegeven.
je	– je	Ik heb **je** het boek gegeven.
u	– u	Bent u er niet geweest? Wij hebben **u** niet gezien.
hij	– hem	Hij heeft **hem** geroepen.
zij	– haar	Zij heeft **haar** geroepen.
ze	– ze	Ze heeft **ze** geroepen.
		Het kind heeft het balletje gevonden. Ik heb **het** gevonden.
't	– 't	Ik heb **'t** gevonden.
wij, we	– ons	Voor **ons** was het leuk.
		Zijn jullie er niet geweest?
jullie	– jullie	We hebben **jullie** niet gezien.
zij, ze	– ze	Zij hebben **ze** niet opgebeld.
	hen	Ze hebben **hen** niet opgebeld.
	hun	Ze hebben **hun** de bal gegeven.
ze	– ze	De kinderen zijn teleurgesteld, omdat de balletjes al kapot zijn. Ze hebben **ze** niet lang gehad.

Vgl. zum Singular der Personalpronomen 3.10. Die Kurzformen werden in unbetonter Stellung benutzt **(me, je, ze, 't, we)**. Zur Bezeichnung von Personen ist **haar** immer **ze** vorzuziehen. Schriftsprachlich wird **hen** für den Akkusativ, **hun** für den Dativ Plural verwendet.

15

Zo zegt men het in het Nederlands

U hebt een *verkeerd* nummer.
U hebt het *goede* nummer.
Waarmee kan ik *van dienst zijn*?
Blijft u *aan de lijn*!
Blijft u *aan het toestel*!
Mijn rijbewijs *zit* in mijn portefeuille.
Hebt u iets aan te geven?
Ik geloof van niet.
Ik heb *het een en ander* gekocht.
Dat is *allemaal vrij van invoerrechten.*
Ik ben blij met mijn nieuwe auto.
Piet is *op twee mei* geboren.
Piet is ouder *dan* twaalf *(jaar)*.
Hij ziet er jonger *uit*.
Hij is *ouder dan* hij *lijkt*.
Ruud is *even oud als* Gerrit.
De kinderen zijn *teleurgesteld*.

Les 9

1

Met de auto of met de trein

A: Wat ben je met Pasen van plan, Luc?
B: Ik wil met mijn gezin een uitstapje naar Amsterdam maken.
A: Gaan jullie met de auto?
B: Wij zijn het er nog niet eens over, Tijs.
A: Het zal jullie nauwelijks lukken in het centrum van Amsterdam een parkeerplaats te vinden. Ik zou de voorkeur geven aan een rit met de trein.
B: Daar heb je gelijk in. Door een rit met het openbaar vervoer is men onafhankelijker van het drukke verkeer.

2

Feestdagen

1 januari	Nieuwjaar(sdag)
in maart of april	Pasen / 1e en 2e Paasdag Paaszondag en Paasmaandag
30 april	Koninginnedag
1 mei	Dag van de Arbeid (België)
4 mei	Herdenking van de 2e wereldoorlog
in mei of juni	Pinksteren / Pinksterzondag en Pinkstermaandag
5 december	Sinterklaas(dag)
25 december	Kerstmis / 1e Kerstdag
26 december	2e Kerstdag

3

Wat ben je op/met 1 mei (Nieuwjaarsdag, Pasen, Pinksteren .....) van plan?
Ik ben van plan .....

Ga je met de auto (trein)?
Ja. / Nee, ik ga met .....

Geef je de voorkeur aan een rit met .....?
Ga je liever met .....?
Ik geef de voorkeur aan .....
Ik ga liever .....
Ik ga (rijd) met ..... / Ik neem de .....

4

Is het jullie goed bevallen?

A: Is het jullie goed bevallen in Amsterdam, Luc?
B: Ja, wij hebben veel geluk gehad met het weer. Het was een heerlijk autotochtje.
A: Maar ik heb naar de radio geluisterd. Er was sprake van kilometerslange files.
B: Wij hebben geen noemenswaardige opstoppingen gehad en bovendien hebben wij een parkeerplaats in het centrum kunnen vinden.
A: Dat is bijna niet te geloven! Ik dacht dat het met de auto een moeilijke reis was.

5

Was het mooi (fijn, leuk) in .....?
Is het u goed bevallen in .....?
(Gebruik in het antwoord: heerlijk, prachtig, goed, fijn, leuk
of: vervelend, slecht)

Zijn er opstoppingen geweest?
Ja, er was een file van 2/5/10 kilometer.
Nee, er waren geen (noemenswaardige) opstoppingen.

Hebt u een gunstige parkeerplaats kunnen vinden?
Ja, ... in het centrum .....
Nee, helaas niet. Wij hebben nog twee/drie kilometer moeten lopen.
Nee, het is mij niet gelukt .....

6

In de parkeergarage

A: Is de garage de hele nacht open?
B: Nee, meneer.
A: Wanneer sluit u dan?
B: Om twaalf uur.
A: Vanaf wanneer kan men 's morgens zijn wagen uit de garage halen?
B: Vanaf zes uur.
A: Wat kost één nacht?
B: Vijf gulden.
A: Dan wil ik de auto hier laten.
B: Dat is niet mogelijk. We hebben helaas geen plaats meer.

7

Rangtelwoorden (zie ook 3.3)

13e	dertiende	**20e**	twintigste
14e	veertiende	**21e**	eenentwintigste (enz.)
15e	vijftiende	**30e**	dertigste (enz.)
16e	zestiende	**100e**	honderdste
17e	zeventiende	**101e**	honderdeneerste (enz.)
18e	achttiende	**1000e**	duizendste
19e	negentiende	**1 000 000e**	miljoenste (enz.)

8

De auto wassen

A: Waar kan ik mijn auto laten wassen?
B: Bij de benzinepomp.
A: Daar krijg ik zeker een automatische wasbeurt, maar kunnen zij de auto ook van binnen schoonmaken?
B: Dat kan ik niet zeggen. Dat moet u even gaan vragen.

9

Tegenwoordige tijd van „doen, gaan, slaan, staan, zien"

ik	**ga**	naar huis.
jij/je, u, hij, zij, het	**gaat**	naar huis.
wij, jullie, zij	**gaan**	naar huis.
Pas op!	**Ga** je	naar huis?

Wij **doen** aan sport.
Frans **slaat** met de hamer een spijker in de muur.
Rinus **staat** op het punt om weg te rijden.
Truid **ziet** haar man naar huis komen.

10

Geef antwoord op de vragen

Is de garage (de winkel, de zaak, de pomp) de hele dag (nacht) open?
Hoe lang is ..... open?
Wanneer sluit u de .....?
Hoe laat opent u de ..... (weer)?
Wat kost .....?
Waar kan ik mijn auto laten wassen?
Kunnen ze de auto ook van binnen schoonmaken?

11

Meervoudsvormen van zelfstandige naamwoorden

de min**uut** – de min**uten**
de z**oon** – de z**onen**
de n**aam** – de n**amen**
de h**eer** – de h**eren**

Kun je een **minuut** wachten? – Ik wil ook tien **minuten** wachten.
Hoe is uw **voornaam**? – Mijn **voornamen** zijn Petrus, Johannes en Hendricus.
Heeft meneer Bergman een **zoon**? – Hij heeft zelfs twee **zonen**.

Steht nach einem langen Vokal ein Konsonant am Silbenende, so wird der Vokal verdoppelt („aa, ee, oo und uu“). Endet die Silbe bei Wortverlängerung (z. B. bei der Pluralbildung) auf dem Vokal, so erfolgt nur einfache Schreibung („minu-ten, zo-nen, na-men, he-ren“). Vgl. 7.7.

12

met en **mee**

Frans rijdt **met** de auto.
Hij vraagt zijn vriend: „Ga je **mee**?“
De vriend is het er **mee** eens.
Dus neemt Frans hem **met** de auto **mee**.

tot en **toe**

Piet roept Ruud iets **toe**. Ruud verstaat het niet en gaat daarom naar hem **toe**.
Piet richt zich **tot** Ruud: „Waarom ben je zo laat?“
„Het spijt me. Ik moest **tot** twaalf uur thuis blijven.“

Bei der Verwendung als Präposition werden **met** und **tot** verwendet, sonst immer **mee** und **toe**.

13

Zo zegt men het in het Nederlands

Ik *ga* met de auto/de trein.
Ik *geef de voorkeur aan een rit met* de trein.
Als ik met de trein ga, ben ik onafhankelijk van het *drukke* verkeer.
Is het jullie goed bevallen?
Ik heb *naar de radio geluisterd.*
Er was sprake van lange *files.*
Ze kunnen de auto ook *van binnen schoonmaken.*
Vanaf zes uur is de garage open.

Les 10

1

We zullen je erg missen

A: Neem me niet kwalijk, Ellen, maar ik kan overmorgen tot mijn spijt niet komen.

B: Dat is jammer, Rike. Waarom niet?

A: We hebben een belangrijke uitnodiging ontvangen. Raad eens, van wie?

B: Geen idee! Je maakt me nieuwsgierig.

A: Van de nieuwe baas van mijn man! Je weet toch nog wel, we hebben nog onlangs over de wisseling in de leiding van het bedrijf gepraat.

B: Natuurlijk herinner ik me dat. Je man heeft toch ook een tip gekregen dat er voor hem een kans op promotie bestaat.

A: Die mogelijkheid is niet uit te sluiten. Ben je erg kwaad op me dat ik dus niet naar je koffiepraatje kan komen?

B: Nee, helemaal niet, ik kan je toch niet verwijten dat je een zakelijke uitnodiging moet accepteren. Dat is niet jouw schuld. Jammer dat je niet kunt. We zullen je erg missen. We hadden er natuurlijk vast en zeker op gerekend dat je komt.

2

Een uitnodiging afwijzen

Neem me niet kwalijk, maar ik kan
| tot mijn spijt
| helaas
niet naar ..... komen.
Dat is jammer.
Jammer genoeg .....
Waarom niet?
Ik ben ziek. / Ik moet werken. / Ik heb een (belangrijke) afspraak met/uitnodiging bij een zakenvriend/bij de baas/bij mijn ouders .....
Ben je (erg) kwaad op me?
Nee, helemaal niet.
Ik kan je (toch) niet verwijten dat .....
Dat is niet je schuld.

Ik ben teleurgesteld .....
Dat valt me tegen .....
Ik heb er vast en zeker op gerekend .....

3

De loop van de dag

A: Hoe laat moet je 's morgens opstaan?
B: Om zes uur. Ik kan niet goed uit mijn bed komen, want ik kan 's avonds niet goed inslapen.
A: Met inslapen heb ik gelukkig weinig problemen. 's Morgens word ik altijd om zes uur wakker. Hoe laat ga je dan meestal naar bed?
B: Normaal kijk ik om tien uur nog naar het (tv-)nieuws en ga dan slapen.
A: Hoe laat ga je naar je werk en hoe lang moet je werken?
B: Na het ontbijt kijk ik nog even de krant in en om kwart voor zeven ga ik naar kantoor. Gelukkig is het niet al te ver en kan ik gemakkelijk te voet gaan. Het werk begint om zeven uur precies en om vier uur heb ik vrij.

4

De tijden van de dag

5

wanneer en hoe laat

Wanneer moet je 's morgens heel vroeg opstaan?
Op de werkdagen.
Hoe laat moet je 's morgens opstaan?
Om zes uur.
Wanneer komt u van de reis terug?
Over drie weken.

Tot hoe laat moet u dagelijks werken?
Tot vier uur.
Tot hoe lang ben je met vakantie?
Tot 30 juni.
Tot wanneer blijft u in Dendermonde?
Tot vrijdag.

6

Hoe laat is het?

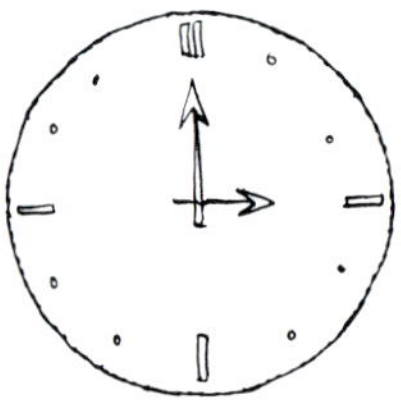

Het is drie uur.

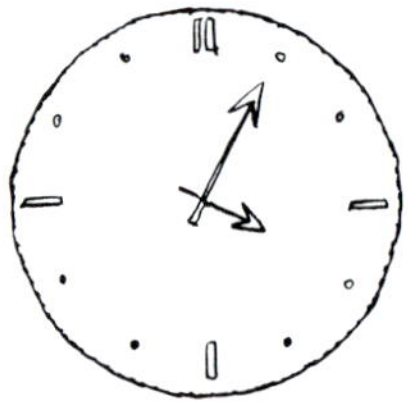

Het is vijf (minuten) over vier.

Het is tien (minuten) over zeven.

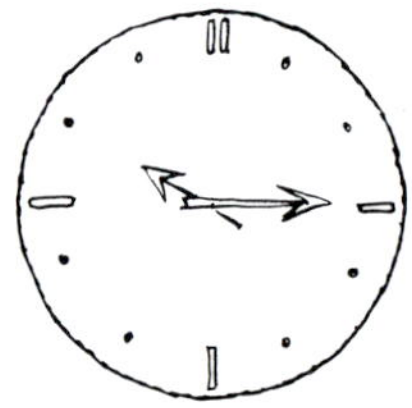

Het is kwart over tien.

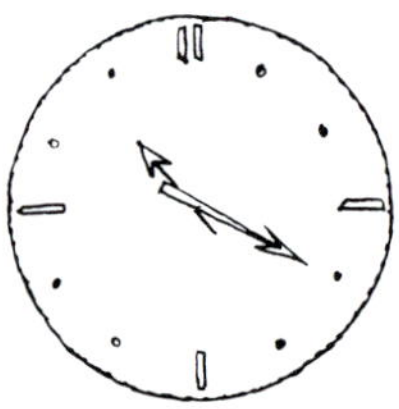

Het is tien (minuten) voor half elf. (Het is twintig over tien.)

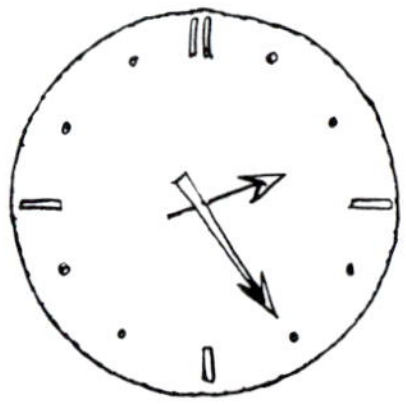

Het is vijf (minuten) voor half drie. (Het is vijfentwintig over twee.)

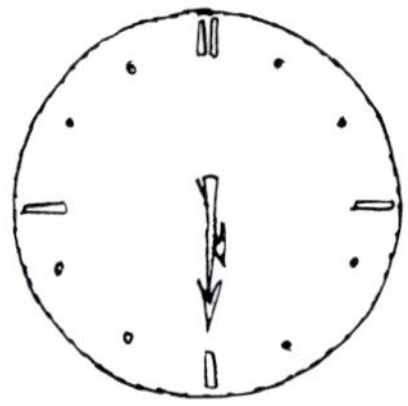

Het is half zes.

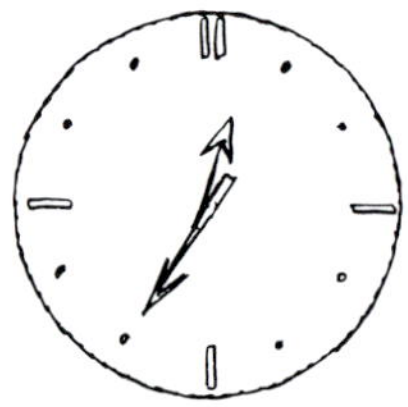

Het is vijf (minuten) over half één. (Het is vijfentwintig voor één.)

Het is tien (minuten) over half twee. (Het is twintig voor twee.)

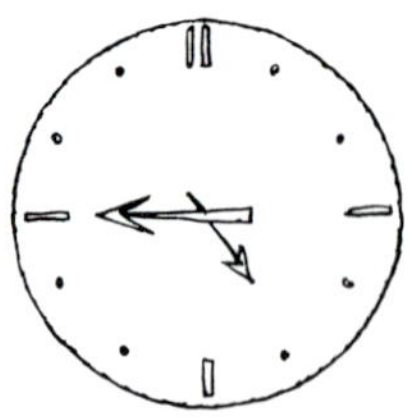

Het is kwart voor vijf.

Het is tien (minuten) voor acht.

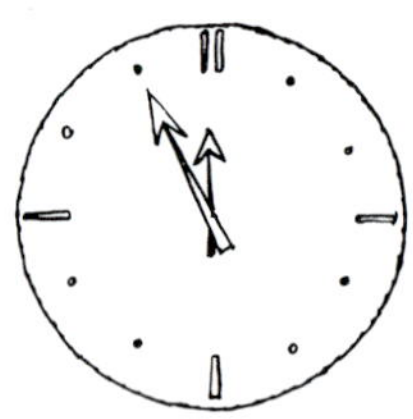

Het is vijf (minuten) voor twaalf.

7

Hoe zeggen wij het?

Zien wij elkaar *vanavond om half negen*?
Gaan jullie *vanmiddag om vijf uur* met ons tennissen?
Het volgende nieuws hoort u *vanavond om acht uur precies*.

De trein naar Groningen vertrekt *om 21.25 u.* (Lees: 21 uur 25)
De vlucht uit Frankfurt komt aan *om 17.45 u.* (Lees: 17 uur 45)

8

Geef antwoord op de vragen

Hoe laat moet u 's morgens opstaan?
Hoe laat gaat u naar uw werk (naar kantoor, naar school)?
Tot hoe laat moet u dagelijks werken?
Hoe laat bent u weer thuis?
Hoe laat gaat u 's avonds naar bed?
Hoe laat is het nu?

9

De dagen van de week

zondag		3	10	17	24	31
maandag		4	11	18	25	
dinsdag		5	12	19	26	
woensdag		6	13	20	27	
donderdag		7	14	21	28	
vrijdag	1	8	15	22	29	
zaterdag	2	9	16	23	30	

10

De maanden

11

Loopt je horloge gelijk?

A: Loopt je horloge gelijk, Willem?
B: Ik neem aan dat het gelijk loopt. Ik heb het op mijn horloge precies half negen.
A: Dan zal ik de bus niet meer kunnen halen. Op mijn horloge is het even over acht. Het loopt achter. Ik moet het naar de horlogemaker brengen.
C: Maar het horloge van Willem loopt voor. Ik heb zojuist naar het nieuws op de radio geluisterd en heb mijn horloge volgens het tijdsein kunnen gelijkzetten. Het is nu precies acht uur, 17 minuten en 30 seconden.
A: Goddank! Dan ben ik niet te laat. Zien wij elkaar vanmiddag bij het zeilen?
C: Ontmoeten wij elkaar weer tussen vijf en half zes, Wim?
B: Dat is voor mij een beetje te vroeg, Hugo. Mag het ook een half uurtje later zijn?

12

Horloges en klokken

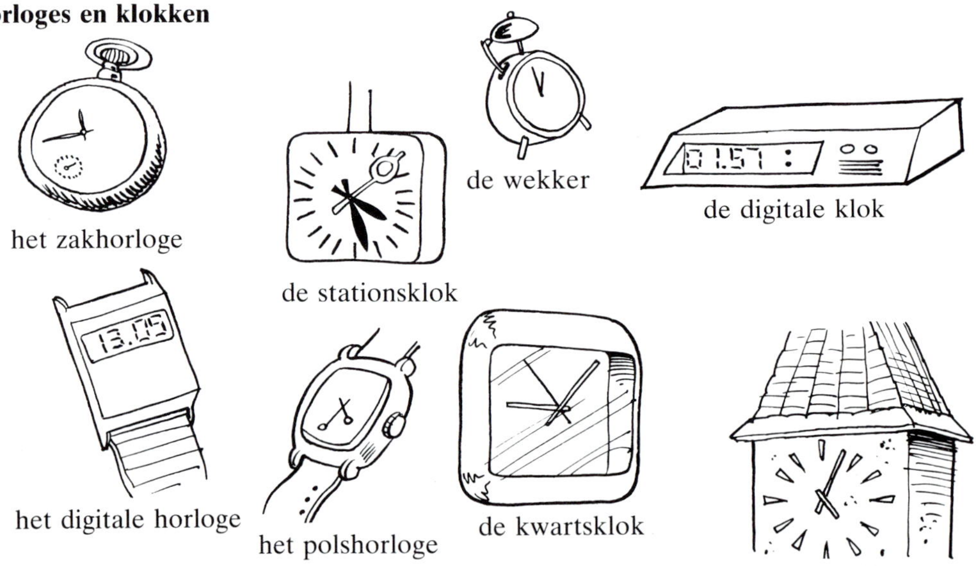

het zakhorloge
de stationsklok
de wekker
de digitale klok
het digitale horloge
het polshorloge
het kwartshorloge
de kwartsklok
de kerkklok

13

Geef antwoord op de vragen en spreek elkaar met „je“ of „jou“ aan:

Loopt je horloge gelijk?
Hoe laat is het?
Loopt je horloge voor of achter?
Wanneer heb je jouw horloge gelijkgezet?
Wil je het horloge naar de horlogemaker brengen?
Zien we elkaar vanmiddag?
Heb je zin om met ons vanmiddag te gaan zeilen (voetballen, tennissen, surfen, wandelen)?

14

Tegenwoordige tijd van „komen“

ik	**kom**	morgen weer terug.
jij, u, hij, zij, het	**komt**	morgen weer terug.
wij, jullie, zij	**komen**	morgen weer terug.

Pas op! **Kom** je morgen weer terug?

Komen ist (neben dem Hilfsverb **mogen**) das einzige Verb, das beim Präsens Singular einen kurzen Vokal **(kom, komt)** und im Plural bzw. beim Infinitiv einen langen Vokal hat **(ko-men)**.

15

Meervoudsvormen van zelfstandige naamwoorden

het numm**er** – de numm**ers**
de moed**er** – de moed**ers**
de hav**en** – de hav**ens**
de vog**el** – de vog**els**
de bez**em** – de bez**ems**

Heb je de telefoonnummer**s** van Luc, Wim en Frans genoteerd?
Rotterdam en Antwerpen zijn wereldhaven**s**.

Substantive auf **-er, -el, -em** und **-en** nach Konsonant bilden den Plural durch Anhängen eines **-s**.

Maar pas op!
de h**eer** – de h**eren**
het d**eel** – de d**elen**
de st**een** – de st**enen**
het probl**eem** – de probl**emen**

De problem**en** zijn opgelost.
De her**en** gaan met de trein.

Bei langem **-e** („ee“) wird der Plural auf **-en** gebildet, vgl. 9.11.

16

Zo zegt men het in het Nederlands

Ik kan *tot mijn spijt* niet komen.
Geen idee!
Hij heeft *een kans op promotie.*
Ben je (erg) kwaad op me?
Dat kan ik je niet *verwijten.*
We zullen je erg *missen.*
We rekenen er vast en zeker op dat je komt.
Ik ben *teleurgesteld* dat je niet komt.
Dat valt me tegen.
Met inslapen heb ik *gelukkig* weinig problemen.
Ik *luister naar (het nieuws op) de radio.*
Ik *kijk naar (het nieuws op) de tv.*
Na het ontbijt *kijk ik* nog even *de krant in.*
Naar kantoor kan ik *gemakkelijk te voet gaan.*
Het werk begint *om zeven uur precies.*
Loopt je horloge *gelijk*? – Nee, *het loopt achter.*
Wanneer heb je je horloge *gelijkgezet*?

Eerste test

Schrijf met balpen, vulpen of potlood, maar niet met viltstift!

Duid aan, wat juist is

☐ 1 Weet u de weg ..... Venlo?
a. over b. op c. na d. naar

☐ 2 ..... een uur zal mijn man weer thuis zijn.
a. na b. in c. over d. naar

☐ 3 Frans is ook in de stad geweest, maar wij hebben ..... niet gezien.
a. hij b. ze c. hen d. hem

☐ 4 Ik heb ..... drie keer opgebeld, maar er was niemand thuis.
a. al b. na c. altijd d. op

☐ 5 Vergeet niet het balletje .....
a. meebrengen b. te zullen meebrengen
c. brengen d. mee te brengen

☐ 6 ..... boek is mij te duur.
a. Dan b. Die c. Dat d. De

☐ 7 Ik ..... een kopje koffie te drinken.
a. zal b. zit c. wil d. ga

☐ 8 Waar komt u .....? Uit Groningen.
a. van b. af c. uit d. vandaan

☐ 9 „Mijn man is niet thuis." – „Daar kunnen wij niets ..... doen.
a. aan b. voor c. af d. over

☐ 10 ..... u de groeten aan uw vrouw!
a. Biedt b. Doet c. Brengt d. Laat

☐ 11 .... wil je het horloge geven?
a. Met die b. Wat voor c. Aan wie d. Waaraan

☐ 12 Voor de weg naar zijn werk ..... meneer Bergman de bus.
a. neemt b. rijdt c. neem d. nemen

☐ 13 Ik heb om acht uur naar het nieuws op de radio .....
a. geluisterd b. gehoord c. luisteren d. te horen

☐ 14 Ruud is even oud ..... Gerrit.
a. wie b. als c. hoe d. dan

☐ 15 Wat is de ..... weg naar het winkelcentrum?
a. korter b. kort c. kortste d. kortst

Één van vier mogelijkheden

Voorbeeld:

[a] Dat is *juist.*
a. *goed* b. fout c. slecht d. fijn

☐ 16 Ik voel me niet erg goed.
a. Het gaat me goed.
b. Ik vind het niet erg leuk.
c. Ik voel me niet zo best.
d. Ik blijf vandaag thuis.

☐ 17 *Het spijt me.* Hij is op reis.
a. Ik vind het jammer.
b. Daar is niets aan te doen.
c. Hij is niet thuis.
d. Natuurlijk niet.

☐ 18 Mag ik uw naam weten?
a. Hoe is uw voornaam?
b. Hoe heet je man?
c. Hoe is uw naam?
d. Wie is dat?

☐ 19 Betty gaat op bezoek bij Annie.
a. Betty heeft Annie uitgenodigd.
b. Betty bezoekt Annie.
c. Betty is op bezoek bij Annie.
d. Betty is de gast van Annie.

☐ 20 Meneer De Bruin belt mevrouw Sluisman op.
a. Meneer De Bruin krijgt een telefoontje van mevrouw Sluisman.
b. Meneer De Bruin roept mevrouw Sluisman.
c. Meneer De Bruin belt bij mevrouw Sluisman.
d. Meneer De Bruin telefoneert met mevrouw Sluisman.

☐ 21 *Ik vind het een leuk idee,* een uitstapje naar Gent te maken.
a. Ik vind het een goed voorstel
b. Ik vind het erg vervelend
c. Ik ben van plan
d. Ik heb niet voor

☐ 22 Ruud fietst naar Scheveningen.
a. Ruud rijdt met de fiets mee naar Scheveningen.
b. Ruud gaat met de fiets mee naar Scheveningen.
c. Ruud neemt de fiets mee naar Scheveningen.
d. Ruud gaat met de fiets naar Scheveningen.

☐ 23 Daar heb je gelijk in.
a. Daar ben je het eens mee.
b. Dat vind ik juist.
c. Dat komt je goed uit.
d. Daar ben ik het eens mee.

☐ 24 *Mag ik u vragen,* mij een gids te sturen?
a. Bent u van plan
b. Mag ik u voorstellen
c. Wilt u zo vriendelijk zijn
d. Het is niet nodig

☐ 25 Ik geef de voorkeur aan een rit met de trein.
a. Ik wil ook met de trein rijden.
b. Ik zal de trein nemen.
c. Ik neem altijd de trein.
d. Ik ga het liefst met de trein.

Vind de juiste antwoorden op de vragen

☐ 26 Heeft Ellen erop gerekend dat Rike naar het koffiepraatje komt?
☐ 27 Hoe lang is uw weg naar uw werk?
☐ 28 Spreek ik met de V.V.V.?
☐ 29 Heeft de man van Rike een kans op promotie?
☐ 30 Komt u ook uit België?
☐ 31 Heeft Luc een parkeerplaats kunnen vinden?
☐ 32 Wat denkt meneer Lubberdink over meneer De Wolf?
☐ 33 Mag ik u een kopje koffie aanbieden?
☐ 34 Kun je nog eens langskomen, als je met je zakenvrienden klaar bent?
☐ 35 Wanneer werpt u een blik in de krant?

a. Nee, ik kom uit Nederland.
b. Dat is niet uit te sluiten.
c. Hij is een van mijn betrouwbaarste medewerkers.
d. Bij het ontbijt.
e. Dat hangt ervan af, of we het bij ons gesprek vlug eens zijn met elkaar.
f. Ongeveer twee kilometer.
g. Ja, daar spreekt u mee.

h. Ja, vast en zeker.
i. Ja, het is hem gelukt.
j. Nee, dank u. Ik geef de voorkeur aan thee.

Lees de volgende tekst twee keer!

Tevergeefs!

's Avonds heeft mevrouw Claas 't idee haar schoolvriendin nog eens op te bellen. Zij gaat naar een telefooncel en vindt het telefoonnummer van familie De Bruin in de telefoongids. Clara Claas neemt de hoorn van de haak, gooit een kwartje in de gleuf en draait het nummer. Bij de familie De Bruin gaat de telefoon. Meneer De Bruin krijgt een telefoontje. Het telefoongesprek is tevergeefs. Het lukt Clara Claas opnieuw niet met mevrouw De Bruin te telefoneren. Zij is alweer niet thuis. Mevrouw Claas verontschuldigt zich, omdat zij meneer De Bruin nóg een keer gestoord heeft.

Duid nu aan wat juist (j) en wat onjuist (o) is!

☐ 36 Het lukt mevrouw Claas, met haar schoolvriendin te telefoneren.
☐ 37 Zij gooit een kwartje in de gleuf van het telefoontoestel.
☐ 38 's Avonds krijgt mevrouw De Bruin een telefoontje.
☐ 39 Clara Claas vindt het telefoonnummer van familie De Bruin in de telefoongids.
☐ 40 Zij verontschuldigt zich voor het storen.

Les 11

1

Een uitstapje naar Amsterdam

Op Pinkstermaandag gaat het gezin Verkouteren met de auto naar Amsterdam. Het lukt meneer Verkouteren in het centrum een parkeerplaats te krijgen. Vervolgens wandelen meneer en mevrouw Verkouteren met hun dochter Betty langs de grachten. Ze bewonderen de oude koopmanshuizen uit de zeventiende en achttiende eeuw. Zij gaan langs beroemde musea, het Koninklijk Paleis en vele andere bezienswaardigheden.

Tenslotte zitten zij in een café bij een kopje thee. Betty stelt vast dat zij geen enkele blik op de gids geworpen heeft die zij door de V. V. V. heeft laten sturen. Haar vader kent Amsterdam zo goed dat een gids blijkbaar helemaal niet nodig was.

2

Vragen over Amsterdam

Hebt u zin om ook eens een uitstapje naar Amsterdam te maken?
Gaat u met de auto of met de trein?
Waarom gaat u liever met | de auto? / de trein?
Waarmee wilt u de tijd in Amsterdam doorbrengen?
Hebt u een gids of een plattegrond nodig?
Bent u al eens in Nederland (België) geweest?
In welke stad (steden) bent u geweest?
Welke bezienswaardigheden herinnert u zich?
Spreekt u met het hele gezin over uitstapjes, of beslist u (uw vader) daarover alleen?

3

Een gesprek over vervoermiddelen

A: Het is maar een klein stukje naar school. Dus ga ik te voet.

B: Ik woon op twee km afstand van mijn werk. Meestal neem ik de fiets. Maar als het slecht weer is, ga ik met de auto.

C: Als handelsreiziger rijd ik veel. Tijdens de spitsuren is dat met de auto geen pretje. Daarom verlaat ik op tijd de centra van de grote steden.

D: Naar de universiteit heb ik een goede verbinding met de trein; dan heb ik geen last van het drukke verkeer.

B: Als we met vakantie gaan, laten wij ook de auto thuis. Ons vakantiedoel bereiken we op ons dooie gemak, als we de trein of het vliegtuig nemen.

A: Voor ons is de auto het meest goedkope verkeersmiddel als we met vakantie gaan. Met ouders en kinderen zijn we met z'n zessen. Een reis met de trein of met het vliegtuig is voor ons te duur.

D: Ik ga met de auto op vakantie. Daarmee ben ik onafhankelijker en krijg meer te zien. Als men niet tijdens drukke weekeinden en spitsuren reist, heeft men ook weinig last van de opstoppingen op de autosnelwegen.

C: In mijn vakantiedagen wil ik geen auto zien. Daarmee ben ik elke dag op weg.

4

Ik wil vanmiddag gaan zeilen.
Ik heb zin om vanmiddag te gaan zeilen.

Ik wil vanmiddag niet gaan tennissen.
Ik heb geen zin om vanmiddag te gaan tennissen.

Ik wil op tweede Paasdag naar Leuven rijden.
Ik ben van plan op tweede Paasdag naar Leuven te rijden.

5

Spreek ook over vervoermiddelen! Geef o.m. antwoord op de volgende vragen!

Hebt u een goede verbinding met het openbaar verkeer (voor de weg) naar school (de universiteit, uw werk)?
Loopt u ook / Fietst u ook | als het slecht weer is?
Hebt u in het centrum van de stad vaak last van het spitsuur?
Gaat u óók met de auto op vakantie?
Hebt u in de vakantietijd ook al met opstoppingen op de autosnelwegen te maken gehad?

6

Gezin en familie

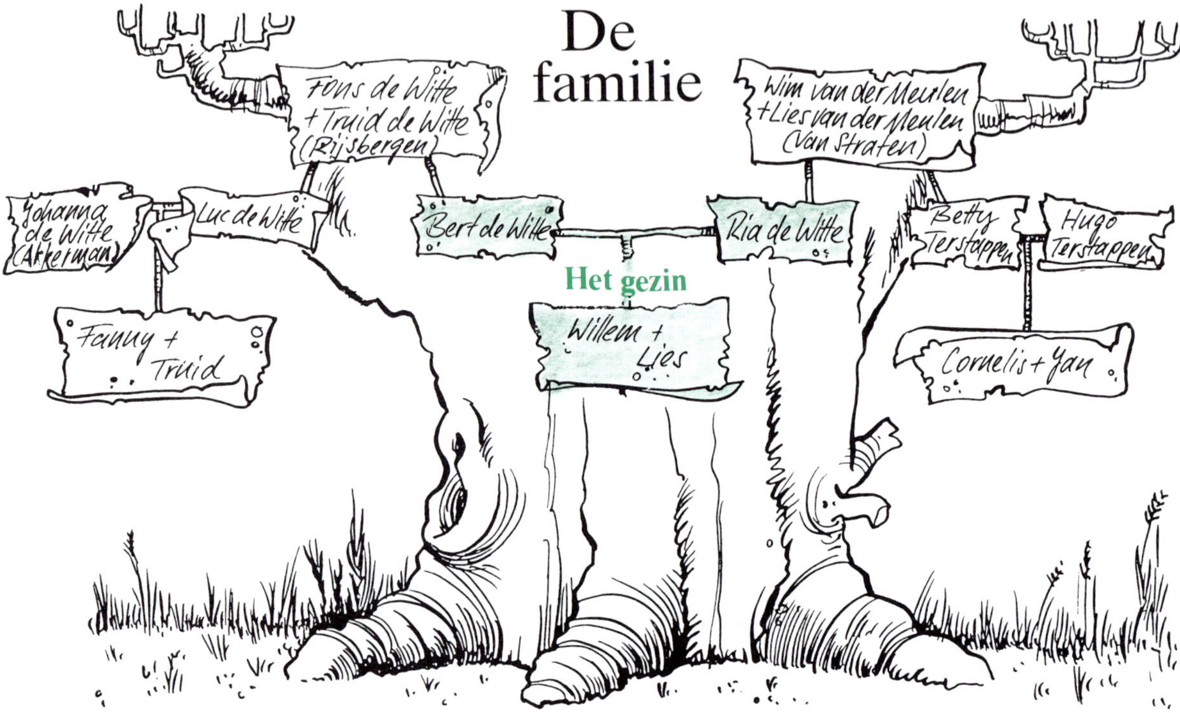

Bert en Ria de Witte en hun kinderen Willem en Lies vormen een gezin.
Tot de familie horen o.m. de grootouders, dus grootvaders en grootmoeders, de schoonbroers en schoonzusters, de kleinkinderen, de ooms en tantes, de neven en nichten.

7

Beantwoord de vragen (zie nummer 6)

Welke kleindochters hebben de voornamen van de grootmoeders?
Wat zijn de meisjesnamen van de grootmoeders?
Hoe heten de schoonbroers van Ria de Witte?
Hoe heten de schoonzusters van Bert de Witte?
Wie is de schoonmoeder van Bert de Witte, en wie zijn de schoonouders van Ria de Witte?
Welke voornamen hebben de zusters van Willem de Witte en Cornelis Terstappen?
Heeft Ria de Witte een broer?
Hoe heten de ooms en tantes van Willem en Lies de Witte?
Hoeveel neven en nichten hebben Bert en Ria de Witte en welke voornamen hebben zij?
Hoeveel oma's en opa's hebben Willem en Lies nog?

8

Tegenwoordige tijd van werkwoorden met „t“ of „d“

ik	**weet/vind**	de weg niet
jij, u, hij, zij, het	**weet/vindt**	de weg niet
wij, jullie, zij	**weten/vinden**	de weg niet

Pas op! **Weet** je de weg niet?
Vind je de weg niet?

Wenn der Verbstamm schon auf **-t** endet **(weet-)**, wird für die zweite und dritte Person kein weiteres **-t** angehängt. Endet der Stamm auf (ein wie „t“ gesprochenes) **-d**, so wird ein **-t** angehängt, obwohl es für die Aussprache keine Bedeutung hat.

9

Wederkerig voornaamwoord

Wij hebben **elkaar** al jaren niet meer gezien.

Ze vervelen **zich**. – Ze vervelen **elkaar**.

Wenn man im Deutschen anstelle von „sich“ auch „einander“ sagen könnte, muß im Niederländischen **elkaar** verwendet werden. **Zich** bleibt allgemeiner, **elkaar** drückt die Gegenseitigkeit aus.

10

Wederkerend voornaamwoord

ik	was	**mij (me)**
jij	wast	**je**
hij, zij, het	wast	**zich**
u	wast	**zich**
wij	wassen	**ons**
jullie	wassen	**je**
zij	wassen	**zich**

Zu beachten ist die Verwendung von **je** im Singular und im Plural.

11

De windrichtingen

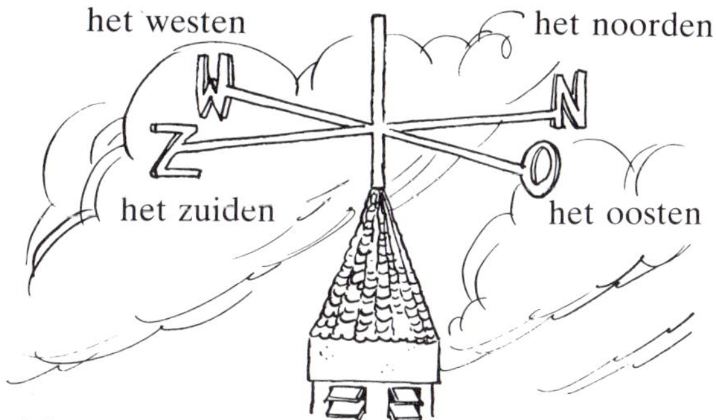

12

Zo zegt men het in het Nederlands

Tijdens het spitsuur is het rijden met de auto *geen pretje*.
Ik heb geen last van het *drukke* verkeer.
We gaan met vakantie.
Met het vliegtuig bereiken we ons *vakantiedoel op ons (dooie) gemak*.
Ga je met de auto *op vakantie*?
Wij zijn *met z'n zessen*.

Les 12

1

De pomp

Meneer Mulder rijdt met zijn auto naar een benzinepomp. De pompbediende zegt o. m.:

„Iets dichterbij, alstublieft! Goed zo! Nee, nu bent u te ver gereden. Een halve meter achteruit en ook nog een beetje naar rechts. Uitstekend, meneer!"

„Normaal of super, meneer? Voltanken? Zal ik nakijken, of er nog genoeg motorolie is? Kan ik een liter olie bijvullen of zal ik de olie verversen?"

„Koelwater zit er nog genoeg in. De druk van de banden is voldoende. Ja, de reserveband heb ik ook gecontroleerd. Nu ga ik nog de voorruit schoonmaken."

„Voor 20 liter normaal en een litertje olie krijg ik dan f. 25,20. Dank u wel, meneer!"

2

Vorm een gesprek uit 12.1

A: Waarmee kan ik van dienst zijn?

B: Voor ________________ gulden benzine.

A: ______________________________
(graag/tot uw dienst .....)

B: ______________________________
(..... naar de motorolie kijken)

A: ______________________________
(bijvullen of verversen)

B: ______________________________
(een litertje bijvullen/nog genoeg koelwater?)

A: ______________________________ !

B: ______________________________
(druk van de banden controleren .....)

A: ______________________________
(..... voldoende/niet voldoende/te laag/te hoog)
Anders nog iets?

B: ______________________________
(..... de rekening hebben?)

A: ______________________________
(Voor ..... liter benzine en .....)

3

Verkeersmiddelen

Kleine afstanden gaan we te voet. Maar als we meer dan ongeveer een kilometer moeten afleggen, gebruiken we meestal een vervoermiddel. Het goedkoopste vervoermiddel is de fiets. Veel mensen fietsen naar hun werk of naar school; maar als het slecht weer is, is dat niet zo leuk. Dat geldt ook voor de bromfiets, de scooter en de motor. Min of meer onafhankelijk van het weer zijn we, als we met de auto gaan. Maar ook de auto heeft zijn nadelen. Tijdens het spitsuur is het op sommige wegen zó druk dat het verkeer zelfs tot stilstand kan komen. Dan ben je met de trein of met de ondergrondse natuurlijk vlugger. Het is bovendien altijd verstandig, in de centra van de grote steden de bus of de tram te nemen. Het openbaar vervoer draagt veel bij tot ontlasting van de wegen en tot verbetering van het leefmilieu. De uitvinding van de auto heeft de wereld veranderd, maar ook nadelen met zich mee gebracht, o.m. wat de milieuvervuiling betreft.

5

vlot, vlug en snel

De ambtenaren werken *vlot.*
(vlug, snel)
De jonge vrouw heeft en *vlot* hoedje.

Ruud loopt *vlug* naar school. (snel, vlot)
Het Nederlands begrijpen wij *vlug.*
Vader is *vlug* in rekenen.

De jongen loopt *snel.* (vlug, vlot)
Het meisje leest *snel.* (vlug)
Gerrit heeft een *snelle* auto.

4

Hoe gaat u naar het werk?

Ik ga te voet. Ik loop naar mijn werk.	Ik neem de fiets. / Ik fiets. Ik ga met de fiets.	
Ik neem de bus. Ik ga met de bus.	Ik neem de tram. Ik ga met de tram.	
Ik neem de trein. Ik ga met de trein.	Ik neem de ondergrondse (metro). Ik ga met de ondergrondse (metro).	Ik neem de scooter. Ik ga met de scooter.
Ik neem de auto. Ik ga met de auto.	Ik neem de motor. Ik ga met de motor.	Ik neem de bromfiets. Ik ga met de bromfiets.

6

Het aanwijzend voornaamwoord: deze/die en **dit/dat**

Wil je **deze** brief of **die** brief 't eerst lezen?	**de** brief	→	**deze/die**
Wil je **dit** boek of **dat** boek 't eerst lezen?	**het** boek	→	**dit/dat**
Wil je **deze** brieven of **die** brieven 't eerst lezen?	**de** brieve**n**	→	**deze/die**
Wil je **deze** boeken of **die** boeken 't eerst lezen?	**de** boeke**n**	→	**deze/die**

Als Demonstrativpronomen werden bei „de-Wörtern" im Singular **deze** und **die** verwendet, bei „het-Wörtern" im Singular **dit** und **dat**. Im Plural werden in allen Fällen **deze** und **die** verwendet.

7

Het vragend voornaamwoord

wie (van wie / aan wie)

Wie heeft het boek?
Van wie is het boek? (**Wie z'n** boek is het?)
Wiens boek is het?
Aan wie heb je het boek gegeven?
Wie heb je met het boek gezien?

waaraan, waarover, waarvan
in plaats van **aan wat, over wat, van wat**

Waaraan denk je?
Waar denk je **aan**?

Waarover spreek je?
Waar spreek je **over**?

Waar is sprake **van**?

wat / wat voor een / wat voor

Wat heb je gezien?

Wat voor een boek is dat?
Wat is dat **voor een** boek?

Wat voor boeken zijn dat?
Wat zijn dat **voor** boeken?

welk/welke

Welk boek wil je hebben? **Welke** boeken wil je hebben?	**Het** boek.
Welke auto wil je hebben? **Welke** auto's wil je hebben?	**De** auto.

Abgesehen von **wiens** für den Genitiv bleiben **wie** und **wat** in allen anderen Fällen unverändert. Ansonsten muß beim Genitiv **van**, kann beim Dativ **aan** hinzukommen **(van wie, aan wie)**. Umgangssprachlich gebräuchlich ist auch **Wie z'n boek** ..... **Welk** steht nur bei „het-Wörtern" im Singular, sonst verwendet man immer **welke**.

8

De weg naar het winkelcentrum

A: Waar ligt in deze stad het winkelcentrum?
B: In het midden van de stad.
A: Wat is de kortste weg?
B: U rijdt rechtdoor tot aan de tweede kruising .....
A: Dat is het kruispunt met de verkeerslichten, niet?
B: Ja, dat is juist. U moet daar links afslaan. Vervolgens moet u rechts houden. De derde zijstraat is de Koningsstraat. Daar vindt u het winkelcentrum.
A: Hoe ver is het hier vandaan?
B: Anderhalve kilometer.

9

Beschrijf wegen in uw eigen stad! Als u veel oefent, leert u het vlug. Geef niet op, als het in het begin nog moeilijk is!

Waar ligt (in deze stad) het winkelcentrum?
In het stadscentrum / In het midden van de stad / In het noorden (oosten, zuiden, westen).
Kunt u mij de weg naar ..... wijzen?
Kunt u mij zeggen, waar er ..... is?
Sorry, waar vind ik hier een (benzinepomp, politiebureau)?
Waar is hier (de Koningsstraat)?
rechtdoor (gaan, rijden, fietsen) / rechts, links afslaan / kruising, kruispunt, straat, plein oversteken
Ik ken de weg niet. Ik ben niet van hier.
Kunt u mij helpen?
Hoe ver is het (van hier / naar de Koningsstraat)?/Hoe ver is het hier vandaan?

10

zien — kijken / horen — luisteren / verstaan — begrijpen

Kun je vanavond naar de kinderen kijken (= op de kinderen passen)?
Wilt u nog even naar de olie kijken (= de oliestand controleren)?
Gees staat (er) naar de etalages te kijken.
Gisteren heb ik je nieuwe auto gezien.
Zo zie ik die kwestie.
Ik zal zien wat ik voor u kan doen.

Dat heb ik nog nooit gehoord.
Ik hoor niet meer zo goed als vroeger.
Om 8 uur luister ik naar het nieuws.

Van die dingen begrijp ik niets.
(Daar heb ik geen verstand van.)
Spreek harder, ik versta je niet.

11

Zo zegt men het in het Nederlands

Rijdt u iets *dichterbij*, alstublieft!
Rijd een halve meter *achteruit*!
Kan ik een liter olie *bijvullen* of zal ik de olie *verversen*?
Het is verstandig in het centrum van de stad met *het openbaar vervoer* te gaan.
De *uitvinding* van de auto heeft ook nadelen *met zich mee gebracht*.
Waar denk je *aan*? / Waaraan denk je?
Daar is geen sprake van.
Rijd *rechtdoor tot aan* het kruispunt, *sla* daar *links af* en *houd* vervolgens *rechts*.
Kunt u mij de weg *wijzen*?

Les 13

1

Een telefonische inlichting

A: Kunt u me over vluchten naar Hamburg informeren?
B: Ja, meneer. Ik zal u wel inlichten.
A: Gaat er vandaag nog een vliegtuig?
B: Ja, meneer. De eerstvolgende vlucht naar Hamburg is om 11 uur 30.
A: Dat is een beetje te vroeg. Is er verder nog een vlucht?
B: Ja, meneer.
A: Wanneer vertrekt dat vliegtuig?
B: Om 15 uur 30.
A: Wanneer landt het?
B: Om 17 uur.
A: Zijn er nog plaatsen in het vliegtuig?
B: Ja, meneer.
A: Hoeveel kost het ticket?
B: Enkele vlucht of retour?
A: Enkele vlucht.
B: f. 450.
A: Bedankt voor de inlichtingen.

2

Wij gaan verder met een oefening. Breng de belangrijkste uitdrukkingen uit nummer 1 bijeen en maak er een gesprek van tussen een loketbediende en een passagier!
Boek een vliegreis!
Vraag ook naar aansluitingen!
Laat u inlichten over de kosten!
Wees niet te voorzichtig uit vrees fouten te maken!

3

Met het schip of met het vliegtuig

Ik neem het schip (de boot).
Ik vaar (met het schip / de boot).
Ik reis met het schip (de boot).
Ik ga met het schip (de boot).

Ik neem het vliegtuig.
Ik vlieg (met het vliegtuig).
Ik reis met het vliegtuig.
Ik ga met het vliegtuig.

4

NRC HANDELSBLAD

LUX ET LIBERTAS

Wij Nederlanders

zijn ergens voor, of tegen. Dat blijkt uit massa's bonden, verenigingen, groepen en partijen. Maar dat wil niet zeggen dat we zo partijdig zijn dat we andersdenkenden links (of rechts) laten liggen; zij hebben vaak belangwekkende dingen te zeggen.
En deze krant schroomt niet dat allemaal te vermelden.

5

Zeg ik het zo goed?

licht
inlichting die Auskunft, die Information; *betrouwbare, gunstige, nadere, de gevraagde, de verstrekte ~en* zuverlässige, günstige, nähere, die erbetene, die gegebene od. erteilte A.; *om ~en vragen* um A. (über, *acc.*) bitten; *~en vragen aan* A. erbitten von; *vgl.* informatie, inwinnen; **~endienst** (*mil.*) der Nachrichtendienst

...ormateur (*staatk.*) der Informateur
informatie die Auskunft; *~s zijn te bekomen, zijn verkrijgbaar bij* ... Auskunft erteilt ..., Näheres durch od. bei ...; *~(s) inwinnen, nemen* Erkundigungen einziehen (über, *acc.*), Auskunft einholen (über, *acc.*), sich erkundigen (über, *acc.*, nach); *te uwer ~* nachrichtlich; **~bureau** das Auskunftsbüro, die -stelle, (*hand.*) die Auskunftei; **~verwerking** die Datenverarbeitung, *afk.* DV
informeren: (*bij iem.*) *~ naar* sich (bei e.m) er-

A: Verstaat u mij goed?

B: Ja, ik spreek al een beetje Nederlands. Als u langzaam spreekt, versta ik bijna alles. Maar als u erg vlug spreekt, versta ik niets. Soms weet ik niet zeker, hoe men een woord uitspreekt; b.v. dit woord.

A: Informatie.

B: Informatie. Spreek ik het juist uit?

A: Dat klinkt al heel goed. Ik herhaal het nog eens: informatie. Zegt u het nog eens even na!

B: Informatie. Betekent dat zoveel als „Information" in het Duits?

A: Ja, dat is juist. Vaak zeggen we in het Nederlands ook „inlichting".

B: Hier heb ik nog een woord opgeschreven dat ik niet begrijp.

A: Veiligheidsgordel. Dat is in 't Duits „Sicherheitsgurt".

B: Dank u wel. U verbetert mij toch ook verder, als ik fouten maak?

A: Graag, als u dat wilt. Maar dat zal zelden nodig zijn, want u spreekt al uitstekend Nederlands.

B: Nou ja, ik kan me al af en toe in het Nederlands redden.

6

Natuurlijk bent u bereid om een gesprek als in nummer 5 te voeren. Kijk vooral uw medespeler aan en blijf niet aan de tekst van het leerboek hangen. Lees aandachtig de vragen en probeer ze te onthouden, dan kan de oefening niet mislukken:

Spreekt u al een beetje Nederlands?
Verstaat u mij?
Hoe spreekt men dit woord uit?
Spreek ik het woord juist uit?
Herhaalt u het nog eens!
Zegt u het eens even na!
Wat betekent dat in het Duits?
Wilt u mij corrigeren (verbeteren), als ik fouten maak?

7

liggen, lopen, staan, zitten + te

Zij **zitten** een kopje koffie **te drinken**.
Het kind **loopt te dromen** op straat.
Hij **ligt** op de zitbank **te slapen**.
Je vriend **staat** hier al een uur **te wachten**.

In vielen Fällen kann nur in Verbindung mit **te** an die Verben **liggen, lopen, staan, zitten** ein zweites Verb angeschlossen werden (vgl. andere Fälle in les 25). Entsprechende Wendungen gibt es in der Regel im Deutschen nicht. Meist werden beide Verben mit „und“ verbunden („Sie sitzen da und trinken eine Tasse Kaffee.“) oder es wird ein Partizip gebildet („Das Kind läuft träumend auf der Straße.“).

8

Vorm zinnen

Veel mensen	ligt	door het oude Gent.
Het verkeer	wandelt	met de auto.
Het winkelcentrum	fietsen	tot stilstand.
Familie Vanderkuilen	rijden	aan de Dienst Toerisme.
Elza	komt	naar hun werk.
Frans en Griet	schrijft	in het centrum van de stad.

9

Verleden tijd van „zijn, hebben, zullen“

ik, jij, u, hij, zij, het	**was**	**had**	**zou**
wij, jullie, zij	**waren**	**hadden**	**zouden**

Ik **was** gisteren thuis. – Wij **waren** gisteren thuis.
Jij **had** verleden week nachtdienst. – Jullie **hadden** verleden week nachtdienst.

Hij **was** vanmorgen te laat *gekomen*.
Het kind **had** zijn balletje *verloren*.

Als ik jou **was, zou** ik dat niet **doen**.
Dat **had** ik niet gedacht!

Die drei Verben bilden das Imperfekt mit jeweils nur zwei verschiedenen Formen, eine für den Singular, eine für den Plural. Wie im Deutschen werden neben anderen Verwendungen mit „zijn“ und „hebben“ die Perfektzeiten gebildet. Im Gegensatz zum Deutschen verwendet man diese Formen auch für den Konjunktiv („Als ik jou **was** .....“). Dafür können außerdem die Imperfektformen von „zullen“ gebraucht werden („..... **zou** ik dat niet **doen**.“ – ..... würde ich das nicht tun.“).

10

blijven, gaan, komen zonder „te"

a. **Blijft** u maar **zitten**, tot men de deur opendoet!
b. Het kind **blijft huilen**.
c. Ik **ga** morgen **voetballen**.
d. Vader **gaat** in de leunstoel **zitten**.
e. Het **gaat** vandaag nog **regenen**.
f. Ik **kom** je morgen van het station **afhalen**.
g. Ruud **komt** naast mij **zitten**.
h. Wij **komen** jullie **zeggen** dat we morgen moeten *gaan werken*.

Manche Wendungen entsprechen dem Deutschen (a., c., f.), bei anderen wird im Gegensatz zum Deutschen kein „te" verwendet (g., h.). In weiteren Fällen ist die Ausdrucksweise in beiden Sprachen völlig verschieden (b., d., e.). Die Verwendung von **gaan** mit futurischem Sinn (c., d., e., h.) ist im Deutschen nur selten entsprechend möglich (c., h.).

11

We hebben haast

A: Hallo, Betsie en Roel! Wat een toeval dat we elkaar hier in het winkelcentrum op de koopavond treffen!
B en C: Dag Christiaan.
A: Wat zouden jullie van een pilsje denken?
B: Nou ja, dat is geen gek idee, maar .....
A: Net daar op de hoek is een mooie kroeg.
C: Zeg Roel, weet je dat het al laat is?
A: Nee hoor, het is half zeven! Dat valt me tegen!
B: Christiaan, begrijp haar niet verkeerd. We hebben haast, omdat we vannacht nog met vakantie gaan. En we hebben de koffers nog niet gepakt!
A: Nou, dan ga je gang maar! Waar gaan jullie naartoe?
B: Met het vliegtuig naar Rome.
A: Dan goede reis en veel plezier!

12

Zo zegt men het in het Nederlands

De *eerstvolgende* vlucht is om 11 uur 30.
Is er verder nog een vlucht?
Wanneer *vertrekt* het vliegtuig?
Zijn er nog plaatsen in het vliegtuig?
Enkele vlucht of retour?
Uit vrees fouten te maken is hij te voorzichtig.
Wij Nederlanders *zijn ergens voor, of tegen.*
Maar *dat wil niet zeggen* dat we *andersdenkenden links laten liggen.*
Deze krant *schroomt* niet dat *allemaal* te vermelden.
We hebben haast.
Wat zou je van een pilsje *denken*?
Dat is geen gek idee.
Ga je gang (maar)!
Waar gaan jullie naartoe?
Veel plezier!

Les 14

1

Vakantieplannen

A: Mieke, heb je een idee, waar wij het volgend jaar met vakantie naartoe zullen gaan?

B: Jij kunt gedachten lezen, zeg, Hans! Net vanmiddag heb ik van verschillende reisbureaus een pakje folders meegebracht, om ze samen met jou door te kijken!

A: Dat noem ik een gelukkig toeval! Je hebt toch zeker al een voorstel, of niet?

B: Juist! Ik wil deze keer graag een cruise door de Middellandse Zee maken. Op de grote passagiersboten vind ik het altijd zó gezellig. En dan de schilderachtige havens met al die vrachtschepen, kustvaarders en vissersboten.

A: Maar kijk eens hier! Is een reis naar Oost-Afrika niet ook heerlijk? Wat denk je van een fotosafari in Kenia?

B: Op zichzelf is het misschien wel een leuk idee, maar ik vlieg niet graag. Ik ben nog altijd bang voor een luchtreis.

A: Nou, goed, dan laten wij dit voorstel vallen. Hier vind ik iets heel geks: een fietstocht naar Zuid-Duitsland!

B: Sportief genoeg zijn we allebei. Ik vind 't idee helemaal niet gek.

2

De jaargetijden / seizoenen

3

Denk over uw eigen vakantieplannen na. Een gesprek over dit onderwerp hoeft niet lang te duren. De volgende vragen kunnen nuttig zijn:

Waar ga je het volgend jaar heen / naartoe met vakantie?
Wat heb je voor een voorstel?
Wat denk je van .....?
Ben je nog altijd bang om te vliegen?

Gebruik voor het gesprek o. m. de volgende reisdoelen:

de Spaanse (Italiaanse) kust;
naar Zwitserland om te wandelen;
aan de Noordzee (Oostzee) om te zeilen;
naar Skandinavië (Denemarken, Zweden, Noorwegen en Finland);
skilopen/skiën in de Franse Alpen.

4

Verleden tijd van „kunnen, mogen, worden, moeten, willen, durven“

ik, jij, u, hij, zij, het	**kon**	**mocht**	**werd**	**moest**	**wilde/wou**	**durfde**
wij, jullie, zij	**konden**	**mochten**	**werden**	**moesten**	**wilden**	**durfden**

Ik **kon** gisteren helaas niet *komen*. – Zij **konden** gisteren niet meer terug.
Hij **mocht** die jongen niet erg. – Henk **mocht** niet nog eens *opbellen*.
Het vlees **werd** niet goed *gebraden*. – God sprak en de wereld **werd**.
Ruud zei eergisteren dat hij naar het feest **wilde** *komen*. – De mode **wilde (wou)** dat de vrouwen verleden jaar meestal groene en blauwe jurken kochten.
Lodewijk **durfde** niet op 't ijs. – Ik wist het wel, maar ik **durfde** het niet te *zeggen*.
De bestuurder van de auto **moest** mee naar het politiebureau. – Er **moest** juist een agent *voorbijkomen*, toen ik verkeerd geparkeerd had.

5

Tweemaal München

A: Dag mevrouw.
B: Dag meneer. Waarmee kan ik van dienst zijn?
A: Tweemaal München, a.u.b.!
B: Enkel of retour?
A: Enkele vlucht. – Hoeveel bagage is vrij?
B: Twintig kilogram per persoon plus de handbagage.
A: Hoeveel kost het?
B: f. 966.
A: Zijn er vandaag nog vluchten?
B: Alleen om 17.30 uur is er nog een vlucht.
A: Is het de gewone lijnvlucht of een chartervlucht?
B: Het is de gewone lijn van de K.L.M.
A: Zal het toestel precies op tijd vertrekken?
B: Vertragingen zijn ons niet bekend; daarover wordt u op de luchthaven ingelicht.
A: Is er nog een tussenlanding?
B: Nee, het is een directe verbinding, een non-stop-vlucht.
A: Is het weerbericht gunstig?
B: Dat kan ik niet zeggen, maar het is aan te nemen dat u een heel rustige vlucht te verwachten hebt. – Wilt u vandaag nog vliegen?
A: Ja.
B: Dan moet u zich in uw eigen belang haasten, want het vliegtuig naar München zal al gauw startklaar zijn.
A: Daar hebt u gelijk in. Geeft u mij de twee tickets maar. Goddank is de luchthaven niet ver hiervandaan.

6

Vorm een gesprek zoals in nr. 5 en gebruik de informaties

Frequentie	Vertrek	Aankomst	Via	Vlucht: Luchtvaart-mij	Vlucht: Vlucht-nummer
Amsterdam – München					
dagelijks	**8.15**	**9.40**	non-stop	KL	**231**
dagelijks	**12.35**	**13.55**	non-stop	KL	**233**
dagelijks	**17.30**	**18.55**	non-stop	KL	**235**
München – Amsterdam					
dagelijks	**10.20**	**11.50**	non-stop	KL	**232**
dagelijks	**14.35**	**16.05**	non-stop	KL	**234**
dagelijks	**19.35**	**21.05**	non-stop	KL	**236**

Normale enkele vluchten (retourvluchten, geldig voor 1 jaar, het dubbele van enkele vluchten): Eerste klas	Business Class	Vluchten vanaf Amsterdam naar	Weekeindvluchten voor toeristen – retourvluchten – (alleen op zaterdag en zondag)
f. **458,–**	f. **285,–**	Bremen	f. **291,–**
f. **293,–**	f. **206,–**	Düsseldorf	f. **210,–**
f. **456,–**	f. **321,–**	Frankfort	f. **210,–**
f. **458,–**	f. **322,–**	Hamburg	f. **329,–**
f. **458,–**	f. **322,–**	Hannover	f. **329,–**
f. **550,–**	f. **367,–**	London	f. **626,–**
f. **689,–**	f. **483,–**	München	f. **528,–**
f. **557,–**	f. **392,–**	Parijs	f. **696,–**
f. **1280,–**	f. **858,–**	Rome	f. **1139,–**
f. **614,–**	f. **397,–**	Stuttgart	f. **404,–**

KL = Koninklijke (Nederlandse) Luchtvaart-Maatschappij

7

Verjaardag

A: Dag, Hella!

B: Dag, Wim! Goed dat ik je zie. Heb je tijd om aanstaande zaterdag naar mijn verjaardagsfeestje te komen?

A: Aanstaande zaterdag, dus op 14 juli? Ik zou wel graag komen, maar het is helaas onmogelijk, omdat ik dan op weg naar Vlissingen ben.

B: Naar Vlissingen? Met vakantie?

A: Ja, helaas maar voor een week. Jammer dat ik niet thuis ben als je jarig bent. De feestjes bij jou zijn altijd prachtig.

B: Er is niets aan te doen. Ik wens je veel plezier in Vlissingen.

A: Bedankt. Als ik terug ben, zal ik eens opbellen.

B: Dat is fijn. Tot ziens, Wim!

A: Dag, Hella.

8

Het is goed mogelijk dat iedereen aan een kort gesprek deelneemt:

Heb je tijd, om aanstaande (komende) ..... naar mijn feest(je) (party) te komen?

A.s. (komende) .....?

Ja, | dat komt mij goed uit.
| dat is fijn (leuk, prima, prettig, plezierig).

Nee, | dat komt mij niet goed uit.
| dan kan ik tot mijn spijt (helaas) niet.

Ik zou wel graag komen, maar dan
| ben ik met vakantie.
| ben ik op zakenreis.
| moet ik werken.
| moet ik op de kinderen passen.
| moet ik leren voor het examen.

9

Zo zegt men het in het Nederlands

Ik kijk de folders *samen met jou door.*
Op passagiersboten vind ik het *gezellig.*
Een *schilderachtige* haven.
Wat denk je van een fotosafari?
Ik ben bang om te vliegen.
Ik vind het idee niet *gek.*
Waarmee kan ik van dienst zijn?
Enkele vlucht of *retourvlucht*?
20 kilogram bagage *per* persoon *plus de handbagage* is vrij.
Het vliegtuig *heeft een lichte vertraging opgelopen.*

Les 15

1

Mededelingen van de piloot

Dames en heren, welkom aan boord van dit heel moderne straalvliegtuig van de K.L.M., een Boeing 707!

Naast mij bestaat de bemanning uit de copiloot, meneer Streuvels, de boordtechnicus, meneer Michels, en de twee stewardessen, de dames De Witte en Terstappen. Mijn naam is Van Bergen.
Wij starten over een paar minuten. Niet meer roken, a.u.b.! Doet u de veiligheidsgordels om, a.u.b.!
Volgens het weerbericht hebben wij een rustige vlucht te verwachten. Wij zullen straks opstijgen en een gemiddelde vlieghoogte van 6000 meter bereiken. De zuivere vliegtijd zonder start en landing zal 45 minuten bedragen.

Dames en heren, wij hebben nu de normale vlieghoogte bereikt. U kunt, als u wilt, de veiligheidsgordels weer afdoen.

Dames en heren, over een paar minuten beginnen wij met de landing. Gelieve niet meer te roken en de veiligheidsgordels om te doen!
Ik wens u een plezierig verblijf in Hamburg.
Tot ziens!

2

Het gaat me (net) niet erg goed.
Het gaat niet zo best.
Het gaat alweer (een beetje beter).
Het wordt steeds erger.
Ik voel me niet erg goed.
Ik voel me niet erg lekker.

3

Vragen aan een stewardess

Voor de antwoorden zie ook de teksten les 14.5 en 15.1.
Hoe hoog zijn we nu?
Hebt u iets te lezen voor mij, een krant of een tijdschrift?
Hoeveel vertraging zullen we oplopen?
Wanneer landen we in .....?
Ik voel me niet erg lekker. Hebt u een middel tegen luchtziekte, a.u.b.?
Is de piloot ervaren of is het zijn eerste vlucht?
Is dit straalvliegtuig inderdaad modern of toch een beetje ouderwets?
Hebt u een aansteker of een lucifer?

4

Een verkeerde datum

A: De hoeveelste is het vandaag, meneer Den Hartog?
B: 24 juni, mevrouw Rijsbergen.
A: Ik heb hier een briefje van 14 juli met een reservering van twee kamers.
B: Dat is zeker een vergissing, want het briefje is toch niet van verleden jaar.
A: Beslist niet, het is vanmorgen met de post gekomen.
B: Voor welke dag is de reservering?
A: Ze is ..... laat me even kijken ..... eveneens voor 14 juli!
B: Dus heeft hij zich in de datum vergist. Gaat u maar even de reservering met een briefkaartje bevestigen!

5

Vragen naar de datum

De hoeveelste is het vandaag?
  Vandaag is het .....
  Het is .....

Voor welke dag is de reservering?
Voor welke dag heb je geboekt?
Voor welke dag is het bezoek aangemeld?
Voor welke dag heb je de ouders uitgenodigd?

  De reservering (Ze) is voor .....
  De boeking (Ze) is voor .....
  Het bezoek (Het) is voor .....
  Ik heb voor ..... geboekt.
  Ik heb de ouders (ze) voor .....
  Voor .....

6

Het meervoud van woorden op „-heid“

de afhankelijk**heid**	de afhankelijk**heden**
de gelegen**heid**	de gelegen**heden**
de meerder**heid**	de meerder**heden**
de minder**heid**	de minder**heden**
de mogelijk**heid**	de mogelijk**heden**
de omstandig**heid**	de omstandig**heden**
de zeker**heid**	de zeker**heden**

7

Tegenwoordige tijd van werkwoorden met wisselingen van medeklinkers
f → v en s → z

ik	**geef**	haar een cadeautje.
jij, u, hij, zij, het	**geeft**	
wij, jullie, zij	**geven**	
ik	**reis**	naar Leuven.
jij, u, hij, zij, het	**reist**	
wij, jullie, zij	**reizen**	

Ein stimmloses **s** oder **f** im Auslaut wird bei Wortverlängerung im Inlaut zu einem stimmhaften **z** oder **v**.

9

Meervoudsvormingen op -en met wisselingen van medeklinkers
f → v en s → z

de die**f** – de die**ven**
de gol**f** – de gol**ven**

het bewij**s** – de bewij**zen**
het verlie**s** – de verlie**zen**

Pas op: de sto**f** – de sto**ffen**
de pol**s** – de pol**sen**

8

Strandhotel ★★★☆ Vlissingen

Het hotel is gelegen aan het badstrand, op een der mooiste punten van de Vlissingse boulevard.
De ruime eet- en conversatiezalen, terrassen en hotelkamers bieden een prachtig uitzicht over de brede Scheldemond, waar grote oceaanstomers het hotel op zeer korte afstand passeren en waar 's zomers jong en oud zich vermaakt op het gezellige en veilige strand.
De hotelkamers zijn geheel nieuw, modern en sfeervol ingericht. Op vakantie- of zakenreis, zowel 's zomers als 's winters, bent u verzekerd van een aangenaam en rustig verblijf, alsook van een uitstekende verzorging, waarvoor onze gerenommeerde keuken borg staat.
Het strandhotel is het gehele jaar geopend, 's winters geheel centraal verwarmd en het beschikt over een personenlift.
De hotelkamers zijn alle met bad of douche en toilet.
Bij het hotel is een ruime parkeergelegenheid aanwezig.

■ Telefoon op alle kamers
■ Personenlift ■ Bistro ■ Bar

Strandhotel, Boulevard Evertsen 4,
Vlissingen, telefoon (01184) 12297

10

Reservering van een kamer

Kan ik een kamer laten reserveren (bespreken)?

Een één- of tweepersoonskamer?
Voor hoeveel personen?
Met of zonder bad (douche)?
Met of zonder toilet?
Met of zonder ontbijt?
Volpension of halfpension?

Hoeveel kost de kamer per dag?
Doet u ook de kamer?
Kunt u mij om ..... wekken?
Is het ook een rustige kamer?

11

Uit een toeristische brochure

Retie is het rustige dorp dat wij op deze bladzijde voorstellen. In de zo karakteristieke oostelijke streek van de Antwerpse Kempen heeft het een enige ligging: naar het zuiden toe is de richting van Dessel en Mol, naar het oosten toe ligt de eenzaamheid der Postelse Bossen, naar het noorden toe bent u op korte afstand van Arendonk en Turnhout en in het westen ligt Kasterlee, het bekende vakantiecentrum.

12

Vragen over nr. 11

Waar ligt Retie?
In welke richting liggen Dessel en Mol, gezien vanuit Retie?
Wat ligt er ten oosten van Retie?
Waar liggen Arendonk en Turnhout?
Hoe heet het bekende vakantiecentrum ten westen van Retie?

13

Zo zegt men het in het Nederlands

Wij bereiken een *gemiddelde* vlieghoogte van 6000 meter.
De *zuivere* vliegtijd bedraagt 45 minuten.
U kunt de veiligheidsgordels *afdoen*.
Het vliegtuig is *ouderwets*.
De *hoeveelste* is het vandaag?
Wij willen een hotelkamer *bespreken*.
Jong en oud vermaakt zich op het strand.
U kunt *verzekerd zijn van* een aangenaam verblijf.
De gerenommeerde keuken *staat borg voor een uitstekende verzorging*.
Het hotel is *centraal verwarmd* en *beschikt over* een personenlift.
Retie heeft een *enige ligging*.
Naar het noorden toe bent u *op korte afstand* van Arendonk.

Les 16

1

De nieuwe woning

Kees en Mieke Tenhoven zijn een jonggetrouwd echtpaar. Afgelopen week zijn ze naar hun nieuwe woning op de zesde verdieping van een groot flatgebouw verhuisd. De inrichting voldoet volkomen aan de eisen van de beide jongelui. Alle kamers zijn modern en vooral praktisch ingericht. Natuurlijk willen Kees en Mieke hun nieuw huis aan familie en kennissen tonen. Voor het aanstaande weekeinde hebben ze Mieke's ouders uitgenodigd. Om half acht in de ochtend zal Kees ze dan met zijn auto bij het station afhalen.

2

De ouders op bezoek

A: Bevalt je de woonkamer, vader?

B: Ik vind het hier erg gezellig, Mieke, dat moet ik zeggen. Maar nu heb ik trek in een sigaartje. Ik ga even in de grote leunstoel zitten.

C: Vader moet alweer roken! Hij wil niet inzien dat het slecht is voor de gezondheid! Ook de dokter heeft hem aangeraden niet meer te roken!

D: Laten we toch vandaag niet over het roken discussiëren, moeder!

C: Ik weet wel, Kees, dat jij ook elke dag tenminste een pakje sigaretten nodig hebt.

A: Kees is gestopt met sigaretten roken. Hij steekt slechts 's avonds nog een pijpje op. Hier heb je een asbak, vader. Heb je de keuken al gezien met het elektrisch fornuis, de koelkast en de diepvries?

C: Ja, Mieke. Kees heeft mij de keuken laten zien. Ze is heel praktisch ingericht. Waar heb je eigenlijk die mooie oude kapstok vandaan gehaald?

A: Kees heeft hem geërfd. Ik hoop dat we er in de gang een goede plaats voor gevonden hebben.

B: Een grote badkamer hebben jullie, met twee wastafels en een badkuip.

D: Dat hebben we ook nodig, want 's morgens gaan we tegelijkertijd naar ons werk en dan zijn we blij dat we niet op elkaar hoeven te wachten.

B: Je slaapkamer ligt aan de achterkant van het gebouw. Daar is het zeker heel wat rustiger dan aan de voorkant.

D: Daar heb je gelijk in. De logeerkamer daarnaast is eveneens een rustig kamertje.

B: Als er eens kinderen zijn, kun je de logeerkamer voor ze inrichten.

A: Voorlopig kunnen jullie daar nog logeren, als jullie op bezoek komen. In de toekomst moeten jullie dan misschien in een hotel overnachten.

3

De inrichting van een woning

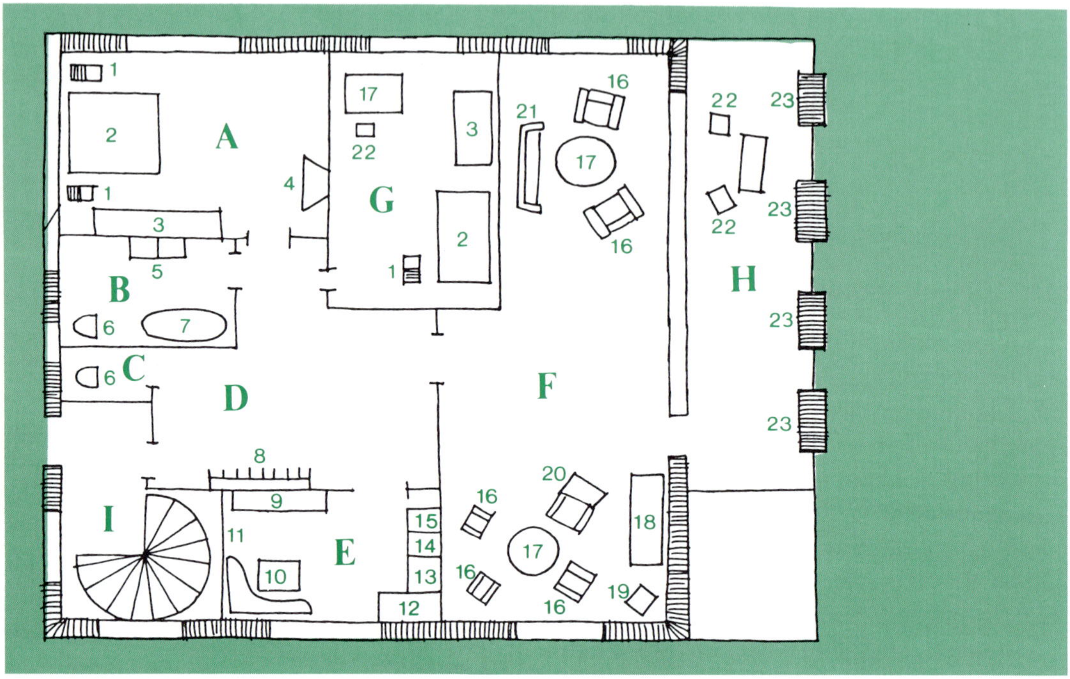

De kamers

A slaapkamer
B badkamer
C W.C. / toilet
D gang
E keuken
F woonkamer / huiskamer / zitkamer
G kinderkamer (logeerkamer)
H balkon
I trappenhuis

De meubels

1 nachtkastje
2 bed
3 kleerkast
4 spiegelkast
5 wastafel
6 W.C.
7 badkuip
8 kapstok
9 keukenkast
10 keukentafel
11 zitbank
12 spoelbak/gootsteen
13 koelkast
14 diepvries
15 elektrisch fornuis
16 fauteuil
17 tafel
18 woonkamerkast (b.v. glazen kast)
19 televisiekastje
20 leunstoel
21 sofa, bank, bankstel
22 stoel
23 bloembak(je)

4

Beschrijf, hoe de afzonderlijke kamers ingericht zijn

In de slaapkamer zijn (vind ik / zie ik) .....
In de badkamer .....
In de keuken .....
In de woonkamer .....
In de kinderkamer .....
Op het balkon .....

5

Verleden tijd van de zwakke werkwoorden

Enkelvoud: -de; meervoud: -den

draaien ⟶ ik draai
winkelen ⟶ ik winkel

ik, jij, u, hij, zij, het	draai**de**	winkel**de**
wij, jullie, zij	draai**den**	winkel**den**

Enkelvoud: -te; meervoud: -ten

bereiken ⟶ ik bereik
fietsen ⟶ ik fiets

ik, jij, u, hij, zij, het	bereik**te**	fiets**te**
wij, jullie, zij	bereik**ten**	fiets**ten**

Bildung der Imperfektformen der schwachen Verben: an die 1. P. Präs. hängt man für den Singular **-de/-te** und für den Plural **-den/-ten** an. **-te/-ten** → wenn der Stamm des Verbs (1. P. Sing. Präs.) auf einen stimmlosen Konsonant endet (außer bei -f/-s nach langem Vokal / vgl. 17.4). Im Merkwort **'t kofschip** sind alle stimmlosen Konsonanten enthalten.

6

Voer een gesprek over het wonen

A: Woont u in een | flat(gebouw)? / eigen huis/koopflat?
B: Ik woon in een ....., en u?
C: Ik woon (ook) in een .....
Hoeveel kamers hebt u in uw woning (huis/koopflat)?
B: Ik heb / Er zijn | ... kamers en een keuken (bad, W.C., douche, balkon)
Hoe groot is uw woning?
A: .....

7

OOSTKAMP

Ruim gebouw te koop, Rozenstraat 14.
15 jaar oud, perfekte staat, alleenstaand in rustige omgeving.
Opp. 250 m2, kelder, gelijkvloers, twee verdiepingen en zolder.
Garage, centr. verwarming.
Dienstig voor home, hotel, onthaalcentrum, enz.
Tel. 050-82.26.44 (dinsdag of vrijdag onder de kantooruren).

Geef antwoord op de volgende vragen over het wonen

Welke afmetingen heeft uw woonkamer?
(m^2 = vierkante meter)
Woont u er (= in uw woning) alleen of hebt u een gezin?
(getrouwd, gehuwd – ongetrouwd, ongehuwd)
Waar is uw woning gelegen?
(in/buiten de stad; bij/in het centrum; aan de rand van de stad / in een buitenwijk; ver van het winkel- en wandelcentrum; in een woonerf)
Hebt u een mooi uitzicht vanuit uw woning?
Is uw slaapkamer rustig of ligt ze aan een straat met veel verkeer?
(rustig, stil; veel lawaai)
Woont u beneden of boven?
Op welke verdieping woont u?
(1e, 2e verdieping = één, twee hoog)
Hebt u ook een kelder en een zolder?
Zou u ook eens gemeubileerde kamers willen verhuren?
Wat betaalt u aan huur per maand?
Hebt u een goed huurcontract?
Bent u van plan, om in de komende maanden te verhuizen?

8

Vlissingen, 19-7-1987

Lieve Hella,

Mijn gelukwensen bereiken je een paar dagen te laat, maar ze zijn daarom niet minder hartelijk.
Vanwege het slechte weer heb ik nog geen zin gehad om naar het strand te gaan.
Het is tenminste een prachtig hotel. Verleden zaterdagavond ben ik in de bar geweest en heb bij een biertje en een jenever aan jouw feestje gedacht.
Nog eens: hartelijk gefeliciteerd!

Groetjes,
Wim

9

De tweede naamval bij persoonsnamen

het boek van vader	– vader**s** boek	-s
de auto van Wim	– Wim**s** auto	
de broer van Elza	– Elza**'s** broer	's
de zuster van Willy	– Willy**'s** zuster	
het gezin van Kees	– Kees' gezin	'
de moeder van Lies	– Lies' moeder	

Bei Personennamen wird statt der Umschreibung mit **van** der Genitiv häufiger durch Anhängen eines **-s** an den Namen gebildet. Bei Personennamen auf „-a, -i, -o, -u, -y" wird vor das **s** ein Apostroph gesetzt. Bei Namen auf „-s, -sch, -x" wird nur ein Apostroph angefügt.

10

Zo zegt men het in het Nederlands

Afgelopen week is de familie Tenhoven naar een woning op de zesde *verdieping* van een *flatgebouw verhuisd*.
De inrichting *voldoet aan* de *eisen* van de *jongelui*.
Ik vind het hier erg *gezellig*.
Ik heb trek in een sigaartje.
Kees *is gestopt* met roken.
Hij steekt een pijpje op.
We wonen in een *buitenwijk*.
Dat is *ver van* het *winkel- en wandelcentrum*.
Wij hoeven niet op elkaar *te wachten*.
De *achterkant (voorkant)* van het gebouw.
Daar is het *heel wat rustiger*.
's Nachts is er op straat veel *lawaai*.
We wonen *twee hoog*.
De *afzonderlijke* kamers van een woning.

Les 17

1

Invasie van Westduitse toeristen

Rotterdam – Met honderdduizenden zijn gisteren Westduitse toeristen ons land binnengekomen om de Paasdagen door te brengen aan de Nederlandse stranden.
De invasie begon gisterochtend vroeg. Vanaf vijf uur passeerden tweeduizend auto's per uur de grenspost Bergh bij Zevenaar. Files bleven dan ook niet uit. Rond half elf stond er een file van tien kilometer, die langzaam Nederland binnenschoof. Pas voorbij Utrecht konden de automobilisten weer wat meer vaart zetten.

De rijkspolitie in Driebergen had gisteravond de indruk, dat er heel wat meer mensen ons land binnen zijn gekomen, dan er vertrokken zijn. Behalve de „normale" files op de bekende knelpunten, die op vrijdagmiddag wat eerder zijn opgelost dan op normale weekdagen, waren er nergens noemenswaardige opstoppingen.
Behalve de stranden en de Keukenhof zijn de bollenvelden, waar de narcissen en de vroege tulpen op het punt van uitkomen staan, de Flevohof, Madurodam en het Rijksmuseum in Amsterdam de trekpleisters voor buitenlandse en Nederlandse toeristen.

2

Hebt u de tekst 17.1 goed begrepen?

Waar wilden de toeristen de Paasdagen doorbrengen?
Wanneer begon de invasie van Westduitse toeristen en hoeveel auto's per uur passeerden de grenspost?
Hoe lang was de file rond half elf en wat gebeurde er vervolgens mee?
Zijn er volgens de Rijkspolitie meer mensen uit Nederland vertrokken dan er binnengekomen zijn?
Op welke weekdag zijn de „normale“ files eerder opgelost dan op andere dagen?
Wat zijn de trekpleisters voor buitenlandse en Nederlandse toeristen?

3

Voer een gesprek rond o. m. de volgende vragen

Waar wilt u de paasdagen (het a.s. weekeinde, ...) doorbrengen?
Hebt u ook al eens in een file voor een grenspost (op een autosnelweg, tijdens het spitsuur in het centrum van een grote stad, ...) moeten wachten?
Wat zijn voor u de grootste trekpleisters in Nederland (België, ...)?
Wanneer bent u voor het laatst in Nederland (België, ...) geweest?

4

Pas op bij het vormen van de verleden tijd van de volgende zwakke werkwoorden

le**v**en ⟶ ik lee**f**
rei**z**en ⟶ ik rei**s**

ik, jij, u, hij, zij, het	lee**f**de	rei**s**de
wij, jullie, zij	lee**f**den	rei**sd**en

mel**d**en	→	ik mel**d**	ze**tt**en	→	ik ze**t**
re**dd**en	→	ik re**d**	ste**ll**en	→	ik ste**l**
h**e**t**en	→	ik h**eet**	m**a**k**en	→	ik m**aak**

ik ...	mel**dd**e	re**dd**e	h**eett**e
wij ...	mel**dd**en	re**dd**en	h**eett**en
ik ...	ze**tt**e	ste**l**de	m**aak**te
wij ...	ze**tt**en	ste**l**den	m**aak**ten

Bei Verben mit Konsonantenwechsel (s/z und f/v) wird der Stamm mit **-de** bzw. **-den** verlängert. Vgl. die Regel bei 16.5.
Endet der Stamm auf **-d** oder **-t**, so wird **-de/-den** bzw. **-te/-ten** angefügt.
Ansonsten gelten die bekannten Regeln für Vereinfachen und Verdoppeln von Vokalen und Konsonanten (m**a**ken → ik m**aa**k → ik m**aa**kte bzw. ste**ll**en → ik ste**l** → ik ste**l**de).

5

Het bezittelijk voornaamwoord

ik	→ **mijn**	→ **mijn** auto
jij	→ **jouw**	→ **jouw** krant
je	→ **je**	→ **je** kamer
u	→ **uw**	→ **uw** fiets
hij	→ **zijn**	→ **zijn** boek
zij	→ **haar**	→ **haar** brief
het	→ **zijn**	→ **zijn** bal
wij	→ **onze**	→ **onze** vriend **onze** vrienden **onze** ideeën
	ons	→ **ons** idee
jullie	→ **jullie**	→ **jullie** woning
	je	→ **je** woning
zij	→ **hun**	→ **hun** televisiekastje

Zu **jouw** und **jullie** gibt es mit **je** eine Kurzform, die vor allem in unbetonter Stellung oft benutzt wird. Häufig gesprochen und gelegentlich auch schon geschrieben werden mit **m'n** und **z'n** Kurzformen zu **mijn** und **zijn**. Die Possessivpronomen sind bis auf eine Ausnahme unveränderlich: bei „het-Wörtern" im Singular wird statt **onze** stets **ons** benutzt (**ons** idee).

6a

Een gesprek over uw woning

Herhaal de woordenschat uit les 16.1, 2, 3, 6 en 7, praat over aparte kamers, maar ook over algemene dingen zoals elektrische aansluiting, verwarming enz. en leg uit, wat u praktisch, modern, leuk en mooi en wat u lelijk, slecht en verkeerd vindt.

6b

Algemeen:

behang	spiegel
bloemen/planten	stroom (sparen)
elektrische aansluiting	(elektrische) verwarming
gordijn	gas (aansteken)
kast	(met) gas/kolen (stoken)
lamp	tuin
(water-)leiding	vloer
licht (aan-, uit-doen)	vloerbedekking
plafond	vuur

Woonkamer:

grammofoon (-plaat)	tapijt
(boeken-)kast	tv(-toestel/-kastje)

Slaapkamer:

bed	kussens
dekbed	lakens
dekens	

Badkamer:

handdoek	zeep
een bad/douche nemen	zich scheren (met een mesje / met een scheerapparaat)
gaan douchen	

Gereedschappen e.d.:

bezem	vuilnisbak
schaar	wasmachine
stofzuiger	

7

Wat is uw beroep?

A: Laten we een beetje over ons werk praten! Ik ben bankwerker. Mag ik vragen, wát uw beroep is?

B: Jazeker. Ik ben bankbediende, en wat bent u?

C: Ik ben bakker, en u?

D: Ik ben metselaar. – Bent u tevreden met uw beroep?

A: Ja, ik ben er heel tevreden mee. Oefent u uw beroep ook graag uit?

D: Nee, ik doe het werk niet graag. Bent u dan tevreden?

B: Nee.

D: Waarom niet?

B: Ik vind mijn beroep erg vervelend. Altijd ben ik met dezelfde dingen bezig en moet toch steeds een vriendelijke indruk op de klanten maken. En waarom bent u eigenlijk niet tevreden?

D: Mijn beroep is erg inspannend. Vaak moet ik ook bij slecht weer buiten werken. U hebt 't beter, of niet?

C: Min of meer. Mijn beroep heeft wel zijn nadelen, onder meer het vroeg opstaan en de grote hitte in de bakkerij, maar ik kan er toch heel goed mee leven.

8

Voer een gesprek over uw beroep, beroepswens of droomberoep en gebruik o.m. de volgende vragen:

Wat is uw beroep?
Wat hebt u voor een beroep?
Wat bent u? – En u?

Bent u tevreden met uw beroep?
Werkt u graag in uw beroep?
Oefent u uw beroep graag uit?

Waarom bent u (niet) tevreden met uw beroep?

vervelend / (erg) inspannend
hard / gevaarlijk / zwaar werk hebben
nadelen (b.v. vroeg opstaan, grote hitte, ook bij slecht weer buiten werken .....)

(heel) interessant / vol afwisseling
voordelen (b.v. goed mee kunnen leven, andere mensen kunnen helpen .....)
gemakkelijk werk hebben

9

Meervoudsvormen op -eren

het ei	de ei**eren**
het gemoed	de gemoed**eren**
het goed	de goed**eren**
het hoen	de hoen**deren**
het kalf	de kalv**eren**
het kind	de kind**eren**
het lam	de lamm**eren**
het lied	de lied**eren**
het rad	de rad**eren**
het rund	de rund**eren**
het volk	de volk**eren**

10

Twee meervoudsvormen – twee betekenissen

het been	de ben**en**	die Beine
	de been**deren**	die Knochen
het blad	de blad**en**	die Blätter, die Zeitungen
	de blad**eren**	die Blätter, das Laub
het kleed	de kled**en**	die Deck(ch)en
	de kle**ren**	die Kleider

Het stond in de zondags**bladen** te lezen.
Griet heeft goedkope **kleren** gekocht.
Deze **tafelkleden** zijn beslist waardevol.
Hij nam de **benen**.

11

Zo zegt men het in het Nederlands

Veel toeristen *kwamen* Nederland *binnen*.
Er stond een *file* van tien kilometer, *die* langzaam *Nederland binnenschoof*.
Pas voorbij Utrecht konden de automobilisten weer *wat meer vaart zetten*.
De tulpen *staan op het punt van uitkomen*.
Het Rijksmuseum is een *trekpleister* voor toeristen.
Ik ben altijd *met* dezelfde dingen *bezig*.
Mijn beroep is *erg inspannend / vol afwisseling*.
Ik ben *min of meer* tevreden met mijn beroep.

Les 18

1

Ondraaglijke pijn

A: Ach! Ik voel me vandaag buitengewoon slecht.

B: Wat heb je dan?

A: Precies kan ik het niet zeggen. Aanvankelijk had ik barstende hoofdpijn, dan weer geloofde ik dat ik koorts had, omdat ik het zo heet had. Maar een paar minuten later rilde ik van de kou.

B: Dat zou dus wel eens een verkoudheid, een griep of een of andere ontsteking kunnen zijn. In ieder geval moet je naar de dokter.

A: Naar welke dan?

B: Ik ken de artsen hier ook niet. Ik kijk eens in de telefoongids. Misschien worden niet alleen de adressen vermeld maar ook de spreekuren.

2

Bij de dokter

A: Wat voor klachten hebt u, meneer?

B: Ik voel me de hele dag al niet goed. Eerst deed mijn hoofd pijn, toen dacht ik aan koorts en nu heb ik het al urenlang koud.

A: Dat klinkt niet goed. Maakt u uw bovenlichaam a.u.b. even vrij. Ik zou graag uw longen onderzoeken. .....
Ademt u diep in! .....
Nu wil ik nog de pols voelen en de bloeddruk meten. .....
Laat ook even uw tong zien!

B: Is het erg?

A: Nee, u bent verkouden. Ik schrijf een middeltje voor. U moet het drie keer per dag vóór het eten innemen. Het zou goed zijn, als u een paar dagen in bed blijft. Van harte beterschap! Tot ziens, meneer!

B: Tot ziens, dokter!

3a

Voer een gesprek

Praat met uw buurman of buurvrouw over uw ervaringen met ziekten en dokters!

Hoe lang hebt u in de wachtkamer moeten zitten?
Hoe lang bent u bij de dokter in de spreekkamer geweest?
Was er een operatie nodig?
Bent u goed verpleegd?
Misschien bent u ook al eens bij een ongeluk gewond geraakt. Hebt u de Rijkspolitie (in Nederland) of de Rijkswacht (in België) gebeld?
Wat voor medicijnen hebt u in de apotheek of bij de drogist moeten kopen?

3b

Ziekten

amandelontsteking
arm-, beenbreuk
bewusteloosheid
blindedarmontsteking
bloedvergiftiging
etter
het hartinfarct
hoest
kanker
kneuzing
kramp
neusbloeding
keelpijn, hoofdpijn,
maagpijn, rugpijn

nervositeit
(het) spit in de rug
snijwond
storingen in de bloedsomloop
storing in de spijsvertering
verbranding
verrekking
verstuiking
verwonding
wond
lucht-, zeeziekte
zonnesteek
zweer

Als de dokter zijn patiënt behandeld heeft, schrijft hij meestal een recept voor:
het drankje
de druppels
de medicijn
het middel(tje)
de pil
de pleister
de (het) poeder
de (het) tablet(je)
de thermometer
de zalf

4

Kun je mij meenemen?

A: Rijd je naar de stad?
B: Ja, naar de vismarkt.
A: Kun je mij meenemen?
B: Natuurlijk. Stap in! .....
A: Mag ik aan de Veldstraat uitstappen?
B: Zeker. Maar de Veldstraat zelf moet ik oversteken, omdat er een verkeerslicht is. Bij „groen" kan ik er niet goed stoppen.
A: Rij maar rustig een beetje door.
B: Waar ga je dan naartoe?
A: Ik moet nog even naar de dokter.
B: Wat mankeert je? Heb je nog altijd last van je maag?
A: Nee. Goddank gaat het alweer veel beter. Misschien kom ik ook nog naar de vismarkt; tenminste als ik bij de dokter niet lang hoef te wachten. Het is ook niet ver hier vandaan. ..... Kun je daar bij de parkeermeters stoppen? ..... Bedankt, tot kijk!

5a

Vis, schelp- en schaaldieren

U bent op de vismarkt. U vindt er heel wat aanbiedingen en extra-aanbiedingen voor veel soorten vis en schelp- en schaaldieren. Legt u de prijzen respectievelijk per ons en per stuk vast.

5b

baars	krab	schol
forel	makreel	snoek
haring	mosselen	sprot
kabeljauw	paling	tong
karper	schelvis	zalm

6

Wij zetten de oefening voort door een gesprek met een kennis en een verkoopster op de vismarkt te voeren. Voorzien van de woordenlijst onder nummer 5b hoeft dat niet moeilijk te zijn. De volgende vragen zijn o.m. mogelijk:

Wordt u al geholpen?
Kan ik u helpen?
Wat kan ik voor u doen?
Wat mag het zijn?
Waarmee kan ik (u) van dienst zijn?
Anders nog iets?
Mag het iets meer zijn?
Mag ik kabeljauwfilet aanbevelen?
Hou je van mosselen?
Wat denk / zeg je van krab?
Lust je gebakken of gekookte vis?
Hoeveel / Wat kost .....?
Wat hebt u voor speciale aanbiedingen?

7

Supermarkt of slagerij?

A: Kunt u mij een goede slager aanbevelen?
B: Ik ben erg tevreden met de slager op de Hoofdstraat.
A: Wat zegt u van de vleesafdeling van de supermarkt?
B: Men krijgt daar wel ook karbonade, (rug-)biefstukken, varkenspoten, Hongaarse hachee en dergelijke, maar in de slagerij heeft men een ruimere keus en bovendien een vakkundige bediening.

8a

Bij de slager

Stel je voor dat je bij de slager bent en overleg met je begeleider en met de bediening wat je kopen wilt. Gebruik vragen net als in nummer 6. Je hebt een ruime keus aan vlees en worst.

8b

biefstuk	nieren
braadworst	rollade
filet	rosbief
gesneden worst	het spek
hachee	tong
ham	het rundvlees
hersenen	het lam(svlees)
kalfsbout	het kalfsvlees
het lendestuk	het varkensvlees
lever	

9

Maten en gewichten

0,001	m	= 1 millimeter
0,01	m	= 1 centimeter
0,1	m	= 1 decimeter
1,0	m	= 1 meter
1000,0	m	= 1 kilometer

1852,0	m per uur	= 1 knoop
1,0	m^2	= 1 vierkante meter
10000,0	m^2	= 1 hectare
1000000,0	m^2	= 1 vierkante kilometer
1,0	m^3	= 1 kubieke meter

1,0	l	= een liter
¼	l	= een kwart liter
½	l	= een halve liter

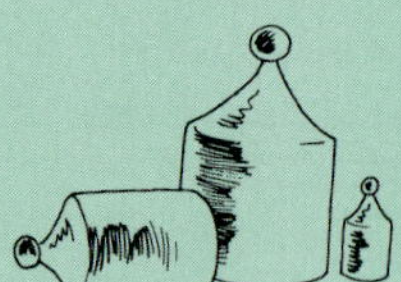

0,001	kg	= 1 gram
0,1	kg	= 1 ons (= 100 gram)
0,25	kg	= een half pond
1,0	kg	= 1 kilogram
1000,0	kg	= 1 ton

10

Geef antwoord op de vragen

Hoeveel weeg je?
Ben je in de laatste maanden aangekomen of afgevallen?
Vind je dat Huib mager (slank, dik) is?
Welke schoenmaat heb je?
Hoe ver is het naar het kerkplein?
Vind je ook dat de slager zijn kleine zaak eens zou moeten (laten) uitbreiden?

11

Zo zegt men het in het Nederlands

Ik voel me *buitengewoon* slecht.
Aanvankelijk had ik *barstende hoofdpijn*.
Je moet naar de *dokter*.
Wat hebt u voor *klachten*?
Doet het pijn?
U bent verkouden.
Van harte beterschap!
Mag ik aan de Veldstraat *uitstappen*?
Je moet die straat *oversteken*.
Rij maar *rustig een beetje door*!
Wordt u al geholpen?
Waarmee kan ik (u) van dienst zijn?
Mag ik (u) iets *aanbevelen*?
Hou je van mosselen?
Wat denk / zeg je van krabben?
Lust je gebakken vis?
Frits is (in) de laatste maanden 5 kilo *afgevallen*, Huib echter is 3 kilo *aangekomen*.

Les 19

1

Vrouwen in „mannen"-beroepen

Elk jaar wordt in de Utrechtse jaarbeurshallen de nationale beroepenmanifestatie georganiseerd. Dit jaar stond er een geheel nieuwe stand bij en wel die van de Steungroep Vrouwen in Technische Beroepen. Vooral veel meisjes bezochten de stand. Meisjes die nooit gedacht hadden dat ze zoiets als timmervrouw, automonteuse, brandweervrouw, elektricienne of machinebankwerkster zouden kunnen worden. De steungroep wil meisjes en vrouwen stimuleren ook een zogenaamd mannenberoep te kiezen of zich in dit beroep te laten omscholen, als ze erachter zouden komen dat de techniek hun toch beter ligt dan een administratieve of verzorgende baan.
Maar ook vrouwen die al werkzaam zijn in een technisch beroep, blijken de steungroep nogal eens nodig te hebben. Want het is niet altijd makkelijk om je als enige vrouw staande te houden tussen allemaal mannen. Ook hebben de vrouwen vaak het gevoel dat ze zich ontzettend moeten bewijzen, dat ze het eigenlijk twee keer zo goed moeten kunnen als een man.

2

Beantwoord de vragen

Waar vindt de nationale beroepenmanifestatie plaats?
Welke stand was er voor het eerst?
Wie bezocht deze stand vooral?
Wat wil de Steungroep Vrouwen in Technische Beroepen?
Met welke problemen hebben veel vrouwen te maken, die al in technische beroepen werkzaam zijn?

3

Mannenberoepen en vrouwenberoepen

de werknemer	de werkneem**ster**
de verkoper	de verkoop**ster**
de kapper	de kap**ster**
de stenotypist	de stenotypist**e**
de chiropodist	de chiropodist**e**
de dokter	de dokter**es**
de leraar	de lerar**es**
de schilder	de schilder**es**
de secretaris	de secretar**esse**
de mecanicien	de mecanicien**ne**
de elektricien	de elektricien**ne**
de automonteur	de automonteu**se**
de installateur	de installateu**se**
de coiffeur	de coiffeu**se**
de timmerman	de timmer**vrouw**
de brandweerman	de brandweer**vrouw**
de bediende	de bediende
de arts	de arts

Staking bij Lufthansa gedaan

De staking die maandag uitbrak bij de Westduitse luchtvaartmaatschappij Lufthansa naar aanleiding van de verdeling van de winst van 1984 onder de werknemers, is bijgelegd.

Elke werknemer krijgt 850 mark plus 6 t.h. van het maandsalaris en een vervroegde pensioen-regeling op 58.

4

Staken

A: Ben je al terug uit Italië, Lucia?

B: Ja goddank!

C: Heb je geen mooi weer gehad?

B: Het weer was schitterend, Sonja. Maar heb je niet gehoord dat het openbaar vervoer er weer in staking is?

A: O ja, ze staken voor betere arbeidsvoorwaarden, nietwaar?

B: Dat kan wel. En volgende maand zijn het dan looneisen!

C: Zonder stakingen kunnen de organisaties van werknemers blijkbaar niets bereiken.

A: Meestal gaan ze toch ook al gauw weer aan het werk.

B: Maar zit daar eens zonder logies en er gaan geen treinen!

C: Kunnen de arbeiders dan hun eisen tegenover de werkgevers op andere wijze doorzetten?

A: Ben je eigenlijk lid van een vakbond?

B: Nee, en waarom ook, Gerda?

A: De c. a. o. bij voorbeeld is toch ook voordelig voor jou, of niet?

5

Verdere vragen naar beroep en werk

Werkt u in de industrie, de handel, de landbouw of bij de overheid?
Waar / Bij welke firma werkt u?
Verdient u goed? Hoeveel per week?
Hebt u een verhoging van uw loon/salaris/inkomen te verwachten?
Wanneer / Op welke leeftijd wilt u met pensioen gaan?
Krijgt u betaald verlof?
Hebt u al een 36-urenweek?
Hebt u geen vaste werktijd?
Hebt u tijdelijk/vast werk?
Hebt u een tijdelijke/vaste betrekking?
Hebt u een halve of een hele/volledige baan?
Bent u al eens werk(e)loos geweest?
Hebt u een goede uitkering gekregen of hebt u recht op bijstand gehad?
Hebt u al eens uw baan/betrekking verloren?
Heeft het arbeidsbureau voor een nieuwe baan gezorgd?
Hebt u met sollicitaties altijd succes gehad?
Bent u van plan uw baan op te zeggen?
Zijn er in de laatste maanden werknemers ontslagen bij uw fabriek/bedrijf/firma/zaak?
Wat denkt u van stakingen?
Hebt u zelf al eens gestaakt?
Bent u lid van een vakbond?
Bent u tevreden met de c. a. o.?
Hebt u vertrouwen in de vakbond?
Hoe zijn de arbeidsvoorwaarden/de sociale voorzieningen bij uw firma?
Bij welk ziekenfonds bent u?
Hebt u een goede verhouding met uw chef?
Kunt u met uw collega's goed samenwerken/opschieten?

6

Nog iets over bezittelijke voornaamwoorden

zijn boek → **vader zijn boek** ← vaders boek ← het boek van vader
haar brief → **moeder d'r brief** ← moeders brief ← de brief van moeder
zijn bal → **het kindje zijn bal** ← de bal van het kindje

Im Gegensatz zum Deutschen sind solche Verwendungen des Possessivpronomens **(vader zijn boek .....)**, insbesondere im Gespräch, durchaus üblich. Statt **haar** wird dann die Kurzform **d'r** oder **'r** verwendet. Die gleichen Kurzformen können auch **hun** ersetzen (de kinderen **hun (d'r/'r)** ballen).

7

Bijvoeglijke naamwoorden

Met „-e"

de (een, deze, haar) oud**e** man	–	(de, deze) oud**e** mannen
de (een, deze, zijn) jong**e** vrouw	–	(de, deze) jong**e** vrouwen
de (een, deze, onze) mooi**e** auto	–	(de, deze) mooi**e** auto's
het (–, dit, –) klein**e** kind	–	(de, deze) klein**e** kinderen
het (–, dit, –) goed**e** boek	–	(de, deze) goed**e** boeken

Zonder „-e"

klein kind	– welk **klein** kind	– wat (voor) een **klein** kind
goed boek	– welk **goed** boek	– wat (voor) een **goed** boek

een (geen, ieder, elk, zulk, zo'n, menig) **klein** kind
een (geen, ieder, elk, zulk, zo'n, menig) **goed** boek

De man is **oud**. – De vrouw is **jong**. – De auto is **mooi**. – Het kind is **klein**. – Het boek is **goed**.

Man kann von folgender Faustregel ausgehen: Im Zusammenhang mit „de-Wörtern" bekommt das Adjektiv immer die Endung **-e**, ob im Singular oder Plural, ob Artikel oder Pronomen verwendet werden oder nicht. In den meisten Fällen gebraucht man auch bei „het-Wörtern" die Endung **-e**. Sie entfällt hier aber im Singular, wenn kein Artikel steht bzw. der unbestimmte Artikel **een** oder die Wörter **welk, wat (voor) een, geen, ieder, elk, zulk, zo'n, menig** vorangehen. Wie im Deutschen hat das Adjektiv in prädikativer Stellung keine Endung (De man is **oud**, usw.).

8

Nog iets over bijvoeglijke naamwoorden

gouden	iets is van goud
houten	iets is van hout
ijzeren	iets is van ijzer
leren	iets is van leer
metalen	iets is van metaal
wollen	iets is van wol
zilveren	iets is van zilver
----	iets is van kunststof

de ervaren piloot/piloten
de bedreven held/helden
de open deur/deuren

de Edammer kaas (gevormd volgens plaatsnamen)

de linkerrijbaan
de rechterarm

Praktisch alle Adjektive auf **-en** erhalten keine weitere Endung. – Die nach Ortsnamen gebildeten Adjektive auf **-er** kennen ebenfalls keine weitere Endung. – Unverändert bleiben auch **linker** und **rechter**. Meistens werden diese Adjektive mit dem Substantiv in einem Wort geschrieben.

9

Prosper de Smet: Western

De valsaards reden op zwarte paarden,
de jonge held reed op een sneeuwwit paard.
Hij schoot er kalm op los terwijl de dolle rit
vervolgde in een klapperende vaart
van klapperende hoeven op de rotsen,
en dan doffer in het zand,
waar menig lafaard lag te bloeden
het pistool nog in de hand.

Maar de witte ruiter
als een God onkwetsbaar
zat nog op zijn sneeuwwit paard
dat galoppeerde door de pampa's
met een lelie aan zijn staart.

Ik, in mijn stoel, bedreven held
van duizend dagelijkse dromen,
heb koel de doden opgeteld
en nog een pepermunt genomen.

10

Zo zegt men het in het Nederlands

Er was een nieuwe stand *bijgekomen en wel die van* de Steungroep Vrouwen.
Ook vrouwen, die al *werkzaam zijn* in een technisch beroep, *hebben* de groep *nogal eens nodig.*
Ze hebben het gevoel *dat ze zich ontzettend moeten bewijzen.*
Het weer was *schitterend.*
Het openbaar vervoer *is in staking.*
Zij gaan binnenkort weer *aan het werk.*
De c.a.o. is *voordelig* voor de werknemers.
Wanneer *gaat u met pensioen*?
Ik heb de doden *(op)geteld.*

Les 20

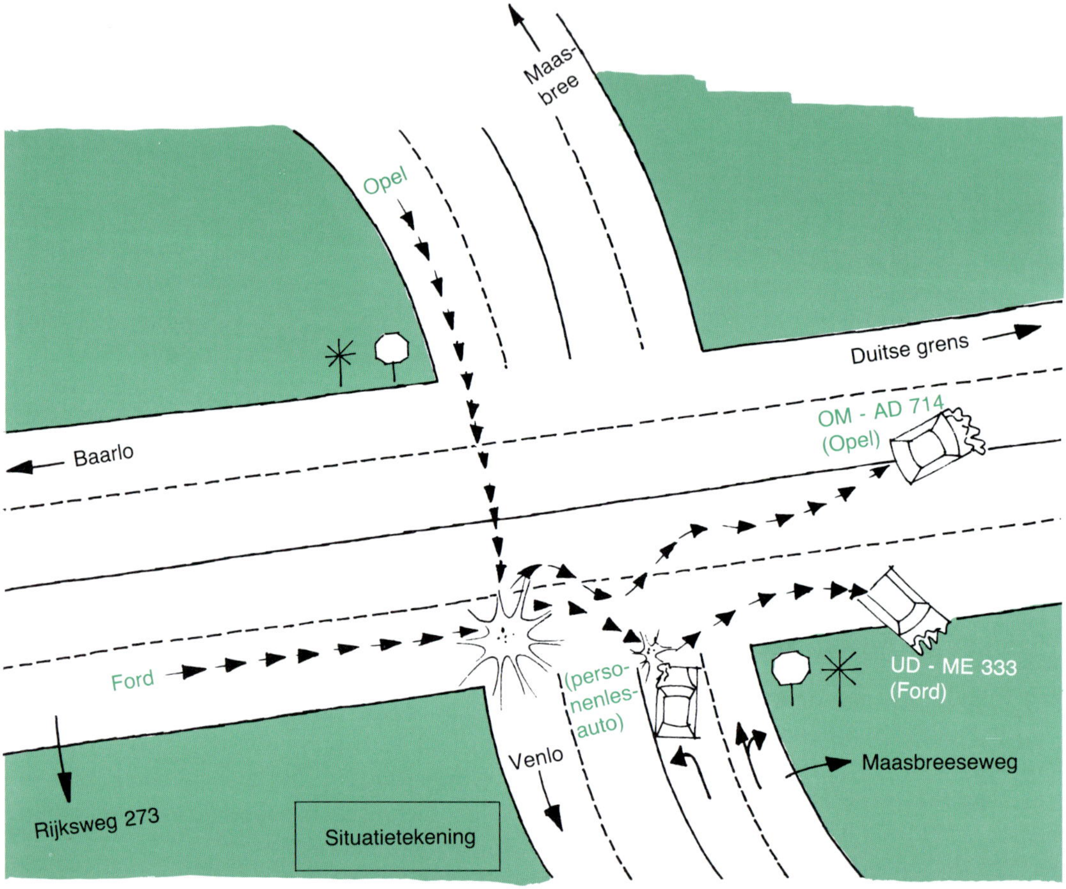

1

Een verkeersongeval

De bestuurder van een lichtkleurige Opel Kadett kwam uit de richting Maasbree en reed richting Venlo over de Maasbreeseweg. Toen hij de kruising van die weg met de Rijksweg 273 naderde, verleende hij geen voorrang aan de bestuurder van een rode Ford Taunus, die uit de richting Baarlo kwam. De bestuurder van de Ford Taunus remde krachtig en gaf knipperlichtsignalen, maar kon toch de botsing niet voorkomen. De Ford Taunus slingerde naar rechts en botste nog tegen een aan de overzijde van de kruising wachtende personenlesauto. De Opel Kadett en ook de Ford Taunus kwamen eerst na ongeveer 25 tot 30 meter tot stilstand. Daarbij werd een inzittende van de Opel Kadett uit de auto geslingerd en op slag gedood.

2

De verklaring van een getuige

Een politieambtenaar (P) spreekt met een getuige (G).

P: Wanneer vond het ongeval plaats?

G: Omstreeks 15.55 uur.

P: Waar bevond u zich tijdens de botsing?

G: Ik reed als toezichthouder in mijn personenlesauto, die door mevrouw Van Berkum bestuurd werd. Voor de kruising bracht zij de auto op de linkerrijstrook tot stilstand. Wij wilden naar links afslaan, Rijksweg 273 op. De linker richtingaanwijzers waren in werking.

P: Met welke snelheid reed de rode personenauto en uit welke richting kwam hij?

G: De Ford Taunus kwam uit de richting Baarlo en naderde de kruising met een snelheid van naar schatting 80 km per uur.

P: En wat kunt u over de Opel Kadett zeggen?

G: Die auto naderde vanaf de overzijde van de kruising en reed met een snelheid van ongeveer 30 km per uur rechts over de rijbaan. Zijn richtingaanwijzers waren niet in werking, zodat ik aannam dat hij de kruising recht wou oversteken.

P: Hoe kon het ongeval naar uw mening gebeuren?

G: Volgens mij heeft de bestuurder van de Opel Kadett de Ford Taunus niet gezien, omdat hij zonder te stoppen en voorrang te verlenen de kruising opreed.

P: Deed de bestuurder van de Ford dan iets, om de aanrijding te voorkomen?

G: Ja, hij gaf knipperlichtsignalen en moet krachtig hebben geremd, omdat ik de banden hoorde piepen. Maar niettemin volgde de botsing met een hevige klap.

P: Kunt u mij nog iets over het verloop van de aanrijding meedelen?

G: De Opel ging enige malen over de kop en kwam tenslotte op de wielen tot stilstand. Eén inzittende werd op de rijbaan geslingerd. De Ford Taunus werd door de slag naar rechts geschoven en botste met de rechter flank tegen de voorkant van mijn auto.

P: Heeft u verder nog iets kunnen vaststellen?

G: Helaas niet. Inmiddels waren zoveel mensen aangekomen dat ik geen details meer kon waarnemen.

P: Ik dank u. Mag ik u nog even voorlezen wat ik opgeschreven heb, voordat u mijn concept van uw verklaring wilt ondertekenen?

3

Verdere verklaringen van verdachten en getuigen

Speelt u de rollen van politieagenten, verdachten en getuigen in verdere ondervragingen over de botsing! Wij hebben weliswaar een stukje over de verklaring van een getuige gelezen, maar wij leren de nieuwe woordenschat pas beheersen, als wij hem aan de praktijk toetsen. Kijk ook eens naar de situatieschets, om het ongeval uit het juiste perspectief te beschrijven!

4

Een telefoontje met de wegenwacht

A: ANWB. Met Krol.

B: Dag, meneer Krol. Met Van Valkhof. Ik heb autopech.

A: Motorpech?

B: Nee, bandenpech. De rechtervoorband is gesprongen, dan ben ik gaan slingeren en uiteindelijk tegen dit praatpaaltje gebotst, van waar ik opbel. Bovendien is het spatbord ingedeukt.

A: Dat moet u ook bij de politie aangeven.

B: Volgens mij is dat niet nodig, want het praatpaaltje is niet vernield.

A: Waar bevindt u zich?

B: Bij het praatpaaltje voor de aftakking „Veenendaal“ op de autosnelweg naar Utrecht.

A: Wij komen dadelijk.

5a

Reacties na een ongeval

Er is een ongeluk gebeurd. Telefoneer met de ANWB, het politiebureau en ook met de E. H. B. O.-post! Veronderstel in het laatste geval ook eens dat personen gewond geraakt zijn en beschrijf de verwondingen. Herhaal de woordenschat uit les 18.1–3 en werp een blik op de volgende tabellen.

5b

Lichaamsdelen

ader
arm (bovenarm, onderarm)
buik
het been (dijbeen, onderbeen)
boezem
borst
darm
dij
elleboog
enkel
het gewricht
het gezicht
het haar
hals
de hersenen
huid
kaak (bovenkaak, onderkaak)
kin
knie
kuit
de ledematen
lever
het (onder-)lijf
lip
maag
mond
nagel
nek
neus
nier
het oog
het oor
pees
rib
rug
spier
vinger (duim, pink, middel-, ring-, wijsvinger)
tand
teen (grote, kleine)
voet
wang
slaap
schouder
wenkbrauw
zenuw

6

Voegwoorden van causaliteit

Omdat het bleef regenen, kon ik de hond niet uitlaten.
Doordat de stekker niet goed in het stopcontact zit, kan de platenspeler niet functioneren.
Ma windt zich op, **omdat** de kinderen allerlei speelgoed op de grond gooien maar niets oprapen.
De politie hield hem aan, **omdat** hij te snel reed.
In plaats van een parasol zou je beter een paraplu gekocht hebben, **want** het regent hier vaker dan dat de zon schijnt.
Ze hoeven geen ziekenauto te waarschuwen, **want** er is niemand ernstig gewond.
De agenten arresteerden de dief, **dus** zal zijn misdaad niet zonder straf blijven.

7

noch ... noch; of ... of; zowel ... als

Ik heb het nieuws **noch** op de radio **noch** op de televisie gehoord.
Of je komt mee **of** je blijft thuis, je moet het zelf maar weten.
Zowel mijn zuster **als** ik zijn op het feestje geweest.

8

deze / dit; die / dat

Ik wil *deze* krant, niet *die*.
Ik wil *dit* brood, niet *dat*.

Ik wil *deze* kranten, niet *die*.
Ik wil *deze* broden, niet *die*.

Zie 12.6

9

Zo zegt men het in het Nederlands

Hij *naderde* de kruising.
Hij *verleende geen voorrang aan* de bestuurder van de Ford.
Hij kon de botsing niet *voorkomen*.
Hij *botste* tegen een *aan de overzijde van de kruising* wachtende auto.
Eén *inzittende* werd *op slag* gedood.
Wanneer *vond* het ongeval *plaats*?
Wij wilden naar links *afslaan, de Rijksweg op*.
De linker richtingaanwijzers *waren in werking*.
De Ford naderde met een snelheid van *naar schatting* 120 km per uur.
Ik nam aan dat de Opel de kruising *recht wou oversteken*.
Volgens mij heeft de bestuurder van de Opel de Ford niet gezien.
Ik hoorde de banden piepen.
Niettemin volgde *de botsing met een hevige klap*.
De Opel *ging/sloeg* vervolgens *enige malen over de kop*.
De *rechtervoorband* is *gesprongen*.
Het *spatbord* is *ingedeukt*.
Volgens mij is dat niet nodig.

Tweede test

Duid aan, wat juist is

☐ 1 Ik ..... niet met u meerijden.
a. zul b. zullen c. zal d. zult

☐ 2 Als je morgen komt, ...
a. ik zal tijd voor je hebben. b. ik zal voor je tijd hebben.
c. ik zal hebben tijd voor je. d. zal ik tijd voor je hebben.

☐ 3 Jan zal ..... vijf minuten wegrijden.
a. over b. na c. naar d. in

☐ 4 Is dat een ..... werk?
a. inspannende b. inspannend c. inspannen d. inspanning

☐ 5 Elza heeft ..... drie brieven geschreven, maar nog geen antwoord gekregen.
a. met b. op c. van d. al

☐ 6 Ik ..... wel naar je feestje komen, maar ik moet morgen werken.
a. had b. zou c. zal d. heb

☐ 7 Twee van de reizigers hadden ..... paspoort vergeten.
a. hun b. mijn c. haar d. hen

☐ 8 Hoe zegt men het ..... Nederlands?
a. op b. in de c. in het d. in

☐ 9 ..... de deur open, a. u. b.!
a. Doet u b. Maak c. Neemt u d. Maakt u

☐ 10 Als u de mooie auto wilt kopen, moet u ..... veel ..... betalen.
a. daar ..... mee b. er ..... voor
c. dan ..... voor d. er ..... in

☐ 11 Ik kom eind van ..... maand uit London terug.
a. dit b. het c. deze d. dat

☐ 12 Verleden week ..... bij verkeersongevallen twee mensen gedood.
a. werden b. wordt c. werd d. worden

☐ 13 ..... heb je het boek niet meegebracht?
a. Waarom b. Wie c. Hoe d. Want

☐ 14 Rijdt Piet ook mee naar Venlo? – Ik geloof .....
a. niet b. nooit c. niets d. van niet

☐ 15 Vooral meisjes, die al in „mannen"-beroepen werkzaam zijn, ... de Steungroep „Vrouwen in ‚mannen'-beroepen" nogal eens nodig te hebben.
a. bleek b. blijken c. zouden d. zullen

Eén uit vier mogelijkheden

☐ 16 Hans en Mieke zijn verhuisd.
a. Ze zijn vertrokken.
b. Ze zijn naar huis gegaan.
c. Ze hebben hun huis verkocht.
d. Ze wonen nu in een ander huis.

☐ 17 Koffie is goedkoop in Nederland.
a. voor weinig geld te kopen.
b. erg duur
c. goed te kopen
d. voor veel geld te kopen

☐ 18 Het huis is te koop.
a. Het huis is verkocht.
b. Je kunt het huis niet kopen.
c. Je kunt het huis kopen.
d. Het huis kan voor weinig geld worden gekocht.

☐ 19 Fijn dat je komt! *We hebben het net over jou gehad.*
a. We hebben jou al verwacht.
b. We hebben net over jou gesproken.
c. We hebben niet gedacht dat je komt.
d. We hebben je komen niet kunnen verwachten.

☐ 20 *Er is niets aan te doen* dat je thuis moet blijven.
a. Er is geen andere mogelijkheid.
b. Je moet het niet doen.
c. Je hoeft het niet te doen.
d. Het is fijn.

Wat is onjuist of is zinloos in verband met de volgende zinnen?

☐ 21 Veel mensen fietsen naar hun werk of naar school, maar als het slecht weer is, ...
a. is dat niet zo leuk.
b. nemen ze de tram.
c. blijven ze thuis.
d. gaan ze met de bus.

☐ 22 Wanneer vertrekt dit vliegtuig?
a. Om 13 uur 30.
b. Over tien minuten.
c. Het zal om 17 uur landen.
d. Het is al startklaar.

☐ 23 Waar zult u volgend jaar met vakantie heengaan?
a. We verhuizen in de zomer naar Utrecht.
b. Nergens. Ik blijf thuis.
c. Naar Oost-Afrika.
d. Ik weet het nog niet.

☐ 24 Als u erg vlug spreekt ...
a. versta ik bijna niets.
b. versta ik niet veel.
c. versta ik niet alles.
d. verstaat u mij niet.

☐ 25 Ik hoor net dat het vliegtuig naar Hamburg ...
a. al gauw op baan 4 startklaar zal zijn.
b. al vertrokken is.
c. al gevaren is.
d. al weg is.

☐ 26 Heb je tijd om morgen naar mijn verjaardagsfeestje te komen?
a. Nee, dat vind ik leuk.
b. Nee, dan moet ik werken.
c. Ja, hartelijke dank voor de uitnodiging.
d. Ja, dat komt mij goed uit.

☐ 27 Kan ik een kamer reserveren?
a. Ja, graag. Voor een of twee personen?
b. Vanzelfsprekend. Met of zonder bad?
c. Nee, helaas niet. Het hotel wordt gerenoveerd.
d. Ja, graag. Eén koopflat is nog te koop.

☐ 28 Verleden zaterdag ben ik in de bar geweest ...
a. en heb een bier en een jenever gedronken.
b. en heb er twee kennissen ontmoet.
c. en ben er tot vrijdag gebleven.
d. omdat het slecht weer was.

☐ 29 Rook je nog elke dag een pakje sigaretten? ...
a. Nee, ik ben gestopt met roken.
b. Nee, ik rook dagelijks een pakje sigaretten.
c. Nee, ik rook niet meer.
d. Nee, ik steek alleen 's avonds nog een pijpje op.

☐ 30 Is uw slaapkamer rustig ...
a. of stoort u het verkeerslawaai?
b. of ligt ze aan een straat met veel verkeer?
c. en ligt ze aan een straat met veel verkeer?
d. en bent u er tevreden mee?

☐ 31 Mag ik vragen, wat u voor een beroep hebt?
a. Jazeker. Ik ben bankbediende.
b. Natuurlijk. Ik ben metselaar.
c. U kunt het wel vragen, maar ik zeg het niet.
d. Daar kan ik geen antwoord op geven. Ik ben secretaresse.

☐ 32 Waarom bent u niet tevreden met uw beroep?
a. Mijn beroep is erg inspannend.
b. Goddank heb ik een beroep vol afwisseling.
c. Ik moet 's morgens heel vroeg opstaan.
d. Vaak moet ik ook bij slecht weer buiten werken.

Lees de volgende tekst twee keer!

Centraal hotel

Op welk uur van de dag of nacht u ook een drankje wilt, wij zijn altijd tot uw dienst. En ... is maar één van de dingen waarmee het Centraal hotel bewijst een goede gastheer te zijn. Wij bieden u kamers en appartementen, voorzien ... radio, telefoon, bad of douche en vele ook van kleuren-TV. In één van onze twee restaurants kunt u in alle rust genieten en in het andere krijgt u een snel etentje. Daarnaast is er nog een café voor koffie met gebak uit de eigen banketbakkerij.
Het Centraal hotel is optimaal bereikbaar via de autosnelwegen en is op korte afstand van het Centraalstation gelegen, vanwaar u in een kwartiertje op de luchthaven bent. Voor de automobilisten bieden we een ruim parkeerterrein. Daar kunnen onze veiligheidsmedewerkers uw eigendom in het oog houden.

Kies één van de vier gegeven mogelijkheden!

☐ 33 In regel 1 is weggelaten:
a. deze b. de c. dat d. die

☐ 34 „Eén van de dingen" (regel 2) betekent:
a. Dat is het enige ding. b. Er zijn nog vele andere dingen.
c. Er is nog een ding. d. Meer dingen zijn er niet.

☐ 35 Tussen „voorzien“ en „radio“ (regel 3) moet ingevuld worden:
a. van b. met c. door d. in

☐ 36 „In rust genieten“ (regel 4) betekent niet:
a. U hebt er de rust om van uw eten te genieten.
b. U hebt er veel tijd om te eten.
c. U kunt er eten, als u het erg druk hebt.
d. U hoeft niet snel te eten.

☐ 37 „Op korte afstand van het Centraalstation gelegen“ (regel 7/8) betekent:
a. Het hotel is veraf van het Centraalstation gelegen.
b. Het hotel ligt dichtbij het Centraalstation.
c. Het hotel is niet goed via het openbaar vervoer te bereiken.
d. Het hotel is beter met de auto te bereiken.

Les 21

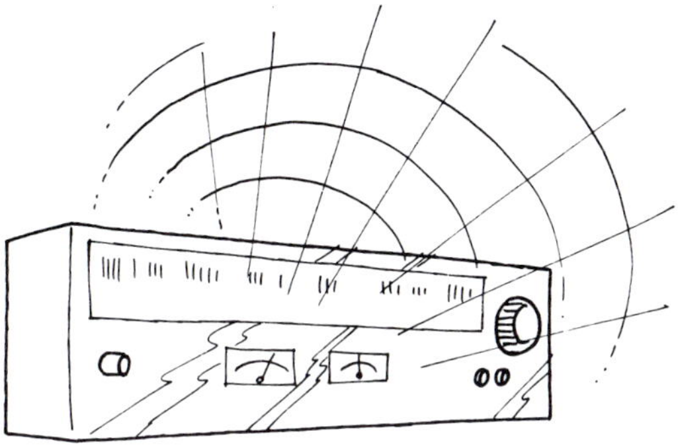

1

Het nieuws

Acht uur! Radio-nieuwsdienst verzorgd door het ANP.
Legereenheden uit Zaïre hebben vier dagen geleden een inval gedaan in Angola. Dit is vandaag meegedeeld door de Angolese Radio. De Zaïrese troepen zouden zich met steun van vliegtuigen en helikopters meester hebben gemaakt van een Angolees dorp. Het Angolese leger is er inmiddels in geslaagd, de Zaïrese troepen terug te dringen; aldus Radio Loeanda. Zaïre en Angola staan op gespannen voet sinds Angola in 1975 onafhankelijk werd van Portugal. Tijdens de Angolese Burgeroorlog had één van de drie bevrijdingsbewegingen in Angola een basis in Zaïre.
In Eindhoven heeft een kalkwolk uit een betonmortelcentrale daken, auto's en bomen met een spierwitte laag bedekt. Dat gebeurde in een deel van de Aalsterweg en een zijstraat. De kalkwolk kwam vrij, toen een silo werd gevuld. De verontreinigde auto's werden op kosten van het bedrijf schoongemaakt. De milieuklachtencentrale stelt een onderzoek in.
Hockey. – De organisatoren van het toernooi om de wereldtitel in Argentinië hebben de wedstrijden Nederland–Spanje en Canada–Engeland voorlopig anderhalf uur uitgesteld. Dit als gevolg van zware regenval. De kans dat deze wedstrijden vandaag nog zullen kunnen worden gespeeld, is bijzonder klein. Op de velden liggen grote plassen. Bij het vorige toernooi om het wereldkampioenschap in Maleisië hadden Nederland en Spanje ook last van de regen. Toen moest hun onderlinge wedstrijd drie keer wegens regenval worden uitgesteld.
Dit was het nieuws!

2

Vragen over de tekst 21.1

Door wie wordt de radio-nieuwsdienst verzorgd?
Wat werd meegedeeld door Radio Loeanda?
Waarom staan Angola en Zaïre op gespannen voet?
Wat gebeurde er in de betonmortelcentrale in Eindhoven?
Hoe reageerde intussen de milieuklachtencentrale?
Waarom moest de hockey-wedstrijd Nederland–Spanje bij het toernooi in Maleisië worden uitgesteld?

3

Bij de bakker

A: Ga je even mee naar de bakker, Teun?
B: Graag, Lia. Over ruim twee uur ga ik met Karel tennissen. Ik heb dus nog veel tijd. Waar is dan de dichtstbijzijnde bakkerij?
A: In een zijstraat van de Hoofdstraat. Tot daar hoeven we nog geen vijf minuten te lopen.
.....
C: Dag mevrouw, dag meneer. Wat mag het zijn?
A: Ik had graag een half witbrood, een bruinbrood en een (pond) roggebrood.
C: Alstublieft, mevrouw.
A: Mag ik een ander bruinbrood hebben? Dit lijkt me te oud.
C: Het is gisteren gebakken. Zo wordt het dikwijls gewenst. Maar hier heb ik een heel vers brood, het is nog wel een beetje warm.
A: Ja, dat is een uitstekend brood.
C: Fijn. Kan ik nog iets voor u doen?
B: Ik heb zin in slagroomtaart, jij ook, Lia?
C: Daarmee kan ik helaas niet van dienst zijn. Die krijgt u bij de banketbakker aan de Hoofdstraat.
A: Mogen het ook een paar broodjes zijn, Teun? Die krijgen we hier.
B: Ja, graag. Dat kan ook.
A: Geef mij dan maar vijf broodjes.
C: Hebt u verder nog een wens, mevrouw?
A: Nee, bedankt. Dat is alles.

4

Het verleden deelwoord van de zwakke werkwoorden

Het verleden deelwoord wordt gevormd door het voorvoegsel **„ge-“** en door de uitgang **-d** resp. **-t**:

kentekenen	ik kenteken**de**	**ge**kente-ken**d**
horen	ik hoor**de**	**ge**hoor**d**
draaien	ik draai**de**	**ge**draai**d**
werken	ik werk**te**	**ge**werk**t**
wensen	ik wens**te**	**ge**wens**t**

Het voorvoegsel **ge-** vervalt, als er reeds een voorvoegsel is, b. v. **be-, er-, ge-, her-, ont-, ver-**:

*be*sturen	ik *be*stuur**de**	*be*stuur**d**
*er*kennen	ik *er*ken**de**	*er*ken**d**
*her*kennen	ik *her*ken**de**	*her*ken**d**
*ont*kennen	ik *ont*ken**de**	*ont*ken**d**
*ge*bruiken	ik *ge*bruik**te**	*ge*bruik**t**
*ver*nielen	ik *ver*niel**de**	*ver*niel**d**

De uitgang wordt in elk geval alleen door **-d** of **-t** gevormd:

branden	ik bran**dde**	gebran**d**
trachten	ik trach**tte**	getrach**t**

De uitgang wordt gevormd met **-t**, als er een stemloze medeklinker voorafgaat.

5

Verkeersvoorschriften

In Nederland zijn de internationale verkeersregels geldig. De volgende voorschriften mogen dienen als voorbeeld:

- Snelheidsbeperking in de bebouwde kom 50 km/u, daarbuiten op autowegen en autosnelwegen 120 km/u, vrachtwagens 80 km/u, op de overige wegen max. 80 km/u voor alle auto's.
- Het dragen van veiligheidsgordels is verplicht.
- Motorrijders en duorijders moeten valhelmen dragen.
- Bromfietsers moeten minstens 16 jaar oud zijn.
- In delen van een bebouwde kom die met een blauw bord met een wit huis (woongebieden) aangegeven zijn, geldt: langzaam rijden, voetgangers hebben altijd voorrang, parkeren alleen op de met „P“ gekenmerkte plaatsen, verkeer van rechts gaat altijd voor.
- Bij kruisingen mogen afslaande voertuigen de rechtuit gaande voetgangers niet hinderen, zelfs als er op de oversteekplaats geen zebrastrepen zijn aangebracht.
- Spikes zijn alleen voor buitenlanders toegelaten in overeenstemming met de voorschriften van het land van herkomst.

6

Vergelijk de Nederlandse verkeersregels met de Duitse! Let o. m. op

- het verschil in snelheidsbeperkingen
- het dragen van veiligheidsgordels
- het dragen van valhelmen
- de leeftijd van bromfietsers
- de voorschriften voor woongebieden
- de rechten van voetgangers
- het gebruik van spikes.

7a

Boodschappen doen in de fruitwinkel

Neem eens aan dat u met uw gezin met vakantie in Nederland bent en boodschappen doet in een fruitwinkel. Voor alle gesprekken is een uitvoerige woordenlijst beschikbaar. Bespreek het al dan niet kopen van de volgende fruitsoorten!

7b

aardbeien	citroenen	perziken
amandelen	druiven	pruimen
ananas	kersen	sinaasappels
appels	hazelnoten	walnoten
bananen	peren	watermeloen

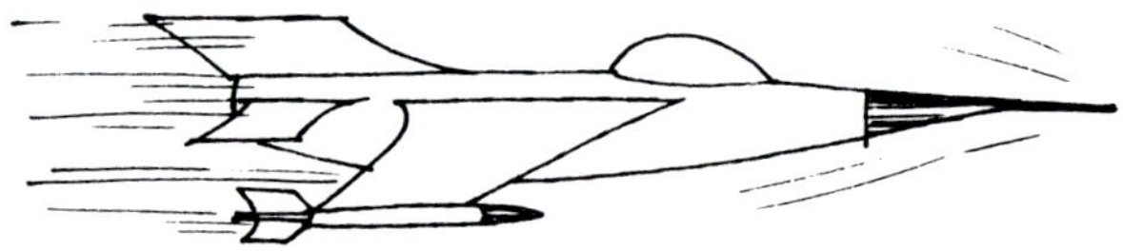

8

De trappen van vergelijking

Meestal worden net als in 't Duits de vergrotende en de overtreffende trap gevormd door het toevoegen van **-er** resp. **-st** aan de stellende trap:

nieuw	nieuw**er**	nieuw**st**
diep	diep**er**	diep**st**
makkelijk	makkelijk**er**	makkelijk**st**

a. Eindigt de stellende trap op **-r**, dan wordt de vergrotende trap met **-der** gevormd.
b. Eindigt de stellende trap op **-s** of **-sch**, dan wordt de overtreffende trap met **-t** gevormd.

duur	duur**der**	duurst
zwaar	zwaar**der**	zwaarst
vers	verser	vers**t**
praktisch	praktischer	praktisch**t**

Let op de volgende tegenstellingen met 't Duits:

a. **het liefst** i. p. v. „am liebsten“ enz.,
b. overtreffende i. p. v. vergrotende trap.

Dat is mij **het** *liefst.*
Op de autosnelwegen wordt **het** *hardst* gereden.

Deze toren is **de hoogste** *van de twee.*
Dit kind is **het jongste** *van de twee.*

9

Zo zegt men het in het Nederlands

Radio-nieuwsdienst *verzorgd door* het ANP.
Het Angolese leger *is er inmiddels in geslaagd,* de Zaïrese troepen terug te dringen.
Zaïre en Angola *staan op gespannen voet.*
De *milieuklachtencentrale stelt een onderzoek in.*
De *wedstrijden zijn* voorlopig *uitgesteld.*
Dit als gevolg van zware regenval.
Bij het vorige toernooi *hadden* Nederland en Spanje *ook last van* de regen.
Waar is de *dichtstbijzijnde* bakkerij?
Dit brood *lijkt me* te oud.
Wij *doen boodschappen* in een *fruitwinkel.*
Snelheidsbeperking in bebouwde kom 50 km/u.
Het dragen van veiligheidsgordels *is verplicht.*
Verkeer van rechts *gaat* altijd *voor.*
Verkeer van rechts *heeft* altijd *voorrang.*

Les 22

1

En nu het weer!

De weersverwachting tot morgenavond: Eerst nog opklaringen, maar morgen veel bewolking en enige tijd regen. Matige wind, morgen tot krachtig of hard toenemende en naar zuidwest draaiende wind. Minimumtemperatuur om het vriespunt, maximumtemperatuur acht graden.

Dan het weerpraatje van het K.N.M.I.: Een depressie, die zich de afgelopen nacht over de Noordzee naar Skandinavië verplaatste, zorgde in vrijwel heel West-Europa voor onbestendig weer met maartse buien. In onze omgeving brak vooral in de middag de zon door, waarbij de temperatuur tot ongeveer acht graden kon stijgen. Iets warmer was het vanmiddag in Frankrijk met twaalf graden en langs de Spaanse oostkust plaatselijk zelfs 22 graden. Boven de Alpen echter viel 25 cm sneeuw, terwijl in Noord-Italië en Oostenrijk op veel plaatsen regen en natte sneeuw viel. Boven de Oceaan blijft de depressieactiviteit groot. Vanmiddag bereikte het front van zo'n depressie de kust van Ierland en Schotland. Het bracht er veel bewolking en plaatselijk regen. Het komende etmaal verplaatst dit frontensysteem zich in de richting van ons land.

Dit was het weer!

2

Een praatje over het weer en over reizen

Vorm, waar nodig, de zinnen zelfstandig.

A: Hoe was het weer tijdens je vakantie in Spanje, zo laat nog in oktober, Frans?

B: ..... (beter dan ik dacht; mooi weer; 's middags ..... graden)
Maar Karel was in het najaar zelfs nog in Zwitserland!

C: ..... (tijdelijk regen, zelfs natte sneeuw; 's morgens vaak mist; op vele dagen koel, maar droog; herfstdagen: het beste jaargetij om te wandelen)
Hoe was het weer dan tijdens je zakenreis in Denemarken, Zweden, Noorwegen en Finland, Gerrit?

A: ..... (door een depressie was het tamelijk koud; wind, storm, regen; maar dan hogedrukgebied; de zon brak door, niettemin koud; een paar dagen zonnig weer; over het algemeen goed weer voor een zakenreis)
En hoe is het jou in Zwitserland bevallen, Betje? Je wandelt toch niet zo graag.

D: ..... (veel rust, lekker eten, goede boeken en tijdschriften lezen; te weinig tijd daarvoor thuis; volgend jaar met vakantie aan zee, in juni of augustus)
Zoals gewoonlijk heb je zeker tijdens je vakantieverblijf aan de Spaanse westkust nog veel kunnen zwemmen, Annie, of niet?

E: ..... (helaas niet, een kou gevat; een paar dagen zelfs in bed blijven; nog gaan skiën in de a.s. winter of vroeg in de lente)
Nou, Suze, heb je je man op zijn zakenreis naar Skandinavië kunnen begeleiden?

F: ..... (niet goed mogelijk, kinderen, school; maar ik was al in februari twee weken skiën in de Franse Alpen; in mei vier dagen in Brussel: voor mijn man een congresbezoek – voor mij al een paar vakantiedagen in het voorjaar; in november een weekend in Parijs doorbrengen; volgend jaar weer in de zomer met de familie op vakantie gaan)

3

Het regent dat het giet

A: Wat zegt de radio over het weer? Zal het zo blijven?

B: Het zal veranderen. De barometer daalt ook al.

A: Ik vind dat het er al naar regen uitziet.

C: Als jullie zo verder praten, zal het al gauw regenen dat het giet.

B: Als ik het goed heb, begint het al te druppelen.

C: Integendeel, het klaart op. Ik ga een beetje wandelen. Wie gaat er mee?

4

Verleden tijd en verleden deelwoord van de sterke werkwoorden

Verleden tijd en verleden deelwoord worden gekenmerkt door klinkerwisseling. Het verleden deelwoord wordt net als in het Duits gevormd door het voorvoegsel „ge-" en door de uitgang „-en". De sterke werkwoorden kunnen volgens de klinkerwisselingen in zeven groepen worden ingedeeld:

Groep	Onbepaalde wijs	Verleden tijd		Verleden deelwoord
		Enkelvoud	Meervoud	
1	k**ij**ken	k**ee**k	k**e**ken	gek**e**ken
	zw**ij**gen	zw**ee**g	zw**e**gen	gezw**e**gen
2	b**ie**den	b**oo**d	b**o**den	geb**o**den
	b**ui**gen	b**oo**g	b**o**gen	geb**o**gen
3	b**i**nden	b**o**nd	b**o**nden	geb**o**nden
	sch**e**nken	sch**o**nk	sch**o**nken	gesch**o**nken
4	spr**e**ken	spr**a**k	spr**a**ken	gespr**o**ken
	k**o**men	kw**a**m	kw**a**men	gek**o**men
5	l**e**zen	l**a**s	l**a**zen	gel**e**zen
	l**i**ggen	l**a**g	l**a**gen	gel**e**gen
6	dr**a**gen	dr**oe**g	dr**oe**gen	gedr**a**gen
	v**a**ren	v**oe**r	v**oe**ren	gev**a**ren
7	v**a**llen	v**ie**l	v**ie**len	gev**a**llen
	l**o**pen	l**ie**p	l**ie**pen	gel**o**pen
	r**oe**pen	r**ie**p	r**ie**pen	ger**oe**pen
	st**e**rven	st**ie**rf	st**ie**rven	gest**o**rven

Bij de groepen 4 en 5 hebben bij de verleden tijd de vormen van het enkelvoud korte klinkers, maar die van het meervoud lange klinkers.

5

Voltooid tegenwoordige tijd (v.t.t.) en voltooid verleden tijd (v.v.t.)

V.t.t. en v.v.t. worden net als in het Duits meestal samen met **hebben** of **zijn** gevormd:

Cor **heeft** Jan ook niet **gezien**.
Hij **had** zijn sleutel **verloren**.

Inmiddels **waren** veel mensen **gekomen**.
Ik ben gisteren nog een beetje **gebleven**.

6

Duinen, dijken en dammen

A: Zo'n uitstapje naar Zeeland is inderdaad aan te bevelen.

B: Dat heb ik toch gezegd. Je moet zulke geweldige zeedijken zoals de Oosterscheldedam eens gezien hebben. Anders kun je je zo'n dijk tussen twee eilanden niet voorstellen.

A: De mensen in de kustprovincies weten wel hoe ze met eb en vloed moeten omgaan. En tegelijk hebben ze ook nog veel land veroverd!

B: Ja, dat ziet er wel naar uit. Maar vergeet niet, het Deltaplan ontstond als gevolg van de grote watersnood van 1953 met bijna 2000 doden.

A: Ik weet het wel. Voor de kustbewoners betekent de zee handel en rijkdom, maar de zee blijkt ook een gevaarlijke vijand met overstromingen en stormvloeden.

B: ..... en vandaar zo'n geweldige stormvloedkering. Ja hoor, dit kunstwerk stemt tot nadenken. Duinen, dijken en dammen zijn een belangrijk stukje Nederlandse geschiedenis. 't Begint al in de 17e en 18e eeuw met dijken voor ieder klein dorpje en met de windmolens voor het wegpompen van het water. Vanaf de 19e eeuw werden dan met hulp van de grotere kracht van de stoommachine de grote meren drooggelegd, met als hoogtepunt de Afsluitdijk, om de Zuiderzee te bedwingen.

7a

U hebt al heel wat over het weer gehoord. Praat dus met elkaar ook een beetje over uw ervaringen met het weer. U kunt uw woordenschat nog wat vergroten. Kijk voor de termen in het rijtje hieronder.

7b

(maartse) buien	overstroming
donderslag	regen(-bui)
dooiweer	schaduw
eb	schemer(-ing)
(aprilse) grillen	sneeuw(-storm)
hagel	ster
hemel	vloed
(drukkende) hitte	vochtigheid
het ijs	vorst
ijzel	watersnood
lucht	(noorden-)wind
(hoge/lage) luchtdruk	wolk(-breuk)
maan	zon(-sopgang/ -sondergang)

koud / warm / heet zijn
nat / vochtig / glad / droog zijn
regenen / hagelen / sneeuwen
bevriezen / vriezen / dooien / smelten

8

Zo zegt men het in het Nederlands

Een depressie *verplaatste zich* over de Noordzee naar Skandinavië.
De depressie zorgde voor *maartse buien.*
Over het algemeen had ik goed weer voor een zakenreis.
Ik heb (een) kou gevat.
Het regent dat het giet.
Het weer zal veranderen.
De barometer *daalt* ook al.
Als ik het goed heb, begint het al te druppelen.
Het Deltaplan ontstond *als gevolg van* de grote watersnood.
Dit *kunstwerk* stemt tot nadenken.

Les 23

1

Ruilen

A: Gisteren heb ik hier een blouse gekocht. Maar ze zit niet goed, ze spant onder de schouders en is van voren te wijd. Mag ik de blouse ruilen?

B: Dat is nauwelijks mogelijk. Het spijt me, mevrouw.

A: Dat vind ik niet correct. Ik heb hier voor mijn man een pak, een zijden hemd, een das, een broek en een jas gekocht en voor mijzelf die blouse en bovendien een jurk, een rok, twee pullovers en ondergoed. Ik had geen gelegenheid meer de blouse aan te passen, omdat u de winkel wilde sluiten. Pas bij het aankleden thuis heb ik gemerkt dat de blouse niet zit en verschrikkelijk dik maakt. En nu wilt u ze niet ruilen!

B: Hebt u de kwitantie, mevrouw? Ik ga dan dadelijk de chef vragen, hoe wij u kunnen helpen. Een ogenblikje, a. u. b.!

2a

We gaan kleren kopen

Hebt u zin, om in een warenhuis of in een speciale winkel kleren te passen, met een verkoopster te discussiëren en het één of ander te ruilen? Let erop dat de kleren noch te strak noch te wijd zijn en denk er tevens aan dat de kosten niet te hoog worden. Speel de rolletjes en pak de zaak aldus aan: herinnert u zich nog eens de typische vragen van een verkoopster zoals in les 18.6, bekijk de nieuwe woorden onder nr. 2b en pas er een paar van toe!

2b

beha	muts
blouse, bloes	onderbroek
broek	het ondergoed
das	onderrok
handschoen	het pak
handtas	pyjama
het hemd	rok
jas, het jasje	schoen
(heren/regen)jas	sjaal
jurk	slip, het slipje
knoop	tas
de kousen	trui
kraag	zak
(dames)mantel	zakdoek

3

Maar drie zomerse dagen in natte juni

Door onze weerkundige medewerker

De Bilt, 3 juli – De eerste zomermaand was de vierde te natte en de zevende te koude maand in successie.
Toch was het weer in juni niet voortdurend slecht. Halverwege de maand kwam er een tendens tot droger weer. Hogedrukgebieden bepaalden meer en meer het weerbeeld in tegenstelling tot depressies in de eerste helft.
De Bilt registreerde slechts drie dagen waarop de temperatuur tot 25 graden of hoger steeg (zomerse dagen). Normaal zijn het er zes.
Onweer was er des te meer. Over het hele land genomen kwam er op 17 dagen onweer voor. Gemiddeld heeft juni 14 onweersdagen. Evenals in de laatste dagen van mei heeft het onweer in juni veel op zijn geweten, met name op 1 juni (spoorwegen ontregeld), op 3 en 4 juni (windhozen en een slachtoffer door de bliksem) en op 21 juni (water- en modderoverlast in Zuid-Limburg).

4

Vragen over nr. 3

Wie heeft dit artikel geschreven?
Wat wordt er over de neerslag en de temperaturen in de laatste maanden gezegd?
Wat wordt er in samenhang met hoge- en lagedrukgebieden vastgesteld?
Wat betekent het begrip „zomerse dagen“?
Wat wordt er over de hoeveelheid van onweersdagen gezegd?
Geef een paar voorbeelden van ongelukken als gevolg van onweer!

5

Vorm de verleden tijd en de voltooid tegenwoordige tijd van de werkwoorden:

Herman breekt zijn been.
De kinderen klimmen over de muur.
Roel schrikt van die grote hond.
De vakbonden strijden voor hogere lonen.
Inge zingt een mooi lied.
Ik geef het pakje hier af.
Hij beweegt zich in hogere kringen.
De kinderen gedragen zich weer wat beter.
Adriaan onderbreekt mij steeds maar in het gesprek.
Paul neemt dat werk over.
Marie spreekt me altijd tegen.
Greta geeft niet veel geld uit.
Gerard verlaat het ziekenhuis op 15 september.
Dit boek verschijnt in het voorjaar.

6

Zal ik naar de kapper gaan of niet?

A: Mijn haar is langzamerhand te lang, wat denk jij?

B: Dat weet je toch, ik vind je blonde krullen bijzonder aantrekkelijk, als ze op je nek en schouders vallen!

A: Ik zou ook de baard iets kunnen laten bijknippen.

B: Dat kun je toch met je nieuwe scheerapparaat heel goed zelf doen. En dat kost niets.

A: Dan wacht ik met het haarknippen nog een week of twee. Maar dan mag je over mijn kapsel ook niet mopperen. Anders ben ik niets van plan. Als je wilt kunnen we vanmorgen samen boodschappen doen in de stad.

B: Daar heb ik geen tijd voor.

A: Waarom niet?

B: Ik moet dringend naar de kapper. Ik heb een permanent nodig en ik wil mijn haar laten verven.

A: Verven? En wat voor een kleur krijgt je haar?

B: Koperrood! Ik heb haast, want ik heb me voor negen uur laten inschrijven. Wil je zo aardig zijn, om intussen groente te kopen. Ik heb op dit blaadje genoteerd, wat ik voor de volgende dagen nodig heb.

A: Voor mijn part ga ik naar de groenteboer. Je hebt mij echt verrast vanmorgen.

7

Vragen omtrent de kapper

Bent u met uw kapper tevreden?
Laat u daar ook steeds uw haar wassen en watergolven (onduleren)?
Hoe vaak laat u uw haar knippen?
Wanneer gaat u weer naar de kapper?
Wilt u het haar korter laten knippen of wilt u het nog iets laten groeien?
Bent u van plan, om uw haar te laten verven of bijverven?
Hebt u als kind ook dikwijls gehuild bij het kammen?
Gebruikt u voor uw haar een kam of een borstel?

8

Voegwoorden van tijd

Als de ober komt, betaal ik en geef hem een fooi.

Als de regering niet over een advies beschikt, is het begrijpelijk dat ze geen beslissing neemt.

Nadat hij mij mijn betrekking opzegde, zei ik de baas mijn mening.

Sinds u zich beter voorbereidt, hoeft u geen angst meer te hebben, om uw eigen gedachten in de discussie naar voren te brengen.
Rita woont in Groningen, **sinds** zij gescheiden is.

Terwijl Leentje kaartjes voor de tentoonstelling bezorgde, vond ik eindelijk in de etalage van de klerenwinkel een keurige donkere blouse als cadeau voor haar verjaardag.

Toen ik klein was, had ik een heleboel speelgoed.
Ik was verbaasd, **toen** ik hoorde dat Jan en Suze verleden week in het huwelijk waren getreden.

Tot de auto hersteld is neem ik de tram.
De afgevaardigden aarzelden lang, **voordat** ze akkoord gingen met de beslissing.

Zodra ik weet wat u bedoelt, kan ik zeggen, of ik u steun kan verlenen of niet.

Zolang Rika nog niet hier is, beginnen wij niet met vieren.

9

Onregelmatige trappen van vergelijking

goed	beter	best
graag	liever	liefst
na	nader	naast
vroeg ↗	eerder	eerst
vroeg ↘	vroeger	vroegst
weinig	minder	minst
vaak	vaker	vaakst
dikwijls ↗	–	–
veel ↘	meer	meest

10

Zo zegt men het in het Nederlands

De blouse *spant onder de schouders* en is *van voren* te wijd.
Mag ik de blouse *ruilen?*
Ik heb de blouse niet kunnen *aanpassen.*
De blouse zit niet en *maakt verschrikkelijk dik.*
Juni was de vierde te natte maand *in successie.*
Halverwege de maand werd het beter weer.
Onweer was er *des te meer.*
Die man *heeft* veel *op zijn geweten.*
De spoorwegen zijn *ontregeld.*
Op 4 juni was er een *slachtoffer* door de bliksem.
Op 21 juni was er *water- en modderoverlast* in Zuid-Limburg.
Ik zou de baard iets laten *bijknippen.*
Je mag over mijn *kapsel* niet *mopperen.*
Ik heb haast, want *ik heb me* voor negen uur bij de kapper *laten inschrijven.*

Les 24

1

Een aangeboden betrekking

Baggermij Bos & Kalis

is de werkmaatschappij van de Koninklijke Bos Kalis Westminster Group N.V. voor weg- en waterbouwkundige werken in binnen- en buitenland. Zij baggert vaarwegen en havens, legt aardebanen voor wegen aan, bouwt dijken en dammen. Tevens spuit zij terreinen op voor woon-, industrie- en rekreatiegebieden.

Op korte termijn komt de funktie vrij van

direktie-sekretaresse

Zij zal ten behoeve van de direktie buitenland belast worden met onder andere:

- de koördinatie van de kontakten met onze werken in het buitenland;
- het opnemen en uitwerken van korrespondentie en rapporten;
- het regelen van vergaderingen.

Middelbare school en sekretaresse-opleiding alsmede ervaring zijn noodzakelijk. Kennis in woord en geschrift van de moderne talen, met het aksent op Frans, is eveneens noodzakelijk.

Belangstellenden kunnen zich zowel schriftelijk als telefonisch wenden tot de heer G. Teuben, chef Personeelzaken van de Baggermaatschappij Bos & Kalis B.V., Rosmolenweg 20, 3356 LK Papendrecht, telefoon (078) 15 00 77, toestel 528.

Koninklijke
Bos Kalis Westminster

2

Een gesprek met de personeelschef

A: Koninklijke Nederlandse Staalfabrieken, afdeling personeelszaken. Met mevrouw Putman.
B: Goedemiddag, mevrouw Putman. Met Barbara Janssen.
A: Goedemiddag, mevrouw Janssen. U wenst?
B: Ik bel in verband met een in het Handelsblad aangeboden betrekking. Kan ik hierover met meneer Molemans spreken?
A: Graag, mevrouw Janssen. Ik verbind u met meneer Molemans. Een ogenblik, alstublieft!
C: Met Molemans.
A: Een sollicitante voor de functie van secretaresse. Een zekere Barbara Janssen. Mag ik verbinden, meneer Molemans?
C: Ja, mevrouw Putman! .....
Goedemiddag, mevrouw Janssen. Met Molemans.
B: Goedemiddag, meneer Molemans. Ik zou graag naar de betrekking van secretaresse willen solliciteren.
C: Dat is fijn, mevrouw Janssen. U hebt zeker in de advertentie gelezen, welke kennis wij noodzakelijk achten?
B: Ja, meneer Molemans, en ik geloof ook dat ik aan uw voorwaarden voldoe.
C: Dus hebt u middelbaar onderwijs gehad en een secretaresseopleiding doorlopen.
B: Ja, dat is juist, en bovendien spreek en schrijf ik Duits, Frans en Engels.
C: Dat klinkt indrukwekkend. Mag ik zo indiscreet zijn, om naar uw leeftijd en naar uw huidige betrekking te vragen?
B: Vanzelfsprekend. Ik ben 25 en heb een vaste betrekking bij een exportfirma. Daar ben ik vaak ook belast met het vertalen van verslagen.
C: Naar wat ik hoor, kan ik wel zeggen, dat u mogelijk de door ons gewenste persoon bent. Wilt u nog even zo vriendelijk zijn, onder vermelding van dit gesprek uw sollicitatie schriftelijk aan mij te sturen? Voegt u er nog uw diploma's, getuigschriften, referenties en dergelijke bij.
B: Dat doe ik graag.
C: Over ruim twee weken krijgt u dan – wellicht samen met een aantal verdere belangstellenden – hoogstwaarschijnlijk een oproep voor een persoonlijk gesprek.
B: Dank u, meneer Molemans.
C: Tot de volgende keer, mevrouw Janssen.
B: Dag, meneer Molemans.

3

Voer een gesprek met de personeelchef

Noem uit een advertentie het bedrijf, de aangeboden betrekking en de vereiste kennis!
De personeelchef vraagt naar de kennis, de leeftijd, de huidige functie, de redenen van de sollicitatie enz.
De sollicitant/sollicitante geeft antwoord, b.v. de schoolopleiding en de vooropleiding, de leeftijd, niet/wel opgezegde betrekking bij ..... (werk(e)loos), kans op promotie enz.

4

Een sollicitatiebrief

Barbara Janssen

Oranjesingel 25
Nijmegen, 14-6-1987

Koninklijke Nederlandse
Staalfabrieken NV
Industriestraat 187
Rotterdam

Aangetekend

De Heer Molemans

Geachte Heer Molemans,

Betreft: Uw advertentie in het NRC-Handelsblad van 12-6-1987
voor de betrekking van secretaresse

Met verwijzing naar het vanmorgen met u gevoerde telefoongesprek solliciteer ik naar de betrekking van secretaresse.

Ik ben 25 jaar en ongehuwd. Sinds ruim twee jaar ben ik werkzaam bij een exportfirma, waar ik met vergelijkbare taken belast ben, als u verwacht. Voor uw betrekking heb ik bijzonder veel belangstelling, omdat ik er een kans op promotie in zie.

Samen met deze brief stuur ik u fotokopieën van de diploma's van school- en beroepsopleiding met cijferlijsten, getuigschriften van mijn vroegere werkgevers en een paar referenties.

Voor een persoonlijk gesprek zou ik u zeer dankbaar zijn.

Hoogachtend,

Barbara Janssen

Barbara Janssen

5

Verschillend gebruik van hebben en zijn

Samen met het verleden deelwoord wordt in het Nederlands **zijn** gebruikt bij de werkwoorden **beginnen, ophouden, eindigen, toenemen, afnemen** of **trouwen** en **bevallen.**

Hij **is gestopt** met roken.
Zij **is begonnen** te studeren.
Gent **was** hem goed **bevallen**.
Lies **is** verleden week **getrouwd**.

Samen met **ontmoeten** en vaak samen met werkwoorden die een beweging uitdrukken, zonder doel of richting te noemen, wordt **hebben** gebruikt.

Joost **had** op het congres meneer De Smet **ontmoet**.
Vader **heeft** een uurtje **gewandeld**.

Bij het werkwoord **vergeten** gebruik je **hebben**, als het betekent *verzuimen te doen*, en **zijn**, als het betekent *uit het geheugen verliezen*.

Ik **heb** mijn bril **vergeten**.
Dat **ben** ik helemaal **vergeten**.
Hij **is vergeten** hoe het moet.

6

Landschap, natuur – omgeving, milieu

Beschrijf uw woonplaats en de omgeving! Zeg ook iets over het landschap, waar u de laatste keer op vakantie geweest bent! Zoek uit de lijst de ontbrekende woorden en uitdrukkingen!

plek – wijk – streek
omgeving – het gebied
het dorp – gemeente – (grote) stad

een vlak land – het platteland

het land – kust – zee
berg – heuvel – het dal
het bos – rivier – stroom

de natuur, het milieu beschermen

7

Kleuren en verven – schilderen

Voor Duitsers is het niet makkelijk te onderscheiden tussen „kleur" en „verf". Dus geven we een voorbeeld:

De deur wordt met rode verf geschilderd. Wat voor een kleur heeft de deur vroeger gehad? – Blauw.

Beschrijf eens een paar voorwerpen:

wit – zwart – rood – blauw – groen – geel – bruin – oranje

bleek – grijs – helder – donker

licht-/donkergeel enz.
ook: zachtgroen, heldergeel enz.

Ook het woord „schilderen" verschilt van het Duits:

De Nederlandse schilderkunst van de 17e eeuw is beroemd. Rembrandt was een groot schilder, hij is één van de belangrijkste Nederlandse kunstenaars. De schilderijen in de musea mag je niet aanraken. Wat ze waard zijn is vaak nauwelijks te schatten. Het is begrijpelijk dat de musea de geringste schade vrezen.

8

Zo zegt men het in het Nederlands

Op korte termijn komt de functie van secretaresse *vrij.*
Kennis in woord en geschrift van moderne talen, *met het accent op* het Frans, is noodzakelijk.
Ik bel *in verband met* een in een advertentie *aangeboden betrekking.*
Een sollicitante/sollicitant voor .....
Ik geloof dat ik *aan de voorwaarden voldoe.*
Dat klinkt *indrukwekkend.*
U bent *mogelijk de door ons gewenste belangstellende.*
Stuurt u *onder vermelding van* dit gesprek uw sollicitatie schriftelijk aan mij.
Voegt u bij de brief diploma's!
U krijgt dan *een oproep voor een persoonlijk gesprek.*
Ik zie er *een kans op promotie* in.
Met verwijzing naar het met u gevoerde gesprek .....

Les 25

1

Huisvrouw – een volle baan

A: Dag ..... Loes! Na jaren tref ik je uitgerekend in een treincoupé!

B: Anita! Wat een verrassing! Hoe is het?

A: Prima, en hoe gaat het met jou?

B: Ik mag niet klagen.

A: Nog altijd ongetrouwd?

B: Ja.

A: Je bent toch arts geworden, nietwaar?

B: Ja, en nu heb ik een baan in een ziekenhuis.

A: Dat was toch je droomberoep, of niet?

B: Ja, toen we nog studeerden wel. Maar nu is het een gewone baan met alle paar weken nachtdienst .....

A: Dat klinkt haast ontevreden.

B: Dat wil ik niet zeggen. Het hangt van de situatie af. Soms, als ik alleen thuis zit, vraag ik me wel eens af, of mijn beslissing juist was. Maar over het algemeen vind ik mijn leven leefbaar. En jij hebt toch zeker al kinderen?

A: Ja, drie jongens en een ingenieur als man, die veel onderweg is.

B: Dus ben je echt huisvrouw?

A: Ja.

B: Dan heb je tenminste veel tijd voor hobby's.

A: Nee hoor, ik heb een volle baan. 's Morgens als eerste opstaan, man en kinderen wekken, koffie zetten en het ontbijt maken, twee jongens naar de basisschool en de kleinste naar de kleuterschool brengen, dan thuis opruimen, stofzuigen, de woning schoonmaken en de was doen, een paar kleren laten stomen, het geld voor de afbetaling van de auto overmaken via de giro, wat levensmiddelen kopen en daarbij zuinig met het geld zijn, koken, de kinderen weer van school afhalen, na het middageten kijken dat de jongens hun huiswerk keurig afmaken, nog een warme maaltijd voor mijn man klaarmaken, een uurtje naar zijn problemen in de fabriek luisteren, de kinderen naar bed brengen, controleren of ze ook de tanden gepoetst hebben en flink met zeep gewassen zijn en dan misschien ook nog mee op visite gaan naar zakenvrienden. Als ik me 's avonds uitkleed, ben ik bekaf.

B: Dat begrijp ik, met zo'n groot gezin. Huiswerk heb ik natuurlijk weinig en ik heb ook meestal niet veel meer in huis dan voor de boterham en een kop koffie of thee nodig is, misschien nog een paar blikken vlees en groente. Als ik niet in het ziekenhuis ben, haal ik het eten in een friture of ga ook eens uit eten. Maar zeg, helpt je man niet thuis?

A: Toch wel, zo nu en dan pakt hij oude doosjes en andere spullen in een vuilniszak, maakt hem met plakband dicht en brengt hem naar buiten voor de vuilnisophaaldienst. Hij speelt ook wel eens met de kinderen of komt in de keuken en droogt borden, schotels, potten en pannen af, als ik aan het afwassen ben.

B: Ben je soms niet triest dat je opgehouden bent met studeren?

A: Nee, daar denk ik haast niet aan. Ik zou liegen, als ik iets anders zou zeggen. Er zijn negatieve kanten, maar ook positieve, b.v. het opvoeden van de kinderen, hen laten lachen als ze droevig zijn, en voor ze zorgen als ze ziek zijn.

2

Voer met een paar deelnemers ook kritische discussies over de vraag, of huisvrouw een volle baan is of niet. Gebruik o.m. de volgende vragen:
Hoe is het bij u thuis? Hoe groot is uw gezin? Wie doet het huishoudelijke werk? Alleen of met hulp? Wie helpt mee? Bij welke taken? Is de hulp werkelijk voldoende? Wordt ook van de kinderen meewerken verlangd of doen ze het vrijwillig? Is bij u objectief alles goed geregeld? Zijn er conflicten? Hoeveel tijd is er werkelijk nodig voor het huishoudelijke werk?

3

Klinkerwisselingen bij het meervoud

Er zijn zelfstandige naamwoorden met korte klinkers in het enkelvoud en lange in het meervoud:

		Verder ook:			Verder ook:
het bad	– de b**a**den	het blad, het	het bevel	– de bev**e**len	het spel, de weg
de dag	– de d**a**gen	dal, het gat,	het lid	– de l**e**den	het schip
het dak	– de d**a**ken	de slag			
het glas	– de gl**a**zen		de god	– de g**o**den	de oorlog, het
			het gebod	– de geb**o**den	slot, het verbod
de stad	– de st**e**den				

4

Beschrijvingen door middel van bijvoeglijke naamwoorden

intelligent – dom
knap   Paul is een knappe jongen.
       Hij leert goed.
slim   Wat een slimme jongen!
flink Hij heeft een flink karakter.
       Hij is een flinke vent.

groot – klein / lang – breed / hoog – laag/dun, mager, slank – dik

leeg – vol / zwaar – licht / rond – vierkant – hoekig – bochtig – scheef

leuk, mooi, prettig, knap
       Dik heeft een knappe vrouw.
lelijk, verschrikkelijk, vreselijk

schoon – vuil, vies, rot
       Hij heeft schone/vuile handen.
       Dat ruikt vies.
       Die peer is rot.

gezond – ziek / giftig
blind – doof – stom

zeldzaam, kostbaar, duur
goedkoop, voordelig, gratis

angstig – ongerust
       Er zijn veel mensen ongerust over de veiligheid van kerncentrales.

rauw – gekookt – gebraden

5

Nederlands geld

Net als in Duitsland is ook in Nederland het geld in bankbiljetten en munten te krijgen, maar er zijn verschillende waarden. Er zijn Nederlandse bankbiljetten van 1000, 250, 100, 50, 25, 10 en 5 gulden. Een briefje van 10 wordt „tientje" genoemd.

De Nederlandse munten hebben dikwijls eigen benamingen:

rijksdaalder	=	250 cent	=	f 2,50
gulden	=	100 cent	=	f 1,00
kwartje	=	25 cent	=	f 0,25
dubbeltje	=	10 cent	=	f 0,10
stuiver	=	5 cent	=	f 0,05

6

Vragen over het Nederlands geld

Noem de verschillen tussen de waarden van Nederlandse en Duitse bankbiljetten!
Waar liggen de verschillen tussen Nederlandse en Duitse munten?
U moet geld wisselen. Laat u door een bankbediende f 5000,– in Nederlands geld uitbetalen!
Laat naar keuze een deel van de som in bankbiljetten/briefjes, een deel in munten en een deel in reischeques geven!
Kent u de huidige koers van de gulden/frank?

7

liggen, lopen, staan, zitten met of zonder „te“

Hij **heeft liggen** (te) slapen.
Zij **heeft zitten** (te) lezen.
Wij **hebben** al een uur **staan** (te) wachten.

Zie ook les 13.7. – We hebben hier te maken met typisch Nederlandse uitdrukkingen.

8

Nog iets over het verleden deelwoord

Overeenkomsten en verschillen met het Duits vinden we bij samengestelde werkwoorden. Het accent van de werkwoorden is aangeduid. Vergelijk met het Duits!

over*weg*en	ik over*weeg*	over*wog*en	*door*breken	het breekt *door*	*door***ge**broken
voor*kom*en	ik voor*kom*	voor*kom*en	*voor*komen	het komt *voor*	*voor***ge**komen
door*brek*en	ik door*breek*	door*brok*en	*aan*nemen	ik nam *aan*	*aan***ge**nomen
			*mee*delen	ik deel *mee*	*mee***ge**deeld

Bij vreemde woorden op **-eren** gebruik je altijd **ge-** bij het verleden deelwoord.

constat*eren*	ik constateer	**ge**constateerd	reag*eren*	ik reageer	**ge**reageerd

De vorming van het verleden deelwoord van de drie volgende werkwoorden is ook in het Nederlands een uitzondering op de regel.

*min*achten	ik *min*acht	**ge***min*acht	*waar*schuwen	ik *waar*schuw	**ge***waar*schuwd
*raad*plegen	ik *raad*pleeg	**ge***raad*pleegd			

9

Trappen van vergelijking met meer en meest

Deze krant wordt **meer** gelezen dan die.
Onze woonkamer is **meer** lang dan breed.

Niets is **méér** waar.

De grootvader heeft de **meest** robuus**t**e gezondheid.
de **meest** vas**t**e grond – de mee**st** ervar**en** piloot – de **meest** prakt**isch**e inrichting

De vergrotende trap wordt vaak met **meer** gevormd, als het bijvoeglijk naamwoord een uitgang op **-en** heeft (b.v. voltooid deelwoord, soms ook bij het voltooid deelwoord op **-t** en **-d**), en als twee bijvoeglijke naamwoorden met elkaar vergeleken worden.
Soms kun je de vergrotende trap met **meer** vormen, om op je woorden een sterkere klemtoon te leggen. – De overtreffende trap wordt met **meest** gevormd, als het bijvoeglijk naamwoord al een uitgang op **-st**, **-en** of **-isch** heeft.

10

Zo zegt men het in het Nederlands

Ik vind mijn leven *leefbaar.*
Mijn man is veel *onderweg.*
's Morgens *zet ik koffie.*
Mijn vrouw *doet de was.*
Ik maak het geld over via de giro.
Zij is *zuinig* met het geld.
Ik ga uit eten.
Zij is aan het afwassen.
Zij is opgehouden met studeren.
Deze vormen zijn *uitzonderingen op de regel.*
Niets is *méér waar.*
Hij is *de meest ervaren* piloot.

Les 26

1

Lekker gaan eten

A: Fijn dat het restaurant in de buurt van het bungalowpark is. Ik heb veel honger.
B: Ik ook. Ik ben blij dat ik vandaag niet hoef te koken. De spijskaart lijkt me een ruime keus te bieden.
C: Ik heb verschrikkelijke dorst. Kunnen wij eerst een drankje bestellen?
A: Daar komt de bediening. Juffrouw!
D: Hier bedien ik niet, meneer! Ik zal de ober roepen.
B: Ik heb zin in een glas wijn.
A: Ik neem een biertje.
C: En ik een limonade.
E: Goedenavond, dame, heren. Wat zal het zijn?
A: Een flesje bier, een karaf wijn .....
B: Niet te droog!
A: ..... en een limonade of een sap.
C: Ik had graag karbonade met frites en sla.
A: Altijd frites!
B: Ben jij met dertien anders geweest? Ik heb zin in gebakken zeetong.

E: De dranken!
A: Dank u wel!
B: Op je gezondheid!
A: Proost! Dat smaakt!

E: Hebt u uw keuze gemaakt?
B: Kotelet met frites en sla, gebakken zeetong met gekookte aardappelen en verse erwten en .....

A: ..... een dagmenu!
E: Tot uw dienst!

B: Wat is het dagmenu?

A: Dat weet ik niet.
C: Hier staat het. Op het extrakaartje. Nasi Goreng!
B: Een Chinees gerecht voor jou!
A: Wat moet je ook zo vlug bestellen!

B: Smakelijk eten!
C: Smakelijk!
A: Ach! Verdorie!
C: Wil je me even zout en peper geven?

B: Nog een koekje of een ijsje met vruchten en slagroom als dessert?
A: Nee, geen toetjes, ik wil naar huis. Ober, betalen! Dit jaar is de vakantie duur genoeg. We moeten ook een beetje op de centen letten.
E: Hoe wilt u betalen, meneer? Met een cheque?
A: Nee, contant.

2

Ga ook eens in een Nederlands restaurant eten!

Neem de spijskaart ter hand, zoek dranken en menu's uit, ga bij de ober bestellen, zeg iets over de kwaliteit van het eten en drinken en laat u tenslotte door de ober de rekening geven! Natuurlijk niet zonder te controleren!

3

Op je/uw gezondheid!	Smakelijk eten!
Gezondheid!	Eet smakelijk!
Insgelijks!	Smakelijk!
Proost!	

4

Bijzonderheden bij het gebruik van het bijvoeglijk naamwoord

Om aan een bijvoeglijk naamwoord een bijzondere betekenis te verlenen, wordt soms de uitgang op **-e** weggelaten.

een **groot** man (b.v. Rembrandt)
een **grote** man (b.v. een man met een lengte van 1,90 m)

Een uitgang op „-s“ wordt steeds als in de voorbeelden gevormd.

Hij heeft iets heel gek**s** bedacht.
De kinderen hebben veel lekker**s** gekregen.
Zij heeft weinig goed**s** te vermelden.

5

Nog iets over vergelijkingen

Onze woning is **even** groot **als** die van jullie.
Onze woning is **(net) zo** groot **als** die van jullie.
Hij is **zo** sterk **als** een beer.

Hij wil **zo** weinig **mogelijk** betalen.
Zij doet haar werk **zo** goed **mogelijk**.

Hij is **de oudste van de twee** broers.
Wij bezoeken **de grootste van de twee** torens.

Naast **even ..... als** kan **(net) zo ..... als** worden gebruikt. – Samen met **mogelijk** komt het vergelijkwoordje **als** te vervallen. – Heeft iets in vergelijking met *een* of meer andere dingen of personen een eigenschap in de hoogste mate, dan wordt in het Nederlands *altijd* de overtreffende trap gebruikt.

SPIJSKAART

VOOR OF NA HET ETEN		IJS EN NAGERECHTEN	
Kopje koffie	f 1,90	Versierd kinderijsje	f 2,50
Kopje koffie slagroom	f 2,70	Yoghurt met siroop	f 2,50
Kopje thee	f 1,90	Vla met slagroom	f 3,30
Gebak: appel	f 1,80	Ijs met chocoladesaus	f 3,50
Gebak: appel slagroom	f 2,60	Roomijs met vruchten en slagroom	f 4,50
Glas melk, karnemelk, chocomel	f 1,90		

DRANKEN

Glas bier uit het vat	f 1,70	Beaujolais per fles (beminnelijk en geurig)	f 6,90
Flesje bier	f 2,50	Liebfraumilch, Rijnwijn	f 8,50
Diverse frisdranken	f 1,90	Wijn per karaf	f 3,80
Diverse jenevers	f 2,50	Rosé per karaf	f 3,80
Tomatensap	f 2,50		

KLEINE HAPJES

Broodje "Pomp" (ui, champignons, vlees, div. kruiden)	f 5,50
Russisch ei met 2 sneetjes brood, roomboter	f 4,50
Broodjes – ham, kaas, rollade, gehakt, tartaar, kroket	f 2,80
Uitsmijter – ham, rollade, kaas	f 6,50

Loempia	f 4,80	Gehaktbal	f 1,80
Portie bitterballen	f 2,80	Halve kip	f 4,80

VOORGERECHTEN

Krabcocktail	f 5,80
Garnalencocktail	f 7,20
Zalm mayonaise met toast	f 9,50

SOEP VAN DE DAG . . . . . f 2,80

MENU'S met diverse groenten, aardappelen

Gebakken lever, spek, uien	f 9,50	Hollandse biefstuk	f 9,50
Duitse biefstuk	f 9,50	Gebraden kip	f 9,80
Biefstuk van de haas, champignons	f 17,80	Gebakken zeetong	f 19,80
		Zeetong Picasso	f 26,00

SPECIAAL VOOR DE KLEINTJES

Gehakt, tartaar, kroket of frikadel met frites, appelmoes en mayonaise	f 9,50

Extra aardappelen	f 1,80	Extra groente	f 1,80

LET OP ONS DAGMENU! **PROEF EENS ONZE ECHTE CHINESE LOEMPIA!**

6

Verkleinwoorden

Verkleinwoorden worden in 't Nederlands vaker dan in het Duits gebruikt. Ze hebben verschillende functies, voornamelijk de volgende:

Dat is een heel klein kas**tje**.	→ Iets is klein.
Hij is maar een leraar**tje**.	→ Iets, iemand minachten.
Het is toch maar voor een jaar**tje**.	→ Iets verzachten.
Wat een schat**je**!	→ Iets, iemand hoogschatten.

De verkleinwoorden worden als volgt gevormd:

het dorp	het dorpje		+ **-je**
de boot	het bootje		+ **-je**
de kast	het kastje		+ **-je** (uitspraak!)
de paraplu	het paraplu**utje**	+ **u**	
de auto	het auto**otje**	+ **o**	+ **-tje**
de taxi	het taxi**etje**	+ **e**	
de baby	het baby**'tje**		+ **'tje**
het ei	het ei**tje**		+ **-tje**
de koe	het koe**tje**		
de bal	het bal**letje**	+ **l**	+ **-etje**
het lam	het lam**metje**	+ **m**	+ **-etje**
de boon	het boon**tje**		
de paal	het paal**tje**		+ **-tje**
de leraar	het leraar**tje**		
de bloem	het bloem**pje**		+ **-pje** (ook: **bloemetje**)
de rijm	het rijm**pje**		
het touw	het touw**tje**		+ **-tje**
de koning	het kon**inkje**	**-ing**	→ **-inkje**
de wandeling	het wandel**ingetje**		→ **-ingetje**

Alle verkleinwoorden vormen het meervoud op „-s":

paraplu**utjes** – balle**tjes** – lamme**tjes** – boon**tjes** – leraar**tjes**

7

Verzen van Bob den Uyl

Gauw tevreden zijn is een gave,
maar ver kom je er niet mee.
En dat is maar goed ook,
want als je ver komt
moet je een heel eind teruglopen.

* * *

De dag begon zo zonder
aardigheid, het slechte weer
krioelde in de straten.
Daar ga je aan ten onder,
maar als je dan gaat praten
dan voel je dat niet meer
zo erg.

8

De lijdende vorm

De lijdende vorm wordt net als in het Duits met **worden** en **zijn** gevormd.

Ik **word** naar huis gereden.
Ik **werd** naar huis gereden.
Ik **werd door** mijn broer naar huis gereden.
Mij **is door** de Volvo geen voorrang verleend.
Dit nieuws **was door** de omroep gisteren al uitgezonden.

Bij het vormen van de voltooid tegenwoordige of de verleden tijd ontbreekt het Duitse **worden**. – De Nederlanders gebruiken **door** in plaats van het Duitse „von“.

9

Zo zegt men het in het Nederlands

In de buurt van het bungalowpark is een restaurant.
De kaart *lijkt* me *een ruime keus* te bieden.
Ik heb zin in een glas wijn.
(Op) je gezondheid! – Insgelijks!
Tot uw dienst!
Smakelijk eten! – (Eet) smakelijk!
We moeten op de centen letten.
Daar kom je niet ver mee.
Daar ga je aan ten onder.
Ik werd *door mijn broer* naar huis gereden.
Dit nieuws was door de omroep gisteren al *uitgezonden.*

Les 27

1

Naar het museum of naar de bioscoop

A: Ga je mee de stad in, om het museum te bezichtigen?
B: Is het geopend?
A: Ja, van dinsdag tot zondag tussen 9 en 18 uur.
B: Hoeveel is de toegangsprijs?
A: De toegang is vrij.
B: En hoeveel kost de rondleiding?
A: Rondleidingen zijn er alleen voor groepen.
B: Nee, ik ga liever naar de bioscoop .....
A: ..... om een originele Franse film met ondertitels te zien?
B: Is er nog wat anders?
A: Een schouwburg of zelfs een opera is er niet in de kleine stad en over een concert heb ik ook niets gehoord.
B: En over een danszaal beschikken ze ook niet. Zelfs hier in ons vakantiekamp is er niet eens een band- of cassetterecorder, om een beetje muziek te maken. ..... Ik ga eerst een paar uurtjes hengelen en vanavond misschien met vrienden kaarten. Ga je mee?
A: Nee. Hengelen vind ik vervelend. Ik ga dan wel alleen op pad, om het museum te bezoeken. Daarna slenter ik nog wat door de stad.

2a

Vrijetijdsbesteding

Voer een gesprek over de vrijetijdsbesteding en over hobby's. Gebruik o.m. de vragen en de woordenlijst:

Bent u actief lid van een vereniging?
Wat denkt u van campings / van bungalowparken?
Interesseert u zich voor de gewoonten van de jeugd / de volwassenen?
Bent u in uw vrije tijd liever alleen of in gezelschap?
Bent u al eens cursist bij de volksuniversiteit geweest?
Gaat u vaak naar toneelvoorstellingen?

2b

biljarten
breien
computerspelletjes spelen
dansen
dobbelen
fotograferen
haken
kamperen
kegelen
naaien
naar muziek luisteren
platen draaien
schaken
schaatsen (rijden)
schilderen
surfen
tekenen
tennissen
uitrusten
voetballen (in een elftal)
wandelen
wielrennen
zeilen
zwemmen / naar het zwembad gaan

3

Een aangifte bij de politie

A: Mijn fiets is gestolen.
B: Waar en wanneer?
A: Een paar minuten geleden bij de bloemenwinkel in de Wilhelminastraat. Het is bijna niet te geloven!
B: Ik ben van oordeel dat ze er zelfs overdag niet veel moed voor hoeven te hebben. Bent u tegen diefstal verzekerd?
A: Ik neem aan dat mijn inboedelverzekering ook voor de diefstal van mijn fiets geldt.
B: Kent u het merk en het fabricagenummer?
A: Dat weet ik niet uit het hoofd.
B: Kijkt u dat thuis op de rekening na en geeft u het mij telefonisch door. Mag ik nog even uw personalia noteren?
A: Hier hebt u mijn pas. ..... Hoe groot is de kans dat de zaak opgehelderd wordt?
B: Om eerlijk te zijn: welhaast nihil.

4

In noodgevallen

Bij ongevallen de plaatselijke politie waarschuwen.
Bij autopech:
Op alle wegen patrouilleren tussen 7 en 24 uur de gele auto's van de ANWB-wegenwacht. Men kan ook dag en nacht het desbetreffende streekstation van de wegenwacht bellen (op autosnelwegen vanaf de praatpalen): Amsterdam tel. 224466, Den Haag tel. 636968.

5

Breuken en andere telwoorden

½	(een tweede =) een half
⅓	een derde
¼	een vierde, een kwart
⅕	een vijfde, ...
⅖	twee vijfde, ...
⅗	drie vijfde, ...
¾	drie vierde, drie kwart
1½	anderhalf

het tweevoud	tweevoudig (dubbel)
het viervoud	viervoudig

het drietal = 3   het zestal = 6
Een **honderdtal** mensen waren gekomen.

$6 + 3 = 9$	zes **plus (en)** drie is negen
$6 - 3 = 3$	zes **min** drie is drie
$2 \times 3 = 6$	twee **keer** drie is zes
$6 : 3 = 2$	zes **gedeeld door** drie is twee

6

Opland:

De tollenaar in de welvaartsstaat

1961

Opland heeft na de bevrijding het gezicht van de Nederlandse karikatuur bepaald. Hij is een onafhankelijke geest, die naast de mensen gaat staan die in de verdrukking komen. De holle hoogwaardigheidsbekleders in de Nederlandse politiek vormen zijn slachtoffers. Toch constateert Opland zelf, dat nauwelijks iemand in Nederland zoveel als hij heeft bijgedragen aan de populariteit van, bijvoorbeeld, Minister Luns.

Kenmerken van Oplands werk: nu eens terughoudend, dan weer uitbundig.

7a

Boodschappen doen in de groentewinkel

U bent met vakantie in een bungalowpark en gaat voor een paar dagen groenten kopen! Vraag ook eens naar een voordelig aanbod!

7b

aardappelen
asperge
augurken
het bieslook
bonen
erwten
komkommer
kool
  bloemkool
  koolraap
  rode kool
  savooi(e)kool
  spruitjes
linzen
paddestoelen
  champignons
  eekhoorntjesbrood
  hanekammen
  truffel
paprika
sla
  andijviesla
  groentesla
  kropsla
spinazie
tomaten
uien
wortels

8

Het woordje „er"

Het Nederlands kent veel constructies met **er**. Het meest gebruikt wordt het in de volgende samenhangen:

Er zijn ..... / Er is .....

Er zijn vele mensen die niet veel verdienen.
Er is niemand, die het niet weet.

Er + werkwoord

Er staat een man in de tuin.
Ik heb je toch gezegd dat **er** een man in de tuin **staat**.
Staat er een man in de tuin?
Toen **stond er** een man in de tuin.

Er + uitzien

Hij **zag er** ziek **uit**.
Hij **ziet er** jonger **uit** dan twaalf.

Plaatsvervangende functies van „er"

In de tuin staat een man.
Er staat een man.

Hij leest *in het boek*.
Hij leest **erin**.

Hij leest graag *in het boek*.
Hij leest **er** graag **in**.

Hij leest met veel plezier *in het boek*.
Hij leest **er** met veel plezier **in**.

Hij is *met de brief* naar de directeur gegaan.
Hij is **ermee** naar de directeur gegaan.

Hij beperkte zich *tot een korte toespraak*.
Hij beperkte zich **ertoe**.

De *telefoon* zal niet kunnen gaan, want ik heb **er geen**.
Noem nog *een paar voorbeelden*, of weet je **er geen** meer?
Kun je me *tien gulden* lenen? – Nee, ik heb **er maar vijf**.

9

Voegwoorden van toegeving

Al ben ik bij de vergaderingen altijd aanwezig geweest, ik heb toch in deze kring haast nooit mijn mening gezegd.
Na de rust speelde ons elftal veel beter en won ook nog de wedstrijd, **hoewel** de tegenstander zich goed verdedigde.

10

Zo zegt men het in het Nederlands

Een *originele* Franse film *met ondertitels*.
De stad *beschikt* niet *over* een danszaal.
Ik ga dan wel alleen *op pad* en *slenter* door het stadje.
Ik ben van oordeel dat .....
Dat weet ik niet *uit mijn hoofd*.
Wordt de zaak *opgehelderd?*
Hij gaat naast de mensen staan die *in de verdrukking komen*.
De *kenmerken* van Opland zijn: nu eens terughoudend, dan weer *uitbundig*.
Hij zag er ziek *uit*.
Heb je een fiets? – Nee, ik heb *er geen*.
Heb je even tien gulden voor mij? – Nee, ik heb *er maar vijf*.

Les 28

1

Die VVV versiert het wel even!

De VVV versiert het wel even!

Heeft u eigenlijk enig idee wat de VVV allemaal voor u kan doen? We denken van niet. Want er zijn maar weinig mensen die dat weten. En da's jammer. Veel meer mensen zouden namelijk veel meer plezier van ons kunnen hebben. Vandaar dat we het nu maar eens op een rijtje zetten. Doe er uw voordeel mee. En wip vandaag of morgen eens aan als u iets ontdekt dat u van pas komt. We staan voor u klaar!

2

Attractie 53 – Grenzentocht

Attraktie 53 Grenzentocht

Attraktiekaartje nr. 53, verkrijgbaar aan station Maastricht, geeft recht op:
a. boottocht op de Maas;
b. koffie met Limburgse vlaai.

Prijs ƒ 14,50;
kind 4 t/m 12 jaar ƒ 10,00.

Het station uitkomend steekt u over en wandelt dan rechtdoor via Stationsstraat en Wijcker Brugstraat naar de Maas. Direkt over de Sint Servaasbrug gaat u rechtsaf waar zich aan de Maaspromenade de aanlegsteiger van Rederij Stiphout bevindt. U loopt deze afstand vanaf het station in ca. 10 minuten. De boot vertrekt om 11.00 uur, terug 15.15 uur.
Deze grenzentocht voert u door een streek waarvan met recht gezegd kan worden, dat de tijd er 100 jaar heeft stilgestaan.

Tijdens de boottocht passeert u 2 grensposten en 4 sluizen, waarbij de zgn. Stop van Ternaayen, een sluizenstelsel uit 1932. Hier wordt het schip binnen 5 minuten liefst 15 meter omlaag geschut. Een ander hoogtepunt is de vaart dwars door de St. Pietersberg met aan weerszijden van de boot de steile wanden, die 80 meter uit het water oprijzen. Tegen afgifte van de talon van het attraktiekaartje kunt u aan boord een kopje koffie met Limburgse vlaai gebruiken.

N.B. Het is noodzakelijk uw plaats voor de boottocht daags tevoren telefonisch (vóór 21.00 uur) te reserveren (of eerder schriftelijk) bij Rederij Stiphout, Maaspromenade, Maastricht.
Telefoon 043-54151.

Deze regeling geldt alleen op maandagen t/m vrijdagen van 22 juni t/m 4 september.

~~zo~~	ma	di	wo	do	vr	~~za~~

3

Voer een telefoongesprek met de rederij, om informatie over de boottocht te krijgen! Stel u hebt zo'n boottocht meegemaakt. Vertel iets over deze spannende gebeurtenis!

4

Vragen omtrent de auto

Schakelt u vlug van de eerste naar de tweede versnelling?
Hebt u uw auto al vaak moeten laten repareren?
Hebt u uw auto ook al eens moeten duwen?
Hebt u in uw stad veel last van wegomleggingen?
Kent u het kenteken van uw auto uit het hoofd?
Zijn de onderdelen voor uw auto duur?
Koopt u uw auto's tweedehands?
Hebt u de oude wagen gunstig kunnen verkopen?
Bent u al eens van de verkeerde kant een straat met eenrichtingsverkeer in gereden?
Hebt u een bekeuring gekregen?
Maakt u gedurende lange reizen veel pauzes?
Controleert u af en toe de remmen, de accu en de voor- en achterlichten?
Hebt u al eens een stopverbod over het hoofd gezien?
Kon u goed aan veiligheidsgordels wennen?
Haalt u graag andere auto's in?
Hoe reageert u, als er jonge mensen liften?
Bent u een goede medereiziger of bent u liever zelf chauffeur?
Tankt u loodvrij?
Hoeveel percent korting krijgt u bij de verzekering?

5

Het betrekkelijk voornaamwoord: die/wie, dat, waar .....

De auto, **die** ik gekocht heb .....
De man, **(aan) wie** ik gisteren het boek gaf .....

Het boek, **dat** ik gelezen heb .....

De auto, **waarmee** ik reed .....
Het boek, **waarover** we spraken .....

degene, hetgeen

Degene, die de fiets gestolen heeft .....
Hetgeen zij zegt is heel gek.

Na **hetgeen** volgt geen betrekkelijk voornaamwoord.

6

Nog iets over meervoudsvormingen

Vreemde woorden op **-ie**
a. met klemtoon op de laatste lettergreep:

de harmon**ie**	– de harmon**ieën**	**-ën**
de symfon**ie**	– de symfon**ieën**	

b. met een andere klemtoon:

de natie	– de natie**s**	**-s**
de reformatie	– de reformatie**s**	
de prestatie	– de prestatie**s**	
de produktie	– de produktie**s**	

Vreemde woorden en soms woorden op **-e**:

de mode	– de mode**s**	**-s**
de telefoon	– de telefoon**s**	
de conducteur	– de conducteur**s**	
de tram	– de tram**s**	
het station	– de station**s**	
de lente	– de lente**s**	
de file	– de file**s**	

Pas op: *het museum* *– de museums*
– de musea
het visum *– de visums*
– de visa

Er zijn echter twee mogelijkheden voor:

het gedeelt**e**	– de gedeelt**es**	**-s** én
	– de gedeelt**en**	**-en**
de gemeent**e**	– de gemeent**es**	
	– de gemeent**en**	
de lengt**e**	– de lengt**es**	
	– de lengt**en**	
de ziekt**e**	– de ziekt**es**	
	– de ziekt**en**	
de method**e**	– de method**es**	
	– de method**en**	
de liefd**e**	– de liefd**es**	
	– de liefd**en**	

7

Ga eens na, hoe men na een vliegreis vanuit Schiphol andere Nederlandse en Belgische steden met de trein kan bereiken.

Vertrek van Schiphol

bestemming	om	van spoor	overstappen te (vertrek van spoor)	reistijd uur/min.
Amsterdam RAI	'06	2	zonder overstap	0.10
	'22	2	zonder overstap	0.10
	'38	2	zonder overstap	0.10
	'52	2	zonder overstap	0.10
Antwerpen CS	'10	3	Leiden (8) + Roosendaal (3b)	2.11
	'40	3	Leiden (8)	2.01
Breda	'10	3	Leiden (8) + Den Haag HS (4a)	1.34
	'40	3	Leiden (8) + Rotterdam CS (7)	1.34
Brussel Noord	'40	3	Leiden (8)	2.35
Brussel Zuid	'40	3	Leiden (8)	2.43
Eindhoven	'10	3	Leiden (8) + Den Haag HS (4a)	2.12
	'40	3	Leiden (8) + Rotterdam CS (7)	2.12
Den Haag CS	'10	3	zonder overstap	0.33
	'24	3	Leiden (8)	0.39
	'40	3	zonder overstap	0.33
	'54	3	Leiden (8)	0.39
Den Haag HS	'10	3	Leiden (8)	0.29
	'24	3	zonder overstap	0.31
	'40	3	Leiden (8)	0.29
	'54	3	zonder overstap	0.31
Rotterdam CS	'10	3	Leiden (8)	0.47
	'24	3	zonder overstap	0.51
	'40	3	Leiden (8)	0.47
	'54	3	zonder overstap	0.51
Venlo	'10	3	Leiden (8) + Den Haag HS (4a)	2.50
	'40	3	Leiden (8) + Rotterdam CS (7)	2.58

CS = Centraalstation, HS = Hollands Spoor, RAI = Station bij het R.A.I.-gebouw (= rijwiel- en automobielindustrie)

Les 29

1

Bij het ontbijt

A: Kijk eens, Cor, hoe ze de tafel gedekt hebben!

B: Bijna deftig, hoor!

C: Je bent erg grappig, pa. Heb je niet goed geslapen?

B: Integendeel, meisje, maar ik vind het ontbijt pas goed, als het smakelijk is en als ik genoeg krijg. Het bestek kan dan best mooi zijn, voor mij is echter belangrijker dat de vorken en de lepels praktisch en de messen bovendien nog scherp zijn.

A: Niettemin maakt voor mij de fijne versiering op kopjes, kannen, eierdopjes, suikerpotjes, schoteltjes en borden deel uit van het ontbijt!

C: Zelfs de servetten hebben een passende versiering.

B: Wil je mij de broodmand aanreiken, en ook nog boter en jam. – Bedankt!

C: Tegen een goed kopje koffie heb ik ook geen bezwaar. Kun je me even de melk geven?

A: Graag. Smakelijk!

B: Smakelijk! Als de eieren nu ook nog zacht gekookt zijn, zul je me verder niet meer horen.

2

Bij de tandarts

A: Ik heb een vulling verloren en nu voel ik pijn, als ik iets kouds, iets zoets of iets heets eet of drink.
B: Dat zal wel.
A: Moet u de tand trekken?
B: Nee, plomberen is voldoende. Maar u moet binnen korte tijd op de kies daarachter een kroon laten zetten. ..... Helaas moet ik een beetje boren. Een spuitje zal ook wel nodig zijn.
A: U kunt er rustig van afzien. Ik ben niet zo gevoelig.
B: Ik geloof dat het niet erg zal worden. U mag vervolgens twee uur niet eten.

3

Voer een kort gesprekje over uw eigen ervaringen met het ontbijten in een hotel! Vraag daarna uw buurman nog, of hij ooit bij de tandarts geweest is, of hij al eens acute kiespijn heeft gekregen en tot welke resultaten zijn bezoeken bij de tandarts geleid hebben.

4

We hopen op beterschap.
De zieke is aan de beterhand.
Spoedige beterschap!
Hij is weer helemaal beter!

Mag ik mijn deelneming betuigen!
Oprechte deelneming!
Hij deelt in haar leed.
Hij voelt met haar mee.

5

Overgankelijke werkwoorden in plaats van wederkerende in 't Duits

Er **gebeurde** een ongeval.
(Es ereignete sich ein Unfall.)

Hij **heeft een kou gevat**.
(Er hat sich erkältet.)

De auto **naderde** de kruising.
(Das Auto näherte sich der Kreuzung.)

Zij **solliciteerde** naar de functie van secretaresse.
(Sie bewarb sich um die Stelle einer Sekretärin.)

Het weer gaat **veranderen**.
(Das Wetter wird sich ändern.)

Hij **weigerde** naar huis te gaan.
(Er weigerte sich, nach Hause zu gehen.)

6

Verschillen in de werkwoordvolgorde

Het hulpwerkwoord gaat vooraf:

Zij heeft mij het cadeautje **laten zien**.
(..... sehen lassen)
Ik had hem graag **willen helpen**.
(..... helfen wollen)

Twee mogelijkheden in het Nederlands:

We waren blij, *hoewel* hij laat **was gekomen**. ..... **gekomen was**.
Ik vond het fijn *dat* hij een parkeerplaats **had gevonden. ..... gevonden had.**
Truid is tevreden, *omdat* zij voor het examen **is geslaagd. ..... geslaagd is.**

7

Schrijf na verhuizing een adreswijziging aan uw vrienden!

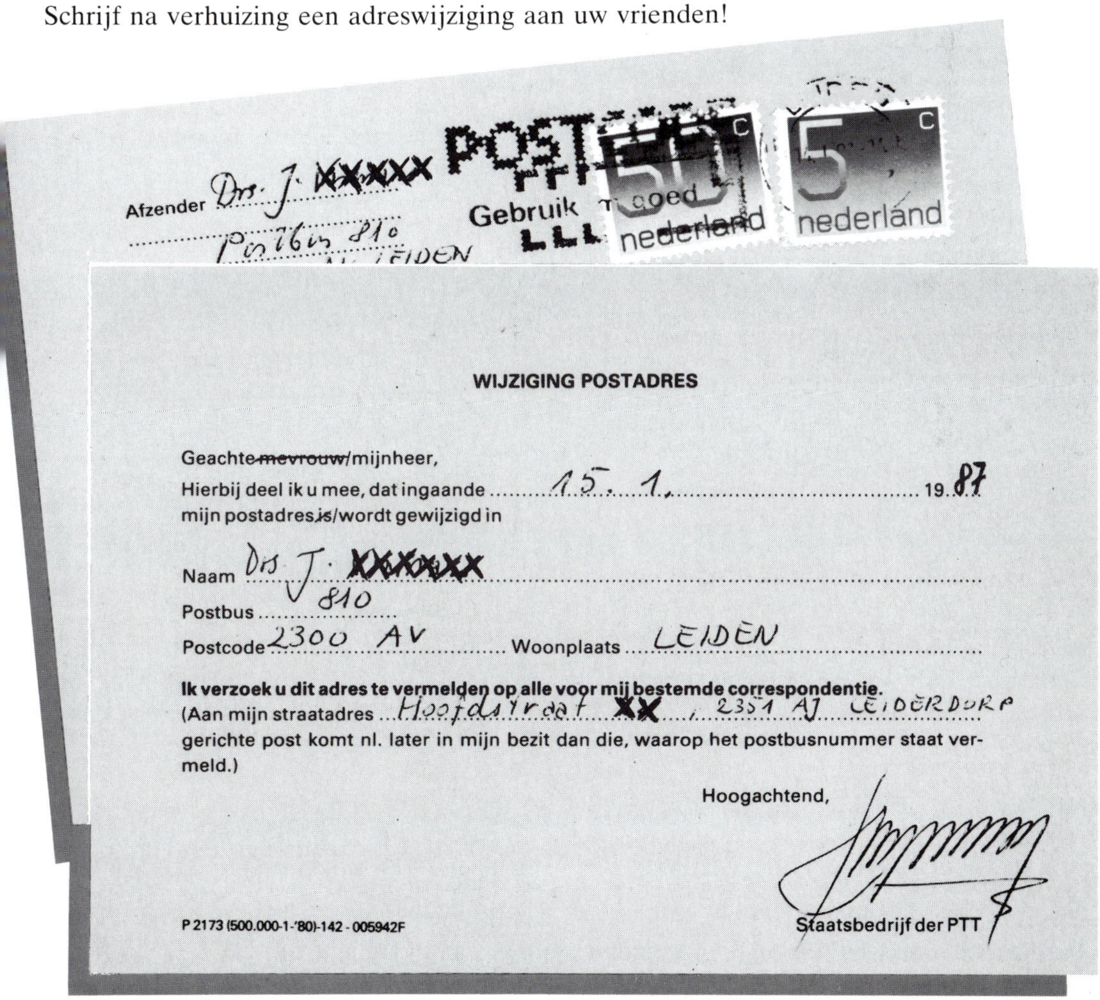

WIJZIGING POSTADRES

Geachte ~~mevrouw~~/mijnheer,
Hierbij deel ik u mee, dat ingaande ....15. 1.... 19.87
mijn postadres ~~is~~/wordt gewijzigd in

Naam Drs. J. XXXXXX
Postbus 810
Postcode 2300 AV Woonplaats LEIDEN

Ik verzoek u dit adres te vermelden op alle voor mij bestemde correspondentie.
(Aan mijn straatadres ....Hoofdstraat XX, 2351 AJ LEIDERDORP....
gerichte post komt nl. later in mijn bezit dan die, waarop het postbusnummer staat vermeld.)

Hoogachtend,

P 2173 (500.000-1-'80)-142 - 005942F

Staatsbedrijf der PTT

8

Nog een paar mogelijkheden voor de meervoudsvorming

De weinige woorden op **-ee, -o, -oe** en **-ui**

het id**ee** – de **ideeën**	**-ën**		de k**oe** – de k**oeien**	**-ien**
de **zee** – de **zeeën**			de **ui** – de **uien**	**-en** (spreek: „-jen“)

Vreemde woorden op **-a, -o** en **-u**

de lam**a** – de lam**a's**	de aut**o** – de aut**o's**	de parapl**u** – de parapl**u's**	**'s**

Verschillende mogelijkheden bij woorden op **-man**

de brandweer**man**	– de brandweer**mannen**	**-mannen**
	– de brandweer**lieden**	**-lieden**
de koop**man**	– de koop**lui**	**-lui**
	– de koop**lieden**	
de timmer**man**	– de timmer**lui**	
	– de timmer**lieden**	
de vak**man**	– de vak**mannen**	
	– de vak**lui**	
	– de vak**lieden**	
	– de vak**mensen**	**-mensen**
Pas op: de Engelsman – de Engelsen		-en

De vormen op **-mannen** en **-lui** verdienen de voorkeur boven die op **-lieden** en **-mensen**.

9

Een parkeerkaartje voor een uur

A: Het is heel aardig dat je met mij zelfs tijdens het spitsuur de stad in gereden bent, Dries.

B: Het rijden is niet het probleem, als we maar een parkeerplaats zouden kunnen vinden, Sjouke.

A: Vlak tegenover de bioscoop is een groot parkeerterrein. Daar zal wel een plaats vrij zijn. Rijd langzaam, we zijn er zo!

B: Kijk eens! Zoveel geluk heb je niet vaak, onmiddellijk naast de inrit is nog een parkeerruimte. Volstaat een parkeerkaartje voor een uur?

A: Een uurtje is vlug voorbij, en als we dan pech hebben, moeten we nog een boete betalen.

B: Dat kan duur worden. Ik werp een rijksdaalder in de gleuf. Dat is hier voldoende voor tweeënhalf uur, denk ik.

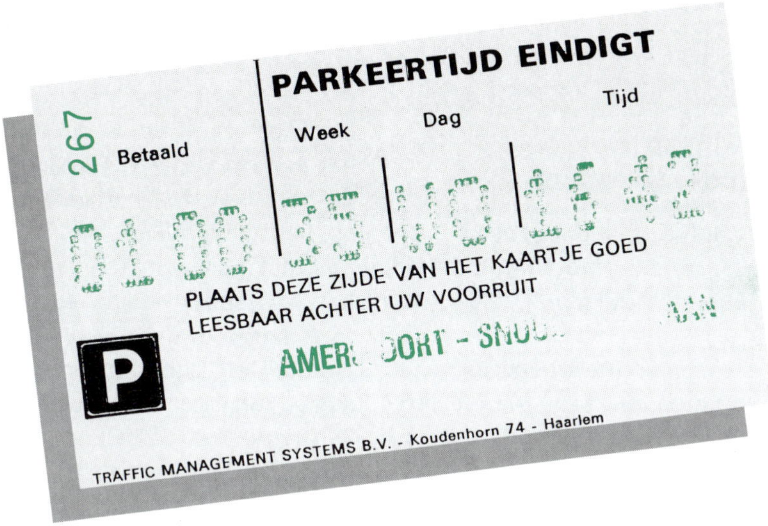

10

Voegwoorden van graadaanduidend gevolg, van doel en van twijfel

Er liggen zoveel spullen op de grond **dat** er een paar uur nodig zijn om ze op te ruimen.
Ik moet dadelijk naar een feestje, **dus** kan ik niet op je kinderen passen.
Ik wil een auto gaan kopen, **opdat** ik gemakkelijker naar de firma kan rijden.
De winkel werd gesloten, **zodat** ik pas thuis de blouse heb kunnen aantrekken.

Ik vraag me af, **of** het goed is, het tv-toestel uitgerekend in deze hoek van de kamer te plaatsen.

11

Zo zegt men het in het Nederlands

Heeft u eigenlijk enig idee wat de VVV allemaal voor u kan doen?
We denken *van niet.*
We zetten het op een rijtje.
Doe er uw voordeel mee.
Wip morgen *eens aan (binnen)!*
Daar heeft de tijd 100 jaar *stilgestaan.*
Het schip wordt binnen 5 minuten *liefst* 15 meter *omlaag geschut.*
Een vaart door de St. Pietersberg, *met aan weerszijden van* de boot de steile wanden.
U kunt een kopje koffie *gebruiken.*
Voor mij *maakt* de versiering van het bestek *deel uit van* het ontbijt.
Ik heb *kiespijn.*
Ik ben niet zo *gevoelig.*

Les 30

1

De Nederlandse bevolking

De inwoners van Nederland spreken een eigen Germaanse taal, het Nederlands, terwijl in de provincie Friesland ook Fries wordt gesproken.
In Nederland wonen voorts groeperingen uit de voormalige koloniën Indonesië en Suriname, alsmede de zogenaamde gastarbeiders.

Religie

Onderstaande tabel laat de indeling van de bevolking naar godsdienst zien, alsmede de verschuivingen die daarin sinds 1900 zijn opgetreden.

Godsdiensten in %	1900	1930	1960	1971
Rooms-Katholiek	35,1	36,4	40,4	40,4
Nederlands-Hervormd	48,4	34,5	28,3	23,5
Gereformeerd	7,1	8,1	6,9	7,2
Andere Kerken	7,2	6,6	6,1	5,3
Geen kerkgenootschap	2,2	14,4	18,3	23,6
Totale bevolking × 1000	5104	7832	11417	13060

Het opmerkelijkst is de vermindering van het percentage Nederlands-Hervormden en de groei van het percentage onkerkelijken tot het tienvoudige.
De regionale spreiding toont zeer globaal het volgende beeld: Rooms-Katholieken treft men vooral aan in de provincies Noord-Brabant en Limburg, protestanten zijn het sterkst vertegenwoordigd in een strook die van zuidwest (Zeeland) naar noordoost (Groningen) over het land loopt, en de onkerkelijkheid is vooral een kenmerk van de grote steden.
Een opmerkelijk verschijnsel in Nederland is de sterke mate waarin de godsdienstige verdeling doorwerkt op vele terreinen van het sociale en economische leven, de zogenaamde „verzuiling". Bij onderwijs en politiek, publiciteitsmedia, vakbonden en ontspanningsverenigingen wordt men steeds weer geconfronteerd met de afzonderlijke groeperingen van Rooms-Katholieken, protestantschristelijken en „neutralen".

Aantal en groei

De onderstaande tabel laat zien dat het aantal inwoners in de bijna 150 jaar die zijn verstreken sinds de eerste volkstelling werd gehouden, ruim vijfmaal zo groot is geworden.
Ook blijkt dat na 1900 de toeneming verhoudingsgewijs anderhalf- tot tweemaal zo

groot was als in de vrijwel gelijke periode daarvoor.

1 januari	Totale bevolking × 1000	Toeneming in %
1830	2613	–
1900	5104	95
1978	13898	172

De bevolkingstoeneming is voornamelijk toe te schrijven aan de natuurlijke groei.

Leeftijdsopbouw

Ook naar leeftijdsgroepen traden in de loop van de jaren veranderingen op, zoals de tabel hieronder laat zien.

Leeftijdsverdeling in % per 1 januari	1900	1977
0–19 jaar	44,3	33,1
20–64 jaar	49,7	55,9
65 jaar en ouder	6,0	11,0

Duidelijk blijkt de invloed van de verlaging van het kindertal per gezin uit de afneming van het percentage jeugdigen. Daar staat een nog steeds voortgaande groei van het percentage bejaarden tegenover.

2

Nederlandse provincies

Nederland is met gemiddeld 413 inwoners per km² land, niet meegerekend de wateren die breder zijn dan 6 meter, het dichtstbevolkte land van Europa. Regionaal zijn er grote verschillen:

14 Bevolking naar leeftijd, geslachtsverhouding en bevolkingsdichtheid per landsdeel en provincie, 1 januari

	1984				1985		
	0–19 jaar	20–64 jaar	65 jaar of ouder	totale bevolking	totale bevolking	vrouwen per 1000 mannen	inwoners per km² land
	%			× *1000*			
Noord-Nederland	30,1	56,9	12,9	1586,1	1588,2	1011	191
Groningen	28,2	58,5	13,4	561,5	561,1	1017	240
Friesland	31,9	55,1	13,1	597,2	597,6	1012	179
Drenthe	30,2	57,6	12,2	427,3	429,5	1002	162
Oost-Nederland	30,7	57,8	11,5	2777,9	2790,2	1014	316
Overijssel	31,7	56,9	11,5	1042,1	1044,9	1005	274
Gelderland	30,2	58,3	11,5	1735,8	1745,3	1020	349
West-Nederland	27,4	59,8	12,7	6376,0	6399,0	1040	926
Utrecht	29,1	59,6	11,4	929,4	936,1	1048	703
Noord-Holland	26,4	60,6	13,0	2307,4	2311,5	1039	866
Zuid-Holland	27,7	59,3	13,0	3139,2	3151,3	1039	1084
Zuidwest-Nederland							
Zeeland	29,3	56,3	14,5	355,5	355,4	1013	199
Zuid-Nederland	29,6	60,5	9,8	3186,6	3198,6	999	449
Noord-Brabant	30,5	60,0	9,5	2103,0	2113,0	996	426
Limburg	27,9	61,7	10,5	1083,6	1085,7	1006	500
Niet ingedeeld[1]	35,3	59,7	5,1	111,2	121,2	987	124
Nederland[2]	29,0	59,2	11,9	14394,6	14453,8	1022	426

[1] Bestaande uit de gemeenten Almere, Dronten, Lelystad en Zeewolde.
[2] Incl. het Centrale persoonsregister.

Het zwaartepunt ligt in de drie westelijke provincies Noord-Holland, Zuid-Holland en Utrecht, waar op ruim één vijfde van de oppervlakte van het land bijna de helft van de bevolking woont.
In de dichtstbevolkte provincie Zuid-Holland wonen gemiddeld op elke vierkante kilometer zevenmaal zoveel mensen als in de dunstbevolkte provincie Drenthe. Vanouds is de economische bedrijvigheid het grootst in de westelijke kustprovincies, waar zich visserij, handel en industrie voorspoedig ontwikkelden. De meer agrarisch gerichte landprovincies konden op den duur de bewoners niet voldoende werk bieden, vooral niet toen in de tweede helft van de 19e eeuw de bevolking steeds sneller groeide en de landbouwmechanisatie veel arbeidskrachten overtollig maakte. Een gevolg van deze ontwikkeling was een sterke binnenlandse migratiestroom, vooral gericht op de steden in de provincies Noord- en Zuid-Holland.

3

Vrij van douanerechten

Douane. Proviand voor de reis en persoonlijke gebruiksartikelen kunnen vrij van douanerechten in- en uitgevoerd worden.
De volgende artikelen zijn voor genoemde hoeveelheid vrij van belasting:

		Uit EEG-landen	Uit andere landen
▲	Sigaretten	300 of	200 of
▲	Sigaren	75 of	50 of
▲	Sigarillos	150 of	100 of
▲	Tabak	400 g	250 g
▲	Spiritualiën (boven 22%)	1,5 l of	1 l of
▲	Spiritualiën (onder 22%)	3 l of	2 l of
▲	Mousserende wijn	3 l of	2 l of
▲	Likeuren	3 l en	2 l en
▲	Wijn (niet mousserend)	5 l en	2 l en
▲	Luxemburgse wijn (niet	10 flessen of	10 flessen of
▲	mousserend)	8 l	8 l
	Koffie	1000 g of	500 g of
	Koffie-extract	400 g	200 g
	Thee	200 g of	100 g of
	Thee-extract	80 g	40 g
	Parfum	75 g en	50 g
	Eau-de-cologne	⅜ l	¼ l
	Andere artikelen tot een totale waarde van	f. 890	f. 125

Valuta. De Nederlandse valuta is de gulden (f) verdeeld in 100 centen. In circulatie zijn: munten van 5, 10 en 25 cent, 1 en 2,5 gulden en bankpapier van 5, 10, 25, 50, 100, 250 en 1000 gulden.
Deviezen. De in- en uitvoer van Nederlandse en buitenlandse valuta is vrij.
Reiskredieten. Over het algemeen worden zowel reischeques als kredietkaarten (b.v. American Express) en Eurocheques geaccepteerd.

▲ alleen voor personen boven 17 jaar

4

Documenten voor de reis

Grensdocumenten

Om Nederland binnen te komen hebben de inwoners van de Europese staten een geldige pas of persoonsbewijs nodig. Een hoogstens 5 jaar verlopen pas is voldoende voor inwoners van Andorra, België, Frankrijk, Liechtenstein, Luxemburg, Monaco, Oostenrijk, San Marino en Zwitserland. Kinderen onder 16 jaar behoeven geen documenten als zij in de pas van hun ouders opgenomen zijn. Mensen ouder dan 16 jaar moeten een eigen reisdocument hebben.

Documenten van voertuigen

Voor auto's en motorfietsen zijn alleen de nationale documenten vereist (rijbewijs, registratiebewijs, nationaliteitskenteken). Ook voor boten, woonwagens en kampeertrailers zijn geen extra documenten nodig. De douane-autoriteiten kunnen echter, indien er twijfel bestaat omtrent de heruitvoer van het voertuig, een waarborgsom van hoogstens 18% eisen.

Verzekering

Voor alle voertuigen is een verzekering tegen wettelijke aansprakelijkheid nodig. De internationale groene verzekeringskaart is verplicht voor motorfietsrijders.

VLOEK NIET, GOD IS ER

BOND TEGEN HET VLOEKEN
postbus 362 — VEENENDAAL

5

Voegwoorden van tegenstelling

Hij wilde de gewonde helpen, **doch** hij was niet in staat om het te doen.
Je kunt tegenover de leerlingen vriendelijk zijn, cadeautjes kun je **echter** niet aannemen.
In het begin was ik angstig, **maar** dan vond ik mijn eerste luchtreis echt leuk.
Carla houdt van muziek, **terwijl** haar zuster Rose er geen zin in heeft.

6

Voegwoorden van voorwaarde en van vergelijking

Als ik tijd had, zou ik met u gaan biljarten.
Indien de bestuurder van de Opel niet schuldig is, kan hij verder rijden.

Doe niet **alsof** je moe bent!
Hij deed **of** hij kwaad was.

7

Zo zegt men het in het Nederlands

Nederland is *met gemiddeld 413 inwoners* per km^2 het dichtstbevolkte land van Europa.
De landbouwmechanisatie maakte veel arbeidskrachten *overtollig*.
Voor alle voertuigen is de *verzekering tegen wettelijke aansprakelijkheid* nodig.
Hij was niet in staat om het te doen.

Derde test

I Lees twee keer de volgende tekst!

Elf uur. Radio-nieuwsdienst verzorgd door het ANP.

..... heeft vanochtend tijdens het spitsuur tot een groot aantal kettingbotsingen geleid. Daarbij zijn volgens de nog onvolledige gegevens van de politie in totaal zeker vijf doden ..... gevallen. ..... is ook nu nog sprake van een grote ravage. Volgens de politie zijn vrijwel alle kettingbotsingen ontstaan doordat automobilisten in de mist te hard reden en .....

Het CNV vindt dat in het kader van de werkeloosheidsbestrijding eind 1986 ..... moet zijn gerealiseerd in het bedrijfsleven en de collectieve sector. Op centraal niveau moet tussen werkgevers ..... worden afgesproken dat de prijscompensatie wordt gebruikt als financieringsbron van de verdere arbeidstijdverkorting. Het Christelijk Vakverbond schrijft een ..... ander in een discussienota over het sociaal-economische beleid in de periode 84–87. Het CNV wil eveneens op centraal niveau geregeld zien dat het tempo van de arbeidstijdverkorting ....., als zich in bepaalde sectoren een gunstige ontwikkeling van de produktiviteit voordoet.

☐ 1 Wat ontbreekt in regel 2?
a. De sterke zonneschijn   b. De dichte mist   c. Het goede weer

☐ 2 Wat ontbreekt in regel 4?
a. maar geen gewonden
b. maar helemaal geen materiële schade
c. en een onbekend aantal gewonden

☐ 3 Wat ontbreekt in regel 5?
a. Op bepaalde spoorwegen
b. Op diverse autosnelwegen
c. Op eenrichtingswegen

☐ 4 Wat ontbreekt in regel 6?
a. onvoldoende afstand hielden
b. grote afstand hielden
c. de koplampen niet gebruikten

☐ 5 Wat ontbreekt in regel 7?
a. een 48-urige werkweek b. een 36-urige werkweek
c. een 30-urige werkweek

☐ 6 Wat ontbreekt in regel 9?
a. en werknemers b. en de regering c. en de Partij van de Arbeid

☐ 7 Wat ontbreekt in regel 11?
a. en
b. of
c. het

☐ 8 Wat ontbreekt in regel 13?
a. moet worden vertraagd
b. ook dan niet kan worden versneld
c. eventueel kan worden versneld

☐ 9 Wat is volgens de politie een hoofdoorzaak van de botsingen?
a. De automobilisten hebben te snel gereden.
b. De automobilisten hadden onvoldoende geremd.
c. De automobilisten hielden teveel afstand.

☐ 10 Is volgens het CNV een 36-urige werkweek ook vroeger dan 1986 mogelijk?
a. Nee, dat is helemaal niet mogelijk.
b. Ja, als de productiviteit zich gunstig ontwikkelt.
c. Nee, zelfs niet bij een gunstige ontwikkeling van de productiviteit.

II Schrijf een brief!

In het Handelsblad vindt u een paar door de fa. Meijer & Zn. aangeboden betrekkingen. Binnenkort komen de functies vrij van secretaresse, correspondent(e) voor vreemde talen, bankwerker, boekhouder, bouwkundig ingenieur en programmeur. Kies een beroep en schrijf een sollicitatiebriefje! Noem o.m. een paar persoonlijke gegevens (leeftijd, burgerlijke staat, school- en beroepsopleiding, tegenwoordige betrekking enz.) en verwijs naar de bijgevoegde getuigschriften en referenties. Vermeld ook, wanneer u zou kunnen beginnen.

III Één uit vier mogelijkheden – Wat ontbreekt er?

☐ 11 Het politiestation is ..... de buurt van de grote kerk gelegen.
a. bij b. in c. naast d. op

☐ 12 Deze auto kost veel, maar die andere is nog .....
a. duurder b. duurdere c. duurst d. dure

☐ 13 ..... onze vakantie begonnen was, kregen we mooi weer.
a. Als b. Hoewel c. Indien d. Toen

☐ 14 Jan is gisteren ook bij de voetbalwedstrijd geweest. Heeft u ..... gezien?
a. hem b. hen c. hij d. hun

☐ 15 Herman vloog ....., toen zijn vader naar hem riep.
a. de trap naar boven b. boven op de trap
c. op de trap d. de trap op

☐ 16 Waar zijn de jongens? Een paar minuten geleden ..... ze toch nog hier!
a. speelden b. spelden c. spelen d. spellen

☐ 17 ..... het regent zijn we teleurgesteld.
a. Hoewel b. Om c. Omdat d. Opdat

☐ 18 De chef vraagt zich af, hoe .....
a. het probleem moet hij oplossen.
b. hij het probleem moet oplossen.
c. moet hij het probleem oplossen.
d. oplossen moet hij het probleem.

☐ 19 De dichte mist ..... tot een groot aantal kettingbotsingen.
a. leed b. leidde c. leid d. liet

☐ 20 Frans vindt zijn bril niet, ... hij hem daarnet nog heeft gehad.
a. al b. hoewel c. omdat d. opdat

☐ 21 Dit hemd bevalt me niet. Kan ik het .....?
a. ruiken b. ruilen c. staken d. veranderen

☐ 22 Toen we naar huis kwamen, ... er nog licht.
a. brand b. branden c. brandde d. brandt

☐ 23 Weet u iets af van geneeskunde? Nee, ik ken ..... niets van.
a. daar b. daarvan c. er d. ervan

☐ 24 Is dat het boek, ... je gesproken hebt?
a. over wie b. waar c. waarover d. wat

☐ 25 Vanmiddag heb ik zin ..... frites.
a. in b. na c. naar d. op

☐ 26 Tijdens start en landing mag in het vliegtuig niet .....
a. gerookt b. roken c. rokende d. worden gerookt

☐ 27 Het mooie huis is .....
a. koop b. kopen c. te koop d. te kopen

☐ 28 Willem ..... van snelle auto's.
a. heeft zin b. houd c. houdt d. hout

☐ 29 Er is niets ..... te doen dat uw man niet thuis is.
a. aan b. bij c. mee d. op

☐ 30 ..... u de groeten aan uw vrouw!
a. Brengt b. Biedt c. Doet d. Wenst

☐ 31 De vrouw ..... is mijn zuster.
a. die daar komt b. wat daar komt
c. welk daar komt d. wie daar komt

☐ 32 ..... ik met mijn auto op vakantie ga, controleer ik de koplampen, de achterlichten, de motorolie, de druk van de banden en het koelwater.
a. Dat b. Nadat c. Opdat d. Voordat

☐ 33 Hij is in de leunstoel ..... om televisie te kijken.
a. gaan zitten b. gaat zitten c. gezeten d. zitten

☐ 34 Gisteren ..... ik in het hotel een schoolvriendin ontmoet.
a. ben b. heb c. heeft d. was

☐ 35 Bent u al eens in Amsterdam geweest? – Nee, ik ben ..... nog nooit geweest.
a. dan b. er c. het d. hier

☐ 36 Ik heb mijn huiswerk om vier uur ..... .
a. af b. of c. op d. weg

☐ 37 ..... de deur dicht!
a. Doe b. Maak c. Maakt d. Maken jullie

☐ 38 Met slecht weer gaat niemand graag .....
a. huis uit. b. huis buiten. c. uit het huis. d. uit huis.

☐ 39 Kun je dat ..... Nederlands vertalen?
a. in b. in het c. op d. op het

☐ 40 Waar komt u .....? – Uit Keulen.
a. af b. eraf c. van d. vandaan

IV Één uit vier mogelijkheden – Wat kan worden vervangen?

☐ 41 Hij probeerde nog de botsing te voorkomen, maar *het was tevergeefs.*
a. het was gelukt b. het was fout c. het was vals d. het lukte hem niet

☐ 42 *Noch Henk, noch zijn vrouw zijn naar het feestje gekomen.*
a. Henk en ook zijn vrouw zijn niet naar het feestje gekomen.
b. Nog is Henk met zijn vrouw niet naar het feestje gekomen.
c. Henk is samen met zijn vrouw naar het feestje gekomen.
d. Henk komt nooit samen met zijn vrouw naar een feestje.

☐ 43 *Frits was teleurgesteld over het resultaat* van de hockeywedstrijd België – Spanje.
a. Frits kende het resultaat al.
b. Frits had een gunstiger resultaat verwacht.
c. Frits had geen belangstelling voor het resultaat.
d. Frits had geen idee van het resultaat.

☐ 44 De oorzaak van het ongeluk *kon zij nooit vergeten.*
a. heeft zij niet kunnen vasthouden.
b. heeft zij altijd behouden.
c. heeft zij altijd onthouden.
d. is zij helaas vergeten.

☐ 45 Meneer Mulder komt *wellicht* toch nog op tijd.
a. zeker b. misschien c. weleens d. af en toe

☐ 46 Ria gaat *dikwijls* met Truid tennissen.
a. af en toe b. zo nu en dan c. altijd d. vaak

☐ 47 *Theun is met zijn betrekking niet tevreden.*
a. Hij heeft geen goede baan.
b. Hij heeft niet veel kennissen.
c. Hij heeft nergens trek in.
d. Hij is altijd tevreden.

☐ 48 Ik neem aan dat je met de nieuwe leraar tevreden bent. – *Ja, daar heb je gelijk in.*
a. Ja, hij is even goed als de oude.
b. Ja, hij lijkt op de oude.
c. Ja, dat is juist.
d. Ja, we hebben geluk gehad met hem.

☐ 49 *U schijnt aardige kinderen te hebben.*
a. Het ziet ernaar uit dat uw kinderen aardig zijn.
b. Uw kinderen zijn aardig.
c. Uw kinderen zijn niet aardig.
d. Uw kinderen zijn blijkbaar slim.

☐ 50 *Het spijt me,* mijn man is niet thuis.
a. Er is niets aan te doen, ...
b. Ik geloof, ...
c. Ik denk, ...
d. Het is jammer, maar

V Wat is niet mogelijk of is zinloos in verband met de volgende zinnen of zinsdelen?

☐ 51 Ik heb in het weerpraatje gehoord dat het vandaag nog gaat ..... .
a. onweer
b. regenen
c. opklaren
d. sneeuwen

☐ 52 Heeft de regering al een beslissing genomen? – Ja, ...
a. zij is al bekend gemaakt.
b. zoals te verwachten was.
c. zij is niet in staat, om een besluit te nemen.
d. ik heb het net in het nieuws gehoord.

☐ 53 ..... of hij op tijd kan komen.
a. Ruud is er zeker van, ...
b. Ruud kan niet beloven, ...
c. Ruud kan niet zeker zeggen, ...
d. Ruud weet nog niet, ...

☐ 54 Kun je het nog eens even herhalen, ik .....
a. ..... heb alles kunnen verstaan.
b. ..... heb u niet kunnen verstaan.
c. ..... heb het niet begrepen.
d. ..... begrijp niet, wat u bedoelt.

☐ 55 Hou op met je gepraat! .....
a. Daar is niets mee te bereiken.
b. Dat heeft helemaal geen zin.
c. Dat is onzin.
d. Dat is geen zin.

☐ 56 Wat wil je drinken? – .....
a. Ik lust een karaf wijn.
b. Ik heb zin in een fles bier.
c. Ik had graag een jenever.
d. Een uitsmijter, alstublieft!

☐ 57 Voor het eten .....
a. doet hij altijd andere kleren aan.
b. trekt hij altijd aan.
c. kleedt hij zich altijd om.
d. trekt hij altijd andere kleren aan.

☐ 58 In december heeft de post ...
a. veel te doen.
b. veel te drukken.
c. het erg druk.
d. een drukke maand.

☐ 59 Hendrik heeft goed geargumenteerd ...
a. Zijn voorstel werd aangenomen.
b. Zijn voorstel vond toestemming.
c. Zijn voorstel werd niet afgewezen.
d. Zijn voorstel werd afgewezen.

☐ 60 Weet de klant dat zijn televisietoestel nog niet klaar is? – Nee, ...
a. ik heb hem nog niet kunnen spreken.
b. ik heb hem gisteren opgebeld.
c. ik heb hem telefonisch nog niet bereikt.
d. ik had nog geen gelegenheid, om het hem mee te delen.

VI Vul het ontbrekende woord in!

61 Kun je morgen komen? – Ik denk ..... niet.
62 ..... wordt aan de deur geklopt.
63 Gisteren ..... ik een oude vriend ontmoet.
64 Truus en Roel hebben twee ....., Griet van drie jaar en Paul van vijf jaar.
65 Heb je Theun gezien? – Ja, hij zit in de woonkamer een boek ..... lezen.
66 Ken je ..... huisnummer van Hella?
67 Hij wil ..... weinig mogelijk betalen.
68 Kun je me tien gulden lenen? – Nee, tot mijn spijt heb ik ..... maar vijf.
69 Gerard is ..... groot als Klaas.

70 Ik heb geen zin ..... vis.
71 Waar komt u .....? – Uit Scheveningen.
72 Kunt u mij de weg ..... Hengelo wijzen?
73 ..... een uurtje is mijn man weer thuis.
74 Daar heeft hij niet ..... kunnen rekenen.
75 Is er nog een tafel vrij? – Ja, er zijn zelfs nog vier ..... vrij.

Woordenlijst

Les 1

de woordenlijst	das Wörterverzeichnis
de les	die Lektion; Unterrichtsstunde

1.1

Dag	(Guten) Tag
mevrouw, meneer	Frau ....., Herr ..... (Anrede)
Ik ben (Arie de Groot)	Ich bin .....

1.2

hallo	Hallo; guten Tag

1.4

Mag ik mij even voorstellen?	Darf ich mich (eben) vorstellen?
mijn	mein
de naam	der Name
Ik ben blij u te leren kennen.	Ich freue mich, Sie kennenzulernen.
Hoe maakt u het?	Wie geht es Ihnen?
(ik) dank u	(ich) danke Ihnen
en	und
goed	gut

1.5

je, jij	du (unbetonte/betonte Stellung)
jou, je	dir, dich (betonte/unbetonte Stellung)

1.7

heten	heißen
excuseren	entschuldigen, verzeihen
mij, me	mir, mich (betonte/unbetonte Stellung)
Excuseert u mij	Entschuldigen Sie (mich) .....
Hoe is uw voornaam?	Wie ist Ihr Vorname?
Wie bent u?	Wer sind Sie?

1.8

Sorry	Entschuldigung/Entschuldige .....
jouw, je	dein (betonte/unbetonte Stellung)
de achternaam	der Nachname

1.10

Kom je .....?	Kommst du .....?
Jij komt	Du kommst .....
..... uit Duitsland.	..... aus Deutschland.
ja	ja
Keulen	Köln
zeker	sicher, sicherlich
Nederland	die Niederlande
nee	nein
niet	nicht
België	Belgien

1.13

het telefoongesprek	das Telefongespräch
Met mevrouw De Vries.	(Hier Frau) De Vries.
met	mit
Hoe gaat het met u?	Wie geht es Ihnen?
En met u?	Und (wie geht es) Ihnen?
kan; kunnen	kann; können
de man	der Mann
spreken	sprechen
Het spijt me.	Es tut mir leid; (es ist) schade.
hij	er
thuis (< te huis)	zu Hause
Hij is op reis.	Er ist unterwegs.
Daar is niets aan te doen.	Daran ist nichts zu machen. (Daran läßt sich nichts ändern.)
ik zal; zullen	ich werde; werden (Futur), sollen
dan	dann
morgen	morgen
nog eens	noch einmal

opbellen	anrufen, telefonieren
Dag	hier: Auf Wiederhören, Wiedersehen

1.14

voeren	führen

1.15

oppassen	aufpassen, achtgeben
Pas op!	Paß auf! Passen Sie auf!

Les 2

2.1

wanneer	wann
hij komt terug	er kommt wieder/zurück
de auto	das Auto
naar	nach, zu
vanavond	heute abend
weer	wieder
zijn	sein
over een uur of drie	in etwa drei Stunden
natuurlijk	natürlich
tot ziens	auf Wiedersehen
geen dank	nichts zu danken

2.3

Utrecht	Utrecht
de meneer	der Herr
op	auf
de foto	das Foto

2.4

Ik zal eens even gaan kijken.	Ich werde 'mal eben nachsehen (gehen).
kun je; kunnen	kannst du; können
het ogenblik	der Augenblick
wachten	warten
weten	wissen
een paar minuten	ein paar Minuten
laat – later	spät – später
horen	hören
van mijn zoon	von meinem Sohn
de dochter	die Tochter
Zij is gaan winkelen.	Sie ist einkaufen (gegangen).

2.5

de vrouw	die Frau
Hartelijk dank voor je moeite!	Herzlichen Dank für Deine Mühe!
bedankt	danke (schön)

2.6

waar ..... vandaan	wo ..... her; woher
Waar kom jij vandaan?	Wo kommst (stammst) du her?
ook	auch
welk, welke	welch, welche
de stad – de steden	die Stadt – die Städte
wonen	wohnen

2.7

Belgisch	belgisch
Nederlands	niederländisch
Duits	deutsch

2.8

de nationaliteit	die Nationalität, Staatsangehörigkeit
de Duitser; de Duitse	der Deutsche; die Deutsche
de Nederlandse	die Niederländerin
moeten	müssen
vragen	fragen
het dochtertje	das Töchterchen
zij heeft; hebben	sie hat; haben

2.11

de Nederlander	der Niederländer
Belgisch; de Belg; de Belgische	belgisch; der Belgier; die Belgierin

Frans; Frankrijk; de Fransman	französisch; Frankreich; der Franzose
de Franse; Française	die Französin
Italiaans; Italië; de Italiaan	italienisch; Italien; der Italiener
de Italiaanse	die Italienerin
Engels; Engeland	englisch; England
de Engelsman; de Engelse	der Engländer, die Engländerin
Spaans; Spanje	spanisch; Spanien
de Spanjaard; de Spaanse	der Spanier, die Spanierin

2.13

wat	etwas
langzaam – langzamer	langsam – langsamer
verstaan	verstehen
..... als u zo vlug praat.	..... wenn Sie so schnell reden.
a(l)stublieft (a.u.b.)	bitte (bei Personen, die man siezt)
de buitenlander	der Ausländer
al heel goed	schon sehr gut

2.15

het hoofdtelwoord	die Grund-/Kardinalzahl
het cijfer	die Ziffer, Zahl
een,één	eins (unbetonte/betonte Stellung)
twee	zwei
drie	drei
vier	vier
vijf	fünf
zes	sechs
zeven	sieben
acht	acht
negen	neun
tien	zehn
elf	elf
twaalf	zwölf

Les 3

3.1

kennis maken	(sich) bekanntmachen
(me)juffrouw	Fräulein ..... (in der Anrede)
U vergist zich.	Sie irren (sich).
maar	aber, sondern
over een ogenblik	in einem Augenblick
hier	hier
pardon	Pardon, Entschuldigung
ik hoop; hopen	ich hoffe; hoffen
de vergissing	das Versehen, der Irrtum
dat u mij ..... niet kwalijk neemt	daß Sie mir ..... nicht übel nehmen
Ik neem aan dat	Ich nehme an, daß .....
Ja, dat ben ik.	Ja, das bin ich.
nu	nun, jetzt
ik ben vergeten	ich habe vergessen
die dame	diese Dame (dort)
..... die daar net komt.	..... die gerade (soeben) da kommt.
aangenaam	angenehm

3.3

het rangtelwoord	die Ordnungs-/Ordinalzahl
de/het eerste	der/die/das erste
de/het tweede	der/die/das zweite
de/het derde	der/die/das dritte
de/het vierde	der/die/das vierte
de/het vijfde	der/die/das fünfte
de/het zesde	der/die/das sechste
de/het zevende	der/die/das siebte
de/het achtste	der/die/das achte
de/het negende	der/die/das neunte
de/het tiende	der/die/das zehnte
de/het elfde	der/die/das elfte
de/het twaalfde	der/die/das zwölfte

3.4

wij, we	wir (betonte/unbetonte Stellung)
jullie	ihr
zij, ze	sie (betonte/unbetonte Stellung)

3.5

leren	lernen; lehren
al	schon, bereits
een andere vreemde taal	eine andere Fremdsprache
op school	auf/in der Schule
dan	als (Vergleichswort)
helaas	leider
alleen maar	nur, bloß

3.6

behalve	außer

3.7

de handelsreiziger	der Handels-, Geschäftsreisende, Vertreter
de reiziger	der Reisende
goedemorgen	guten Morgen
het kaartje	die Visitenkarte
verwachten	erwarten
roepen	rufen
Fijn dat je gekomen bent.	Fein (schön), daß du gekommen bist.
uitstekend	ausgezeichnet
leuk	schön, nett
Welkom bij ons!	Willkommen bei uns!
Ik voel me vandaag niet goed.	Ich fühle mich heute nicht wohl.
de hoofdpijn	der Kopfschmerz, die Kopfschmerzen
erg	sehr, schlimm
Dat vind ik erg jammer.	Das finde ich sehr schade./Das tut mir sehr leid.

3.8

goedendag	guten Tag
goedemiddag	guten Tag („Mittag" hier im Deutschen ungebräuchlich)
de middag	der Mittag
de avond	der Abend
goedenavond	guten Abend
de nacht	die Nacht
goedenacht	gute Nacht
welterusten	angenehme Ruhe, gute Nacht

3.10

haar	sie
het boek	das Buch
liggen	liegen
lezen	lesen

3.11

de tijd	die Zeit

Les 4

4.1

een verrassend bezoek	ein überraschender Besuch
de familie	die Familie, Verwandtschaft
Bij de familie De Bruin wordt gebeld.	Bei Familie De Bruin wird geklingelt. (Bei Familie De Bruin klingelt es.)
Hij doet de deur open.	Er öffnet die Tür.
een hem onbekende vrouw	eine ihm unbekannte Frau
vermoeden	vermuten
Dat is juist.	Das ist richtig.
Maar, wie bent u?	Aber, wer sind Sie?
onverwacht	unerwartet
Wij zijn samen op school geweest.	Wir sind zusammen zur Schule gegangen.

misschien	vielleicht
Zij heeft het over Clara gehad.	Sie hat über Clara gesprochen.
een zekere Clara	eine gewisse Clara
Nu begrijp ik het.	Jetzt verstehe ich (es).
Komt u maar binnen!	Treten Sie doch (bitte) ein!

4.2

aangemeld; aanmelden	angemeldet; anmelden
onaangemeld	unangemeldet
een cursus Nederlands volgen	einen Niederländischkurs machen/besuchen
Wij hebben als studenten samen in hetzelfde huis gewoond.	Wir haben als Studenten zusammen im selben Haus gewohnt.
gestudeerd; studeren	studiert; studieren
gewerkt; werken	gearbeitet; arbeiten
de dienstplicht vervullen	den Wehrdienst (ab)leisten

4.3

storen	stören
(Ik ben) blij u te zien.	Ich freue mich, Sie zu sehen.
u wilt; willen	Sie wollen, möchten; wollen, mögen
integendeel	im Gegenteil
Blijft u gerust!	Bleiben Sie (nur) ruhig!

4.4

vanzelfsprekend	selbstverständlich

4.5

het gezin	die Familie (Eltern und Kinder)
de echt	die Ehe
het echtpaar	das Ehepaar
de vader	der Vater
de moeder	die Mutter
de ouders	die Eltern
het kind – de kinderen	das Kind – die Kinder

4.6

hoeveel	wieviel

4.7

zitten te wachten	dasitzen und warten
Zij gaan het huis binnen.	Sie betreten das Haus.
helemaal niet	überhaupt nicht
Gaat u zitten, alstublieft!	Nehmen Sie bitte Platz!
Mag ik u iets aanbieden?	Darf ich Ihnen etwas anbieten?
Doet u geen moeite!	Machen Sie keine Umstände!
een kopje koffie drinken	eine Tasse Kaffee trinken
vriendelijk	freundlich
Ik wacht graag nog even	Ich warte gerne noch etwas .....

4.8

een half uurtje	ein halbes Stündchen

4.10

alsjeblieft	bitte (bei Personen, die man duzt)
Neemt u plaats, a.u.b.!	Nehmen Sie bitte Platz!
de plaats	der Ort, Platz
dit boek	dieses Buch

4.12

bezoeken	besuchen

Les 5

5.1

Het gaat niet zo best.	Es geht (mir) nicht besonders (gut).
goed – beter – (het) best	gut – besser – am besten
Hoe is het?	Wie geht's?
Doet het nog pijn?	Tut es noch weh?/ Schmerzt es noch?
Het gaat alweer een beetje beter.	Es geht schon wieder ein bißchen besser.
alweer	schon wieder
een beetje	ein bißchen, etwas
Kent u elkaar al?	Kennen Sie sich schon?
prettig	angenehm
persoonlijk	persönlich
telefoneren	telefonieren, anrufen
vaak	häufig, oft
Hoe gaat het (ermee)?	Wie geht's?
Wat mankeert u?	Was fehlt Ihnen?
sinds	seit
(het) spit in de rug	der Hexenschuß
Dat doet zeer.	Das tut weh.
Spoedige beterschap!	Gute (baldige) Besserung!
spoedig	bald, schnell
de beterschap	die Besserung, Genesung

5.2

U bent toch mevrouw	Sie sind doch Frau .....
Het wordt steeds erger.	Es wird immer schlimmer.
steeds	immer, stets
Het gaat wel.	Es geht (so)./Es geht gut.
de koorts	das Fieber

5.3

tot later!	bis später
Zij zitten in de woonkamer hun kopje koffie te drinken.	Sie sitzen im Wohnzimmer und trinken eine Tasse Kaffee.
..... al meer dan een half uur	..... schon mehr (länger) als eine halbe Stunde
een kwartiertje	ein Viertelstündchen
de vriendelijkheid	die Freundlichkeit
Doet u de groeten aan uw vrouw!	Grüßen Sie Ihre Frau!
Wanneer zien wij elkaar terug?	Wann sehen wir uns wieder?
langskomen	vorbeikommen, hereinschauen
het gevoel	das Gefühl
goed met elkaar kunnen opschieten	gut miteinander auskommen können
de volgende keer	das nächste Mal
eerst	zuerst

5.4

de thee	der Tee

5.5

de deuren dichtdoen	die Türen schließen
meebrengen	mitbringen
op het ogenblik	im Augenblick
helpen	helfen

5.6

de gast	der Gast
de uitnodiging	die Einladung
de kennis	der/die Bekannte
Hij krijgt bezoek.	Er bekommt Besuch.
uitnodigen	einladen
Zij hebben geen afspraak gemaakt.	Sie haben sich nicht verabredet.
op visite zijn	zu Besuch sein
afspreken	sich verabreden
telefonisch	telefonisch
afzeggen	absagen
Zij moet weg.	Sie muß fort.
enigszins	irgendwie

5.7

de tekst	der Text

5.8

zij leest; lezen	sie liest; lesen
interessant	interessant

5.9

groeten	grüßen

5.10

Zij verontschuldigt zich	Sie entschuldigt sich .....
de storing	die Störung

5.11

tevergeefs	vergeblich, umsonst
's avonds	abends
Zij heeft 't idee	Sie hat die Idee .....
de telefooncel	die Telefonzelle
het telefoonnummer	die Telefonnummer
de telefoongids	das Telefonbuch
Zij neemt de hoorn van de haak.	Sie nimmt den Hörer von der Gabel.
Zij gooit een kwartje in de gleuf.	Sie wirft ein 25-Cent-Stück in den Schlitz.
Zij draait de kiesschijf.	Sie dreht die Wählscheibe.
De telefoon gaat.	Das Telefon klingelt.
Hij krijgt een telefoontje.	Er bekommt einen Anruf.
Het lukt Clara opnieuw niet	Es gelingt Clara erneut nicht .....
..... omdat zij hem gestoord heeft.	..... weil sie ihn gestört hat.
nog een keer	noch einmal

5.12

verklaren	erklären
iemand	jemand
vanuit een telefooncel	von einer Telefonzelle aus
gebruiken	benutzen, gebrauchen
de uitdrukking	der Ausdruck
het telefoontoestel	der Telefonapparat

Les 6

6.1

de autotocht	der Autoausflug
aanstaande zondag	kommenden Sonntag
Dat komt mij goed uit, pa.	Das paßt ja gut, Papa.
Wij spreken net over België.	Wir sprechen gerade über Belgien.
mooi	schön, hübsch
zeer	sehr
het ding	das Ding, die Sache
het voorstel	der Vorschlag
per auto gaan	mit dem Auto fahren
prima	prima
Jullie zijn het dus allemaal eens.	Ihr seid also alle einverstanden.
al te	allzu
vervelend	langweilig
Nou	Nun ..... (Interj.)
prachtig	prächtig
de tocht, het tochtje	der Ausflug

6.2

maandag	Montag
dinsdag	Dienstag

6.3

op kantoor	im Büro
Er wordt aan de deur geklopt.	Es klopft an der Tür.
Waarover gaat het?	Worum geht es?
de moeilijkheid	die Schwierigkeit, das Problem
de moeilijkheden	die Schwierigkeiten, Probleme
de brief	der Brief
Geeft u mij de brief maar!	Geben Sie mir nur (ruhig) den Brief!
Afgesproken!	Einverstanden!

6.4

de baas	der Chef, Direktor
de jongen	der Junge
rood	rot
Wat zal er van hem worden?	Was soll (wird) aus ihm werden?
het licht	das Licht

6.5

de klant	der Kunde
de koning	der König
een klacht indienen	sich beschweren, eine Beschwerde vorbringen
geloven	glauben, meinen
Daar heeft hij ongelijk in.	Damit hat er Unrecht.
Wij hebben te maken met	Wir haben (es) zu tun mit .....
Breng dus de zaak in orde!	Bringen Sie/Bring also die Sache in Ordnung!
Zoals u wenst!	Wie Sie wünschen!

6.6

het probleem	das Problem
de chef	der Chef
de mening	die Meinung, Ansicht, Auffassung

6.8

de gebruiksaanwijzing	die Gebrauchsanweisung
afnemen	abnehmen
geld inwerpen	Geld einwerfen
bij weigering zwarte knop indrukken	bei Versagen schwarzen Knopf drücken
de kiestoon	das Amtszeichen
dan meteen kiezen	dann sofort (gleich) wählen
lokaal; lokaal gesprek	örtlich; Ortsgespräch
het abonneenummer	die Teilnehmernummer
interlokaal (gesprek)	Ferngespräch
het netnummer	die Vorwahlnummer
0 = nul	null
zonder onderbreking	ohne Unterbrechung
het landnummer	die Auslandsvorwahl (-nummer)
de stoortoon	das Störungszeichen
snel	schnell
bezet	besetzt
de bezettoon	das Besetztzeichen
de serie	die Serie
druk de stift even in	den Stift nur leicht andrücken
Het tegoed blijft staan.	Der Restbetrag bleibt stehen.
opnieuw	erneut
ophangen	einhängen
alleen niet verbruikte munten	nur nicht verbrauchte Münzen
toestel wisselt niet	(der) Apparat wechselt nicht

6.10

echt	echt, wirklich
dringend	dringend
beginnen	beginnen, anfangen
vieren	feiern
de zakenvriend	der Geschäftsfreund
de zaak	die Angelegenheit, Sache
klaar zijn met iets	fertig sein mit etwas
ervan afhangen, of	davon abhängen, ob .....
Tot dan!	Bis dann!
Tot kijk!	Auf Wiedersehen!

6.11

Wat jammer dat	Wie schade, daß .....

6.12

denken	denken
beloven	versprechen, zusagen
ervoor zorgen dat	dafür sorgen, daß .....
beweren	behaupten, vorgeben

betrouwbaar	zuverlässig, verläßlich
de medewerker	der Mitarbeiter
Het zal wel meevallen	Es wird schon gehen/ günstig ausfallen .....
bezig zijn met iets	mit etwas beschäftigt sein
de kwestie	die Frage, das Problem
nooit	nie, niemals
Dat/Hij valt me tegen.	Das/Er enttäuscht mich./Ich habe mich in ihm getäuscht.
overtuigen	überzeugen
de raad	der Rat
eigenlijk	eigentlich
nodig	nötig
waarschijnlijk	wahrscheinlich
Hij stelt mij op de hoogte.	Er hält mich auf dem laufenden/setzt mich in Kenntnis.
bestaan	bestehen
het gevaar	die Gefahr
zich ergeren	sich ärgern
de hoofdzaak	die Hauptsache

6.13

de blik	der Blick
het blik	das Blech, die Konserve(-ndose)
het bos – de bossen	der Wald – die Wälder
de brug – de bruggen	die Brücke – die Brücken
De man doet zijn werk.	Der Mann macht seine Arbeit.
De mannen doen hun werk.	Die Männer machen ihre Arbeit.

6.14

de inlichting	die Auskunft, Information
het telegram	das Telegramm
aanvragen	bitten um, anfordern; (Telefongespräch) anmelden
mogelijk	möglich

6.15

afscheid nemen	Abschied nehmen
Tot later!	Bis später!
Tot de volgende keer!	Bis zum nächsten Mal!
Tot straks!	Bis gleich!
Tot zo!	Bis bald!
Tot dan!	Bis dann!

Les 7

7.1

de V.V.V. (= Vereniging voor Vreemdelingenverkeer)	Touristeninformation, Fremdenverkehrsbüro (in den Niederlanden)
de Dienst (voor) Toerisme	Touristeninformation, Fremdenverkehrsbüro (in Belgien)
door	durch, von
heel wat leren	viel lernen;
Ik ben er blij om dat	Ich freue mich darüber, daß .....
gauw	schnell, eben
proberen	probieren
actueel	aktuell
Waar wil je die vandaan halen?	Wo willst du die herholen?
Ik ben van plan een briefje te schrijven.	Ich habe vor, einen Brief zu schreiben.
de plattegrond	der Stadtplan
de gids	der (Touristen)Führer
In Gent bestaat geen	In Gent gibt es kein .....
Dat begrijp ik niet.	Das verstehe ich nicht.
toch	doch, dennoch
groot; de grote stad	groß; die Großstadt

veel	viel
het vreemdelingenverkeer	der Fremdenverkehr
Daar heb je gelijk in.	Da(-mit) hast du recht.
In België zegt men echter niet V.V.V. maar Dienst Toerisme.	In Belgien sagt man aber nicht „V.V.V.“, sondern „Dienst Toerisme“.
voor de eerste keer	zum erstenmal
Ik ga dan vlug det briefje schrijven.	Ich werde dann schnell den Brief schreiben.
de brievenbus	der Briefkasten
aankomen	ankommen
de postbeambte; de beambte, de ambtenaar	der Postbeamte, der Beamte
vlot	flott, rasch, schnell
optimistisch	optimistisch
Zij hebben het erg druk.	Sie haben viel zu tun.
vrijdag	Freitag
zaterdag	Samstag, Sonnabend
nog juist op tijd	noch gerade rechtzeitig
Je hoort iets.	Du hörst etwas.

7.1 Abb.

Da's makkelijk! (= Dat is .....)	Das ist bequem!
boeken	buchen
trips in eigen land	Ausflüge im eigenen Land
halen	holen
de brochure	die Broschüre, der Prospekt

7.2

waar ..... heen	wohin
haar	ihr

7.3

de post	die Post
het postkantoor	das Postamt
kopen	kaufen
de postzegel	die Briefmarke
de afzender vermelden	den Absender angeben
plakken	kleben
de envelop(pe)	der Briefumschlag
Elke dag zodra ze uit school komt, ...	Jeden Tag, sobald sie aus der Schule kommt, ...
..... vraagt ze, of er post is.	..... fragt sie, ob Post da ist.
maar pas na een week	aber erst nach einer Woche
het pakje	das Päckchen

7.4

Stelt u zich voor dat u Elza bent en vertel, wat er gebeurd is!	Stellen Sie sich vor, daß sie Elza sind, und erzählen Sie, was geschehen ist!
Je kunt de volgende begrippen ook door andere vervangen.	Du kannst/Man kann die folgenden Begriffe auch durch andere ersetzen.
de briefkaart	die Postkarte

7.5 ⊙

de streekpost	die regionale Post, Gebietspost
overige bestemmingen	übrige Bestimmungsorte
de inwerpopening	die Einwurföffnung
uitsluitend	ausschließlich
deponeren	deponieren; hier: einwerfen
bestemmen	bestimmen
de woonplaats	der Wohnort
het postcodenummer	die Postleitzahl
nr. (= nummer); nrs. (= nummers)	Nr. = Nummer(n)
t/m (= tot en met)	bis einschließlich
nl. (= namelijk)	nämlich

7.6

de plaats	der Ort, Platz
Je komt na mij aan de beurt.	Du kommst nach mir an die Reihe.
de volgorde	die Reihenfolge
zelfs na jaren	sogar (selbst) nach Jahren
het contact	der Kontakt
houden	halten
contact houden met iemand	zu jemandem Kontakt halten
de schooltijd	die Schulzeit
het geval	der Fall

7.6 Abb.

verboden; verbieden	verboten; verbieten
de fiets	das Fahrrad
enz. (= enzovoort(s))	usw. (= und so weiter)
de postzegelautomaat	der Briefmarkenautomat
plaatsen	(hin)stellen, abstellen

7.7

de sleutel	der Schlüssel

7.8

de postbus	das Postfach
Geachte dames en heren	Sehr geehrte Damen und Herren
het weekeinde ..... door te brengen	das Wochenende ..... zu verbringen
Mag ik daarom vragen.	Darf ich darum bitten.
sturen	schicken, (zu)senden
de bezienswaardigheid	die Sehenswürdigkeit
beschreven (beschrijven)	beschrieben (beschreiben)
Met vriendelijke groeten,	Mit freundlichen Grüßen

7.9

beleefd vragen	höflich fragen (bitten)

7.11

vormen	bilden, formen
het antwoord	die Antwort
de reactie – de reacties	die Reaktion(-en)
de volgende situaties	die folgenden Situationen
het deel	der, das Teil
kan gedeeltelijk ontbreken	kann teilweise fehlen/wegfallen
meenemen	mitnehmen
de hulp	die Hilfe
Ik dank u zeer.	Ich danke Ihnen sehr.
tevreden	zufrieden
een koffer dragen	einen Koffer tragen
Ik voel me niet erg lekker.	Ich fühle mich nicht sehr wohl.
..... als u zo vriendelijk wilt zijn.	..... wenn Sie so freundlich sein wollen.

Les 8

8.1

Ze is er niet.	Sie ist nicht da.
het verkeerde/goede nummer	die falsche/richtige (Telefon)Nummer
Daar spreekt u mee.	Damit sprechen Sie. (am Telefon)
Waarmee kan ik van dienst zijn?	Womit kann ich Ihnen dienen?
verbinden	verbinden
het toestel	der Apparat (Telefon)
wensen	wünschen
helpen	helfen
privé	privat

8.2

Blijft u aan de lijn!	Bleiben Sie am Apparat!

8.3

de douaneambtenaar, douanebeambte	der Zollbeamte
de papieren	die (Ausweis-)Papiere

het rijbewijs	der Führerschein
Dat zit in de portefeuille.	Der steckt in der Brieftasche.
alles in orde	alles in Ordnung
Hebt u iets aan te geven?	Haben Sie etwas zu verzollen?
Ik geloof van niet.	Ich glaube nicht.
Heeft u iets gekocht?	Haben Sie etwas gekauft?
het een en ander	das eine oder andere
de koffer openmaken, sluiten	den Koffer öffnen, schließen
vrij van invoerrechten	zollfrei

8.4

de pas, het paspoort	der Paß
de reispas	der Reisepaß

8.5

Ik ben er blij mee.	Ich freue mich darüber.

8.6

het hoofdtelwoord	die Grundzahl
het getal	die Zahl
dertien	dreizehn
veertien	vierzehn
vijftien	fünfzehn
zestien	sechzehn
zeventien	siebzehn
achttien	achtzehn
negentien	neunzehn
twintig	zwanzig
dertig	dreißig
veertig	vierzig
vijftig	fünfzig
zestig	sechzig
zeventig	siebzig
tachtig	achtzig
negentig	neunzig
honderd	hundert
duizend	tausend
miljoen	Million
miljard	Milliarde

8.7

aanhef brief	Briefanfang
Beste heer Bergman	Lieber Herr Bergmann (nicht: Bester)
Lieve mevrouw Gerritsen	Liebe Frau Gerritsen

8.8

besluiten	beschließen
U bij voorbaat dankend	Mit besten Dank im voraus
hoogachtend	hochachtungsvoll
Met de meeste hoogachting	Mit vorzüglicher Hochachtung
(Met) beste wensen	Mit besten Wünschen
Veel liefs	Alles Liebe
Groetjes	Beste Grüße

8.9

de vraag	die Frage
de lokettist	der Schalterbeamte
oud	alt
Piet is twaalf jaar.	Piet ist zwölf Jahre (alt).
de geboortedatum	das Geburtsdatum
Hij is op twee mei geboren.	Er ist am zweiten Mai geboren.
In 1975. (spreek: negentien vijfenzeventig)	(Im Jahre) 1975.
Hij is dus ouder dan twaalf.	Er ist also älter als zwölf.
Wat jammer	Wie schade .....
de volle prijs betalen	den vollen Preis zahlen
het plaatsbewijs	die Fahrkarte
Hij ziet er jonger uit.	Er sieht jünger aus.
Hij is ouder dan hij lijkt.	Er ist älter, als er aussieht (scheint).

8.10

Ruud is even oud als Gerrit.	Ruud ist genauso alt wie Gerrit.

8.12

de datum	das Datum
oktober	Oktober

8.14

verbogen vormen	gebeugte/konjugierte Formen
de bal, het balletje	der Ball, das Bällchen
gisteren	gestern
De kinderen zijn teleurgesteld.	Die Kinder sind enttäuscht.
kapot	kaputt
lang	lange

Les 9

9.1

de trein	der Zug
Wat ben je met Pasen van plan?	Was hast du zu Ostern vor?
Ik ben van plan om	Ich beabsichtige, ...
het uitstapje	der Ausflug
Het zal jullie nauwelijks lukken	Es wird euch kaum gelingen .....
Ik zou aan een rit met de trein de voorkeur geven.	Ich würde eine Fahrt mit dem Zug vorziehen.
het openbaar vervoer	der öffentliche Verkehr
onafhankelijk – onafhankelijker	unabhängig – unabhängiger
het (drukke) verkeer	der (dichte) Verkehr

9.2

de feestdag	der Festtag, Feiertag
januari	Januar
Nieuwjaarsdag	Neujahr
maart, april	März, April
1e en 2e Paasdag	1. und 2. Ostertag
Paaszondag, Paasmaandag	Ostersonntag, Ostermontag
Dag van de Arbeid	Tag der Arbeit
herdenking van de 2e wereldoorlog	Gedenktag für den 2. Weltkrieg
juni	Juni
Pinksteren	Pfingsten
Pinksterzondag, -maandag	Pfingstsonntag, -montag
december	Dezember
Sinterklaas(dag)	St. Nikolaus; Nikolaustag
Kerstmis	Weihnachten
1e en 2e Kerstdag	1. und 2. Weihnachtstag

9.4

Is het jullie goed bevallen?	Hat es auch gut gefallen?
Wij hebben veel geluk gehad met het weer.	Wir haben viel Glück mit dem Wetter gehabt.
heerlijk	herrlich
Ik heb naar de radio geluisterd.	Ich habe Radio gehört.
Er was sprake van kilometerslange files.	Es war die Rede von kilometerlangen Autoschlangen.
noemenswaardig	nennenswert
de opstopping	der Verkehrsstau
bovendien	außerdem
Dat is bijna niet te geloven!	Das ist beinahe/fast nicht zu glauben!
Ik dacht dat het met de auto een moeilijke reis was.	Ich dachte, daß es mit dem Auto eine schwierige Reise gewesen sei.

9.5

gunstig	günstig

9.6

de (parkeer)garage	das Parkhaus
vanaf wanneer	ab wann
's morgens	morgens
de wagen	der Wagen
vanaf zes uur	ab sechs Uhr
kosten	kosten

9.8

laten wassen	waschen lassen
de benzine	das Benzin
de benzinepomp, de pomp	die Tankstelle
de automatische wasbeurt	die automatische Autowäsche
van binnen schoonmaken	von innen reinigen
Dat moet u gaan vragen.	Danach müssen Sie fragen.

9.9

slaan	schlagen
Wij doen aan sport.	Wir treiben Sport.
de hamer	der Hammer
de spijker	der Nagel
de muur	die Mauer
Hij staat op het punt om weg te rijden.	Er ist im Begriff, wegzufahren.

9.10

de winkel	das Geschäft, der Laden
de zaak	die Sache, Angelegenheit
hoe lang	wie lange
openen	öffnen

9.11

Hij heeft zelfs twee zonen.	Er hat sogar zwei Söhne.

9.12

meegaan	mitfahren, mitgehen
meenemen	mitnehmen
Piet roept Ruud iets toe.	Piet ruft Ruud etwas zu.
Hij gaat naar hem toe.	Er geht auf ihn zu.
Piet richt zich tot Ruud.	Piet wendet sich an Ruud.
waarom	warum
ik moest	ich mußte

Les 10

10.1

missen	fehlen, vermissen
We zullen je erg missen.	Wir werden dich sehr vermissen.
overmorgen	übermorgen
tot mijn spijt	tut mir leid, bedauerlicherweise, leider
belangrijk	wichtig
ontvangen	erhalten, bekommen
raden	raten
nieuwsgierig	neugierig
onlangs	neulich
de wisseling	der Wechsel, Austausch
de leiding	die Leitung, Führung
het bedrijf	der Betrieb
Ik herinner me dat.	Ich erinnere mich daran.
de tip	der Tip
de kans	die Gelegenheit, Chance
de promotie	die Beförderung
bestaan	bestehen
de mogelijkheid	die Möglichkeit
uitsluiten	ausschließen
Ben je kwaad op me?	Bist du mir böse?
het koffiepraatje	das Kaffeekränzchen
verwijten	vorwerfen
zakelijk	sachlich
accepteren	akzeptieren
de schuld	die Schuld
vast en zeker	ganz sicher

Ik reken erop dat	Ich rechne damit, daß .....

10.2

afwijzen	ab-, zurückweisen
ziek	krank
Dat valt me tegen.	Das enttäuscht mich.

10.3

de loop van de dag	der Verlauf des Tages, Tageslauf
's morgens	morgens
opstaan	aufstehen
het bed	das Bett
want	denn
's avonds	abends
inslapen	einschlafen
gelukkig	glücklich; zum Glück
wakker worden	wach werden
meestal	meistens
Hoe laat ga je meestal naar bed?	Wie spät gehst du meistens zu Bett?
normaal	normal; normalerweise
Ik kijk naar het (tv-) nieuws.	Ich sehe mir die Fernsehnachrichten an.
naar het werk gaan	zur Arbeit gehen
werken	arbeiten
het ontbijt	das Frühstück
de krant inkijken	in die Zeitung sehen
om kwart voor zeven	um Viertel vor sieben
gemakkelijk	gemütlich, bequem
te voet gaan	zu Fuß gehen
om zeven uur precies	um Punkt sieben Uhr
's middags	mittags; auch: nachmittags, heute nachmittag
vrij	frei

10.4

de tijden van de dag	die Tageszeiten
's nachts	nachts
vanmorgen, vanmiddag	heute morgen, heute mittag
vanavond, vannacht	heute abend, heute nacht

10.5

vroeg	früh

10.6

Het is vijf (minuten) over vier.	Es ist fünf (Minuten) nach vier.
Het is kwart over tien.	Es ist Viertel nach zehn.
Het is tien (minuten) voor half elf.	Es ist zehn (Minuten) vor halb elf.
Het is half zes.	Es ist halb sechs.
Het is vijf (minuten) over half een.	Es ist fünf (Minuten) nach halb eins.

10.7

Hoe zeggen wij het?	Wie sagen wir (sagt man) es?
gaan tennissen	Tennis spielen gehen
vertrekken	abfahren
de vlucht	der Flug

10.8

dagelijks	täglich

10.9

de dagen van de week	die Wochentage
woensdag	Mittwoch
donderdag	Donnerstag

10.10

de maand	der Monat
februari	Februar
juli	Juli
augustus	August
september	September
november	November

10.11

Loopt je horloge gelijk?	Geht deine Uhr richtig?
de bus	der Bus

even over acht	kurz nach acht
Het horloge loopt achter.	Die Uhr geht nach.
de horlogemaker	der Uhrmacher
zojuist	soeben, gerade
volgens het tijdsein	nach dem Zeitzeichen
gelijkzetten	richtigstellen (einer Uhr)
de seconde	die Sekunde
Goddank!	Gott sei Dank!
zeilen	segeln
Ontmoeten wij elkaar	Treffen wir uns .....

10.12

de klok	die Uhr, Glocke
het zakhorloge	die Taschenuhr
het polshorloge	die Armbanduhr
het kwartshorloge, de kwartsklok	die Quarzuhr
het digitale horloge	die Digitaluhr
de stationsklok	die Bahnhofsuhr
de kerkklok	die Kirchenuhr
de wekker	der Wecker

10.13

elkaar met „je“ of „jou“ aanspreken	sich duzen
Heb je zin .....?	Hast du Lust .....?
voetballen	Fußball spielen
surfen	surfen
wandelen	spazierengehen

10.15

de haven	der Hafen
de vogel	der Vogel
de bezem	der Besen
noteren – genoteerd	notieren – notiert
de wereldhaven	der Welthafen
het deel	der, das Teil
de steen	der Stein
oplossen	auflösen

Test I

de test	der Test
de balpen	der Kugelschreiber
de vulpen	der Füller
het potlood	der Bleistift
de viltstift	der Filzstift
aanduiden	andeuten, markieren
onjuist	unrichtig, falsch

Les 11

11.1

vervolgens	anschließend
langs de grachten	an den Grachten entlang
de koopman	der Kaufmann
bewonderen	bewundern
de eeuw	das Jahrhundert
beroemd	berühmt
het museum – de musea	das Museum – die Museen
het Koninklijk Paleis	das Königliche Palais
tenslotte	schließlich
het café	das Café
vaststellen	feststellen
geen enkele blik werpen op	keinen einzigen Blick werfen auf
Zij heeft door de V.V.V. een gids laten sturen.	Sie hat sich vom V.V.V. einen Führer schicken lassen.
helemaal niet nodig	überhaupt nicht nötig
blijkbaar	offenbar, offensichtlich

11.2

beslissen	beschließen

11.3

het vervoermiddel	das Transportmittel
het stuk, het stukje	das Stück, das Stückchen

de afstand	die Entfernung, der Abstand
tijdens de spitsuren	während der Hauptverkehrszeiten
Dat is geen pretje.	Das macht keinen Spaß.
verlaten	verlassen
op tijd	rechtzeitig
het centrum – de centra	das Zentrum – die Zentren
de verbinding naar de universiteit	die Verbindung zur Universität
last hebben van	Schwierigkeiten (Mühe) haben mit
met vakantie gaan	in Urlaub fahren
het vakantiedoel	das Ferienziel
bereiken	erreichen
op ons dooie gemak	ganz gemütlich/bequem
het vliegtuig	das Flugzeug
goedkoop	billig, preiswert
met z'n zessen	zu sechst, mit sechs Personen
duur	teuer
de autosnelweg	die Autoschnellstraße, Autobahn
op weg	unterwegs

11.5

lopen	laufen, gehen
fietsen	radfahren

11.6

Tot de familie horen o.m. (= onder meer)	Zur Verwandtschaft gehören u. a. (= unter anderem) .....
de grootouders	die Großeltern
de schoonzuster/-zus	die Schwägerin
de schoonbroer	der Schwager
(de zwager)	(der Schwager)
het kleinkind	das Enkelkind
de oom, de tante	der Onkel, die Tante
de neef – de neven	der Neffe, Vetter
de nicht	die Nichte, Cousine

11.7

de kleindochter	die Enkelin
beantwoorden	beantworten
de meisjesnaam	der Mädchenname
de schoonmoeder	die Schwiegermutter
de schoonouders	die Schwiegereltern
de zuster, de zus	die Schwester
de broer	der Bruder
de oma – de oma's	die Oma – die Omas
de opa – de opa's	der Opa – die Opas

11.9

elkaar	einander, (sich) gegenseitig
Ze vervelen zich.	Sie langweilen sich.
Ze vervelen elkaar.	Sie langweilen sich gegenseitig.

11.11

die windrichting	die Wind-, Himmelsrichtung
het noorden	der Norden
het westen	der Westen
het oosten	der Osten
het zuiden	der Süden

Les 12

12.1

de pompbediende	der Tankwart
Iets dichterbij!	Etwas näher heran!
gereden (← rijden)	gefahren
een halve meter achteruit	einen halben Meter zurück
uitstekend	ausgezeichnet
normaal of super	Normal oder Super (-benzin)
tanken, voltanken	tanken, volltanken
nakijken	nachsehen, -prüfen
genoeg	genug
de (motor)olie	das (Motoren)Öl
de liter	der, das Liter

bijvullen	nachfüllen
verversen	erneuern, wechseln
het koelwater	das Kühlwasser
de druk van de banden	der Reifendruck
voldoende	genügend, ausreichend
de reserveband	das Reserverad
controleren	kontrollieren
de (voor)ruit	die (Front-)Scheibe

12.2

Waarmee kan ik van dienst zijn?	Womit kann ich dienen/behilflich sein?
laag	niedrig, tief
hoog	hoch
Anders nog iets?	Sonst noch etwas?
de rekening	die Rechnung

12.3

het verkeersmiddel	das Verkehrsmittel
klein	klein
ongeveer een kilometer	ungefähr/etwa einen Kilometer
afleggen	zurücklegen
gebruiken	benutzen, nehmen
slecht	schlecht
gelden	gelten
de bromfiets	das Moped
de scooter	der Motorroller
de motor	der Motor, das Motorrad
min of meer	mehr oder weniger
het nadeel	der Nachteil
sommige	manch(e), mancher
tot stilstand komen	zum Stillstand/Stehen kommen
de ondergrondse	die Untergrundbahn
vlug – vlugger	schnell, rasch – schneller, rascher
altijd	immer
verstandig	vernünftig
de tram	die Straßenbahn
bijdragen (tot)	beitragen (zu)
de ontlasting	die Entlastung
de verbetering	die Verbesserung
het leefmilieu	die Umwelt
de uitvinding	die Erfindung
de wereld	die Welt
veranderen	verändern
met zich mee brengen	mit sich bringen, hervorrufen
de milieuvervuiling	die Umweltverschmutzung
betreffen	betreffen, angehen

12.4

de metro	die U-Bahn

12.5

een vlot hoedje	ein flottes (modisches) Hütchen
de hoed	der Hut
Vader is vlug in rekenen.	Vater ist schnell (gut) im Rechnen.
Het meisje leest snel.	Das Mädchen liest schnell.

12.7

wie z'n boek	wessen Buch
wat voor (een)	was für (ein)
waaraan	woran
waarover	worüber
waarvan	wovon
in plaats van	anstelle (von)
Waar is sprake van?	Wovon ist die Rede?

12.8

het winkelcentrum	das Einkaufszentrum
het midden	die Mitte
in het midden van	mitten in
de kortste weg	der kürzeste Weg
U rijdt rechtdoor	Sie fahren geradeaus .....
tot aan de kruising	bis zur Kreuzung
het kruispunt	der Kreuzungspunkt, die Kreuzung
het verkeerslicht	die Verkehrsampel
links afslaan	(nach) links abbiegen

Vervolgens moet u rechts houden.	Anschließend müssen Sie sich rechts halten.
de zijstraat	die Seitenstraße
Hoe ver is het hier vandaan?	Wie weit (weg) von hier ist es?
anderhalf	anderthalb

12.9

eigen	eigen(e), eigener, eigenes
oefenen	üben
opgeven	aufgeben
in het begin	zu Beginn, zuerst
het stadscentrum	das Stadtzentrum, die Stadtmitte
wijzen	zeigen, weisen
de politie	die Polizei
het bureau	das Büro
het politiebureau	die Polizeiwache
het plein	der Platz
oversteken	überqueren
kennen	kennen

12.10

op de kinderen passen	nach den Kindern sehen
de oliestand	der Ölstand
de etalage	das Schaufenster, die Auslage
vroeger	früher
verstand hebben van iets	etwas verstehen von
het verstand	der Verstand
hard	hart, streng, schwer
hard spreken	laut sprechen
hard rijden	schnell fahren

Les 13

13.1

informeren	sich informieren
inlichten	informieren, Auskunft geben
de eerstvolgende vlucht	der nächste Flug
verder	weiter, weiterhin
vertrekken	abfahren, abfliegen
landen	landen
Zijn er nog plaatsen?	Gibt es noch Plätze? Sind noch Plätze frei?
het ticket	das Ticket
Enkele vlucht of retour?	Einfacher Flug oder Hin- und Rückflug?
het retour (retourbiljet)	die Rückfahrkarte
f/f. (= gulden)	Hfl. (= Gulden)

13.2

verdergaan	fortfahren, -setzen
de oefening	die Übung
bijeenbrengen	zusammenbringen, sammeln
tussen	zwischen
de loketbediende	der, die Schalterangestellte
de passagier	der Passagier
de vliegreis	die Flugreise
de aansluiting	der Anschluß, die Verbindung
wezen	sein (fast nur im Imperativ gebraucht)
Wees .....!	Sei, Seien Sie .....!
de vrees	die Angst, Furcht
de fout	der Fehler
voorzichtig	vorsichtig

13.3

het schip	das Schiff
de boot	das Boot, der Dampfer
varen	fahren (mit dem Schiff)
vliegen	fliegen

13.4

ergens voor/tegen zijn	für/gegen etwas sein
blijken (uit)	sich zeigen/herausstellen
de massa	die Masse, Menge
de bond	der Bund, Verband
de vereniging	die Vereinigung, der Verein
de groep	die Gruppe
de partij	die Partei
Dat wil niet zeggen dat	Das will nicht besagen, daß .....
partijdig	parteiisch
andersdenkenden links laten liggen	Andersdenkende links liegen lassen
belangwekkend	anregend, interessant
schromen	sich scheuen
vermelden	erwähnen, berichten
NRC = Nieuwe Rotterdamse Courant	„Neue Rotterdamer Zeitung“
NRC-Handelsblad	NRC-Handelsblatt

13.5

Zeg ik het goed?	Sage ich es (gut) richtig?
soms	manchmal
uitspreken	aussprechen
bijvoorbeeld (= b.v., bv., bijv.)	zum Beispiel (= z.B.)
de informatie	die Information
klinken	klingen
herhalen	wiederholen
betekenen	bedeuten, heißen
zoveel als	soviel wie
opschrijven	aufschreiben
de veiligheidsgordel	der Sicherheitsgurt
verbeteren	verbessern
zelden	selten
af en toe	ab und zu
redden	retten
zich in het Nederlands kunnen redden	mit dem Niederländischen durchkommen können

13.6

bereid zijn	bereit sein
vooral	vor allem, besonders, insbesondere
de medespeler	der Mitspieler
hangen	hängen
het leerboek	das Lehrbuch
aandachtig	aufmerksam
onthouden	behalten
mislukken	mißlingen
corrigeren	korrigieren, verbessern

13.7

Het kind loopt te dromen of straat.	Das Kind läuft träumend auf die Straße.
de zitbank	die Sitzbank
slapen	schlafen
Hij staat te wachten.	Er steht da und wartet.
de vriend	der Freund

13.9

de nachtdienst	der Nachtdienst
verleden week	vergangene/letzte Woche
de bal, het balletje	der Ball, das Bällchen
verliezen – verloor – verloren	verlieren – verlor – verloren
Als ik jou was, ...	Wenn ich du (an deiner Stelle) wäre, ...

13.10

Het kind blijft huilen.	Das Kind weint unentwegt.
de leunstoel	der Armsessel
Vader gaat in de leunstoel zitten.	Vater setzt sich in den Lehnstuhl.
Het gaat vandaag nog regenen.	Es wird heute noch regnen.

van het station afhalen	vom Bahnhof abholen
Ruud komt naast mij zitten.	Ruud bekommt den Platz neben mir.
Wij komen jullie zeggen dat	Wir kommen, um euch zu sagen, daß .....

13.11

haast hebben	(es) eilig haben
het toeval	der Zufall
de koopavond	der Wochentag, an dem die Geschäfte länger als üblich geöffnet haben
treffen	(sich) treffen, begegnen
Wat zouden jullie van een pilsje denken?	Was würdet ihr von einem Pils (einem Bierchen) halten?
Dat is geen gek idee.	Das ist keine schlechte Idee.
de hoek	die Ecke
de kroeg	die Gaststätte, Kneipe
Dat valt me tegen.	Das enttäuscht mich, das hätte ich nicht gedacht.
verkeerd	verkehrt, falsch
omdat	da, weil
pakken	packen
Dan ga je gang maar.	Dann nur zu; laßt euch nicht aufhalten.
Veel plezier!	Viel Spaß/Vergnügen!

Les 14

14.1

het vakantieplan	der Ferien-, Urlaubsplan
Waar gaan wij naartoe?	Wo fahren (gehen) wir hin?
gedachten lezen	Gedanken lesen
verschillend	verschieden, mehrere
het reisbureau	das Reisebüro
het pakje	das Päckchen
de folder	der Prospekt
meebrengen	mitbringen
doorkijken	durch-, ansehen
noemen	nennen
de cruise	die Kreuzfahrt
de Middellandse Zee	das Mittelmeer
de passagiersboot	das Passagierschiff
gezellig	gemütlich
de schilderachtige havens	die malerischen Häfen
het vrachtschip	das Frachtschiff
de kustvaarder	der Küstenfahrer, -klepper
de vissersboot	das Fischerboot
Oost-Afrika	Ostafrika
Wat denk je van een fotosafari in Kenia?	Was hältst du von einer Fotosafari in Kenia?
Op zichzelf is het een leuk idee.	An und für sich ist es eine gute Idee.
Ik ben bang voor een luchtreis.	Ich habe Angst vor einer Flugreise.
Laten we dit voorstel vallen!	Lassen wir diesen Vorschlag (fallen)!
iets geks	etwas Verrücktes
de fietstocht	die Radtour
Zuid-Duitsland	Süddeutschland
sportief	sportlich
allebei	beide

14.2

het jaargetij(de)	die Jahreszeit
het seizoen	die Saison, Spielzeit
de lente	der Frühling
het voorjaar	das Frühjahr
de herfst, het najaar	der Herbst
de zomer	der Sommer
de winter	der Winter

14.3

nadenken	nachdenken
het onderwerp	das Thema, der Gegenstand

duren	dauern
nuttig	nützlich, von Nutzen
het reisdoel	das Reiseziel
de kust	die Küste
Zwitserland	Schweiz
Noordzee, Oostzee	Nordsee, Ostsee
Scandinavië	Skandinavien
Denemarken	Dänemark
Zweden	Schweden
Noorwegen	Norwegen
Finland	Finnland
skilopen (skiën)	Ski laufen
de Franse Alpen	die französischen Alpen

14.4

durven	wagen, sich getrauen
het vlees	das Fleisch
braden	braten
eergisteren	vorgestern
zeggen – zei – zeiden – gezegd	sagen – sagte – sagten – gesagt
het feest	das Fest, die Feier
de mode	die Mode
groene en blauwe jurken	grüne und blaue Kleider
kopen – kocht – gekocht	kaufen – kaufte – gekauft
Lodewijk durfde niet op 't ijs.	Ludwig wagte (getraute) sich nicht auf das Eis.
weten – wist – geweten	wissen – wußte – gewußt
de bestuurder	der Fahrer
de agent	der Polizist
voorbijkomen	vorbei-, entlangkommen
verkeerd parkeren	falsch parken

14.5

de bagage	das Gepäck
de kilogram	das Kilogramm
20 kg per persoon plus de handbagage	20 kg pro Person plus Handgepäck
de gewone lijnvlucht	der normale Linienflug
de chartervlucht	der Charterflug
K.L.M. = Koninklijke (Nederlandse) Luchtvaart-Maatschappij	Königliche (Niederländische) Luftverkehrsgesellschaft
het toestel	die Maschine, das Flugzeug
de vertraging	die Verspätung
inlichten	informieren, Auskunft geben
ingelicht worden	Auskunft erhalten
precies op tijd	ganz pünktlich
de tussenlanding	die Zwischenlandung
de directe verbinding	die Direktverbindung
de non-stop-vlucht	der Non-Stop-Flug, Direktflug
het weerbericht	der Wetterbericht
rustig	ruhig
zich haasten	sich beeilen
al gauw	schon bald, schnell
startklaar	startbereit
het belang	das Interesse

14.6

de frequentie	die Frequenz, Häufigkeit
het vertrek	die Abfahrt, Abreise, der Abflug
de aankomst	die Ankunft
een vlucht via Frankfort	ein Flug über Frankfurt
mij = maatschappij	Gesellschaft
dagelijks	täglich
geldig	gültig
dubbel	doppelt
vluchten vanaf Amsterdam naar	Flüge von Amsterdam nach .....
de weekendvlucht	der Wochenendflug
de toerist	der Tourist
alleen op zaterdag	nur samstags
de eerste klas	die erste Klasse

14.7

de verjaardag	der Geburtstag
aanstaande (= a.s.) zaterdag	nächsten/kommenden Samstag
het verjaardagsfeestje	die Geburtstagsparty, -feier
onmogelijk	unmöglich
..... als je jarig bent.	..... wenn du Geburtstag hast.

14.8

de party	die Party
iedereen	(ein) jeder, jedermann
deelnemen	teilnehmen

Les 15

15.1

de mededeling	die Mitteilung
de piloot	der Pilot
aan boord	an Bord
het straalvliegtuig	das Düsenflugzeug
modern	modern
Naast mij bestaat de bemanning uit	Außer mir besteht die Besatzung aus .....
de copiloot	der Copilot
de boordtechnicus	der Bordtechniker
de stewardess	die Stewardess
Wij starten over een paar minuten.	Wir starten in ein paar Minuten.
roken	rauchen
omdoen	anschnallen, anlegen
volgens het weerbericht	laut Wetterbericht
straks	gleich, bald
opstijgen	aufsteigen
een gemiddelde vlieghoogte	eine mittlere (durchschnittliche) Flughöhe
de zuivere vliegtijd	die reine Flugzeit
start en landing	Start und Landung
bedragen	betragen
afdoen	abmachen, ablegen
Gelieve niet meer te roken.	Bitte nicht mehr rauchen.
plezierig	angenehm, lustig, fröhlich
het verblijf	der Aufenthalt

15.3

zie ook	siehe auch, vergleiche auch .....
het tijdschrift	die Zeitschrift
het middel tegen luchtziekte	das Mittel gegen Flugkrankheit
ervaren	erfahren
inderdaad	tatsächlich, wirklich
ouderwets	altmodisch, überholt
de aansteker	das Feuerzeug
de lucifer	das Streichholz

15.4

de datum	das Datum
De hoeveelste is het vandaag?	Der wievielte ist heute?
een reservering van twee kamers	eine Reservierung von zwei Zimmern
beslist niet	bestimmt nicht
eveneens	ebenfalls
bevestigen	bestätigen

15.6

de afhankelijkheid	die Abhängigkeit
de gelegenheid	die Gelegenheit
de meerderheid	die Mehrheit
de minderheid	die Minderheit
de omstandigheid	der Umstand, das Verhältnis
de zekerheid	die Sicherheit

15.7

het cadeau(tje)	das Geschenk

15.8

het strandhotel	das Strandhotel

Het hotel is gelegen aan het badstrand.	Das Hotel liegt am Badestrand.
op een der mooiste punten van de Vlissingse boulevard	an einem der schönsten Punkte des Vlissinger Boulevards (der ..... Promenade)
de ruime eet- en conversatiezalen	die geräumigen Speise- und Gesellschaftsräume
het terras	die Terrasse
het uitzicht over de brede Scheldemond	die Sicht (Aussicht) auf die breite Scheldemündung
bieden	bieten
De oceaanstomers passeren het hotel op zeer korte afstand.	Die Ozeandampfer fahren in geringer Entfernung am Hotel vorbei.
Jong en oud vermaakt zich 's zomers op het gezellige en veilige strand.	Jung und alt amüsiert sich im Sommer am gemütlichen und sicheren Stand.
geheel	ganz, völlig
De kamers zijn sfeervol ingericht.	Die Zimmer sind geschmackvoll eingerichtet.
de zakenreis	die Geschäftsreise
zowel ..... als	sowohl ..... als auch
U kunt verzekerd zijn van een aangenaam verblijf.	Sie können eines angenehmen Aufenthaltes sicher sein.
alsook	als auch
Voor een uitstekende verzorging staat onze gerenommeerde keuken borg.	Für eine ausgezeichnete Verpflegung bürgt unsere renommierte Küche.
Het hotel is centraal verwarmd en beschikt over een (personen)lift.	Das Hotel hat Zentralheizung und verfügt über einen Lift.
kamers met bad of douche en toilet	Zimmer mit Bad oder Dusche und WC
de parkeergelegenheid	der Parkplatz
aanwezig (zijn)	vorhanden, anwesend (sein)
de bar	die Bar
de bistro	das Bistro

15.9

de dief	der Dieb
de golf	die Welle, Woge
het bewijs	der Beweis, Beleg
het verlies	der Verlust
de stof	der Stoff
de pols	der Puls, das Handgelenk

15.10

(een kamer) bespreken/reserveren	(ein Zimmer) bestellen
de één- en tweepersoonskamer	das Ein- und Zweibettzimmer
Volpension of halfpension?	Vollpension oder Halbpension?
per dag	pro Tag
de kamer doen	das Zimmer in Ordnung bringen
wekken	wecken

15.11

toeristisch	touristisch
het rustige dorp	das ruhige Dorf
de bladzijde	die Seite (eines Buches, einer Zeitung)
karakteristiek	charakteristisch
oostelijk	östlich
de streek	das Gebiet, der Landstrich
een enige ligging	eine einmalige (einzigartige) Lage
naar het zuiden toe	gegen Süden
de richting	die Richtung
de eenzaamheid	die Einsamkeit
der (= van de)	von der
het bekende vakantiecentrum	das bekannte Ferienzentrum

15.12

gezien vanuit Retie	von Retie aus gesehen
ten oosten van	östlich von .....

Les 16

16.1

de woning	die Wohnung
jonggetrouwd	jung verheiratet
afgelopen week	vergangene/letzte Woche
de verdieping	die Etage
de flat, het flatgebouw	die Etagenwohnung; der Wohnblock, das Hochhaus
verhuizen	umziehen
De inrichting voldoet volkomen aan de eisen van de beide jongelui.	Die Einrichtung genügt völlig den Anforderungen der beiden jungen Leute.
praktisch	praktisch
hun nieuw huis aan kennissen tonen	ihr neues Zuhause Bekannten zeigen
de ochtend	der Morgen

16.2

de woonkamer	das Wohnzimmer
Ik heb trek in een sigaartje.	Ich habe Lust auf eine Zigarre.
inzien	einsehen
de gezondheid	die Gesundheit
aanraden	(an)raten
discussiëren	diskutieren
elke dag	jeden Tag
tenminste	zumindest, mindestens
een pakje sigaretten nodig hebben	ein Päckchen Zigaretten brauchen
Hij is gestopt met roken.	Er hat aufgehört zu rauchen.
Hij steekt een pijpje op.	Er steckt sich eine Pfeife an.
de asbak	der Aschenbecher
het elektrisch fornuis	der Elektroherd
de koelkast	der Kühlschrank
de diepvries	die Tiefkühltruhe
de kapstok	die Garderobe
erven	erben
de gang	der Gang, die Diele
de badkamer	das Badezimmer
de wastafel	das Waschbecken
de badkuip	die Badewanne
tegelijkertijd	gleichzeitig, zugleich
We hoeven niet op elkaar te wachten.	Wir brauchen nicht aufeinander zu warten.
de slaapkamer	das Schlafzimmer
de achterkant; de kant	die Rückseite; die Seite
het gebouw	das Gebäude
de voorkant	die Vorderseite, Front
de logeerkamer	das Gästezimmer
daarnaast	daneben
voorlopig	vorläufig
logeren	wohnen, logieren
de toekomst	die Zukunft
overnachten	übernachten

16.3

de huiskamer, zitkamer	das Wohnzimmer
de kinderkamer	das Kinderzimmer
het balkon	der Balkon
het trappenhuis	das Treppenhaus
het meubel	das Möbel
het nachtkastje	der Nachttisch
het bed	das Bett
de kleerkast	der Kleiderschrank
de spiegelkast	der Spiegelschrank
W.C. = het watercloset	die Toilette
de keukenkast, -tafel	der Küchenschrank, -tisch
de spoelbak, gootsteen	die Spüle
de fauteuil	der Sessel
de tafel	der Tisch

de glazen kast	der Schrank mit Glastüren
het televisiekastje	der Fernsehschrank
de sofa, bank; het bankstel	das Sofa; die Couch
de stoel	der Stuhl
de bloembak	der Blumenkasten

16.4

Beschrijf hoe de afzonderlijke kamers ingericht zijn.	Beschreibe(n Sie), wie die einzelnen Zimmer eingerichtet sind.

16.6

de koopflat	die Eigentumswohnung

16.7

de afmetingen van een kamer	die Maße eines Zimmers
de vierkante meter	der Quadratmeter
gehuwd – ongehuwd	verheiratet – ledig (unverheiratet)
getrouwd – ongetrouwd	verheiratet – ledig
buiten (de stad)	außerhalb (der Stadt)
de rand	der Rand
de wijk	das Stadtviertel
de buitenwijk	der Außenbezirk
het winkel- en wandelcentrum	das Einkaufszentrum mit Fußgängerzone
het woonerf	das (verkehrsberuhigte) Wohngebiet (mit Eigenheimen)
stil	still, ruhig
het lawaai	der Lärm, Radau
beneden/boven wonen	unten/oben wohnen
Ik woon één/twee hoog.	Ich wohne auf der ersten/zweiten Etage.
de kelder	der Keller
de zolder	der Speicher
de gemeubileerde kamer	das möblierte Zimmer
verhuren	vermieten
de huur per maand	die Monatsmiete
het contract	der Vertrag
het huurcontract	der Mietvertrag
Te huur	Zu (ver)mieten
Te koop	Zu (ver)kaufen

16.8

de gelukwens	der Glückwunsch
vanwege	wegen; seitens
Ik heb nog geen zin gehad om	Ich habe noch keine Lust gehabt, (um) .....
het bier	das Bier
de jenever	der Genever (Wacholderbranntwein)
Hartelijk gefeliciteerd!	Herzlichen Glückwunsch!

16.9

de persoonsnaam	der Personenname

Les 17

17.1

de invasie	die Invasion
Westduits	westdeutsch
ons land binnenkomen	in unser Land kommen
beginnen – begon – begonnen	beginnen
gisterochtend	gestern morgen
vanaf vijf uur	von fünf Uhr an; ab fünf Uhr
de grenspost	der Grenzübergang
uitblijven	ausbleiben
rond half elf	gegen/um etwa halb elf
binnenschuiven (-schoof – -geschoven)	hineinschieben
Pas voorbij Utrecht ...	Erst hinter Utrecht ...

..... wat meer vaart zetten	..... etwas mehr beschleunigen
de Rijkspolitie	die Polizei (in den Niederlanden)
gisteravond	gestern abend
de indruk	der Eindruck
heel wat meer mensen	wesentlich mehr Menschen, Leute
behalve	außer, ausgenommen
het knelpunt	der Engpaß
oplossen	lösen, auflösen
de weekdag	der Wochentag
nergens	nirgends
het bollenveld	das Feld mit Zwiebelblumen (z. B. Tulpen, Narzissen)
de narcis	die Narzisse
de tulp	die Tulpe
op het punt van uitkomen staan	im Begriffe sein aufzublühen
het Rijksmuseum	das Reichsmuseum
de trekpleister	die Attraktion, der Anziehungspunkt
buitenlands	ausländisch

17.3

een gesprek rond de volgende vragen	ein Gespräch über die folgenden Fragen

17.4

leven	leben
melden	melden, berichten
redden	retten
zetten	setzen
stellen	stellen; annehmen, behaupten (stel eens .....)

17.5

jullie, je	euer, eure

17.6a

aparte kamers	einzelne Zimmer
de aansluiting	der Anschluß
uitleggen	erklären, deuten, auslegen
lelijk	häßlich

17.6b ⊙

het behang	die Tapete
de bloem	die Blume
de plant	die Pflanze
de, het gordijn	der Vorhang, die Gardine
de kast	der Schrank
de lamp	die Lampe
de (water)leiding	die (Wasser-)Leitung
het licht aan-, uitdoen	das Licht ein-, ausschalten
het plafond	die Zimmerdecke
de spiegel	der Spiegel
de stroom	der Strom
sparen	sparen
het gas aansteken	das Gas anzünden
met kolen stoken	mit Kohle heizen
de tuin	der Garten
de vloer	der Fußboden
de vloerbedekking	der Bodenbelag
het vuur	das Feuer
de grammofoon	das Grammophon
de grammofoonplaat, de plaat	die Schallplatte
de boekenkast	der Bücherschrank
het tapijt	der Teppich
het tv-toestel	der Fernsehapparat
het dekbed	das Federbett
de deken	die Decke, Bettdecke
het kussen	das Kissen
het laken	das Laken
de handdoek	das Handtuch
een bad/douche nemen	ein Bad nehmen, baden/duschen
de zeep	die Seife
scheren	rasieren
het mes	das Messer
het scheerapparaat	der Rasierapparat

het gereedschap	das Gerät, die Werkzeuge
e.d. = en dergelijke	und ähnliche(s), und dergleichen
de schaar	die Schere
de stofzuiger	der Staubsauger
de vuilnisbak	der Abfalleimer
de wasmachine	die Waschmaschine

17.7

het beroep	der Beruf
de bankwerker	der Schlosser
jazeker	sicherlich
de bankbediende	der Bankangestellte
de bakker	der Bäcker
de metselaar	der Maurer
uitoefenen	ausüben
bezig zijn met	beschäftigt sein mit .....
inspannend	anstrengend
buiten werken	draußen arbeiten
het vroeg opstaan	das frühe Aufstehen
de hitte in de bakkerij	die Hitze in der Bäckerei
er heel goed mee kunnen leven	damit ganz gut leben/auskommen können

17.8

de beroepswens	der Berufswunsch
het droomberoep	der Traumberuf
hard/gevaarlijk/zwaar werk hebben	harte/gefährliche/schwere Arbeit haben
vol afwisseling	abwechslungsreich
het voordeel	der Vorteil
andere mensen kunnen helpen	anderen Menschen helfen können
gemakkelijk werk hebben	leichte Arbeit haben

17.9

het ei	das Ei
het gemoed	das Gemüt
het goed	das Gut, die Ware
het hoen	das Huhn
het kalf	das Kalb
het lam	das Lamm
het lied	das Lied
het rad	das Rad
het rund	das Rind
het volk	das Volk

17.10

de betekenis	die Bedeutung
het blad	das Blatt
het kleed	das Kleid, die Decke
het zondagsblad	die Sonntagszeitung
het tafelkleed	die Tischdecke
waardevol	wertvoll
Hij nam de benen.	Er nahm die Beine in die Hand.

Les 18

18.1

ondraaglijk	unerträglich
buitengewoon	außerordentlich, -gewöhnlich
aanvankelijk	anfangs, anfänglich
barsten	bersten, zerspringen
barstende pijn	stechender Schmerz
Ik had het heet.	Mir war heiß.
Ik rilde van de kou.	Ich zitterte vor Kälte.
de verkoudheid	die Erkältung
de griep	die Grippe
de ontsteking	die Entzündung
in ieder geval	auf jeden Fall
de dokter	der Arzt (Doktor)
de arts	der Arzt
het adres	die Adresse
het spreekuur	die Sprechstunde

18.2

Mijn hoofd deed pijn.	Ich hatte Kopfschmerzen.
urenlang	stundenlang
Ik heb het koud.	Mir ist kalt.
het bovenlichaam	der Oberkörper

de longen oderzoeken	die Lungen untersuchen (abhören)
diep inademen	tief einatmen
de bloeddruk meten	den Blutdruck messen
de tong	die Zunge
U bent verkouden.	Sie sind erkältet.
een middel(tje) voorschrijven	ein Mittel/eine Medizin verschreiben
vóór het eten	vor dem Essen
Van harte beterschap!	Gute Besserung!

18.3a

de buurman, de buurvrouw	der Nachbar, die Nachbarin
de buren	die Nachbarn
de ervaring	die Erfahrung
de ziekte	die Krankheit
de wachtkamer	das Wartezimmer
de spreekkamer	das Sprechzimmer
de operatie	die Operation
verplegen	pflegen
gewond raken	verwundet, verletzt werden
de Rijkswacht	die Polizei (in Belgien)
de medicijn	die Medizin
de apotheek	die Apotheke
de drogist	der Drogist

18.3b ⊙

de amandelontsteking	die Mandelentzündung
de arm-, beenbreuk	der Arm-, Beinbruch
de bewusteloosheid	die Bewußtlosigkeit
de blindedarmontsteking	die Blinddarmentzündung
de bloedvergiftiging	die Blutvergiftung
de etter	der Eiter
het hartinfarct	der Herzinfarkt
de hoest	der Husten
(de) kanker	der Krebs
de kneuzing	die Quetschung
de kramp	der Krampf
de neusbloeding	das Nasenbluten
de keel-, hoofdpijn	die Hals-, Kopfschmerzen
de maag-, rugpijn	die Magen-, Rückenschmerzen
de nervositeit	die Nervosität
de snijwond	die Schnittwunde
storingen in de bloedsomloop	Kreislaufstörungen
storingen in de spijsvertering	Verdauungsstörungen
de verbranding	die Verbrennung
de verrekking	die Verrenkung
de verstuiking	die Verstauchung
de verwonding	die Verletzung
de wond	die Wunde
de lucht-, zeeziekte	die Flug-, Seekrankheit
de zonnesteek	der Sonnenstich
de zweer	das Geschwür
de patiënt	der Patient
behandelen	behandeln
het recept	das Rezept
het drankje	der Trank, die Arznei
de druppels	die Tropfen
de pil	die Pille
de pleister	das Pflaster
de poeder	der Puder
de (het) tablet	die Tablette
de thermometer	das Thermometer
de zalf	die Salbe

18.3b Abb. ⊙

de kruidenbitter	der Kräuterlikör
het kruid	das Kraut, Gewürz
Fries	friesisch
het waterland	das „Wasserland"
koortswerend en eetlust opwekkend	fiebersenkend und appetitanregend
het statiegeld	das Flaschenpfand

18.4

de vismarkt	der Fischmarkt
instappen	einsteigen
uitstappen	aussteigen
stoppen	stoppen, anhalten
doorrijden	durch-, weiterfahren
mankeren	fehlen

Het is niet ver hier vandaan.	Es ist nicht weit von hier (aus).
de parkeermeter	die Parkuhr

18.5a

de vis	der Fisch
de schelp	die Muschel
de schaal	die Schale
schelp- en schaal-dieren	Muscheln, Krebs- und Krustentiere
de aanbieding	das Angebot
de extra-aanbieding	das Sonderangebot
de soort	die Sorte
de prijs	der Preis
resp. (= respectievelijk)	bzw. (= beziehungsweise)
het ons	100 Gramm
het stuk	das Stück
vastleggen	festlegen, -setzen

18.5b ⊙

de baars	der Barsch
de forel	die Forelle
de kabeljauw	der Kabeljau
de karper	der Karpfen
de krab	die Krabbe
de makreel	die Makrele
de mossel	die Muschel
de paling	der Aal
de schelvis	der Schellfisch
de schol	die Scholle
de snoek	der Hecht
de sprot	die Sprotte
de tong	die Seezunge
de zalm	der Lachs

18.6

voortzetten	fortsetzen
door een gesprek ..... te voeren	indem wir ein Gespräch ..... führen
voorzien van	versehen mit
Wordt u al geholpen?	Werden Sie schon bedient?
Wat mag het zijn?	Was darf es sein?
Anders nog iets?	Sonst noch etwas?
Mag het iets meer zijn?	Darf es etwas mehr sein?
aanbevelen	empfehlen
Hou je van	Magst du gerne .....
Wat denk/zeg je van	Was denkst/hältst du von .....
Lust je gebakken of gekookte vis?	Hast du Lust auf/ Magst du gerne gebackenen oder gekochten Fisch?
de speciale aanbieding	das Sonderangebot

18.7

de supermarkt	der Supermarkt
de slagerij	die Metzgerei
de slager	der Metzger
de vleesafdeling	die Fleischabteilung
de karbonade	das Kotelett
de (rug)biefstuk	das Beefsteak
de varkenspoot	das Eisbein
de Hongaarse hachee	(der) das ungarische Gulasch
een ruime keus	eine große/reiche Auswahl
de vakkundige bediening	die fachkundige Bedienung, das Fachpersonal

18.8a

overleggen	überlegen
de begeleider	der Begleiter
de worst	die Wurst

18.8b ⊙

de biefstuk	das Beefsteak
de braadworst	die Bratwurst
de filet	das Filet
de gesneden worst	der Aufschnitt
de hachee	in Würfel geschnittenes Fleisch (z. B. Gulasch)
de ham	der Schinken
de hersenen	das Hirn
de kalfsbout	die Kalbskeule

het lendestuk	das Lendenstück
de lever	die Leber
de nieren	die Nieren
de rollade	die Roulade
de rosbief	das Roastbeef
het spek	der Speck
de tong	die Zunge
het rundvlees	das Rindfleisch
het lam(svlees)	das Lamm(fleisch)
het kalfsvlees	das Kalbfleisch
het varkensvlees	das Schweinefleisch

18.9

de maat	das Maß
het gewicht	das Gewicht
de millimeter; centimeter	der Millimeter; Zentimeter
de decimeter	der Dezimeter
de knoop	der Knoten, Knopf
de hectare	das Hektar
de kubieke meter	der Kubikmeter
het gram	das Gramm
het pond	das Pfund
het kilo, de kilogram	das Kilogramm
de ton	die Tonne

18.10

wegen	wiegen
aankomen	ankommen; hier: zunehmen
afvallen	abfallen; hier: abnehmen
mager	mager
slank	schlank
dik	dick
de schoenmaat	die Schuhgröße
het kerkplein	der Kirchplatz
uitbreiden	vergrößern, erweitern

Les 19

19.1

de jaarbeurshal	die Messehalle
de beroepenmanifestatie	die Handwerks-, Gewerbeausstellung
organiseren	organisieren
de stand	der Stand
..... en wel die van	..... und zwar derjenige von .....
de steungroep	die Fördergruppe (Hilfsgruppe)
technisch	technisch
bezoeken – bezocht	besuchen – besuchte
zoiets	so etwas
de timmervrouw	die Schreinerin
de automonteuse	die Kfz-Schlosserin
de brand	der Brand
de brandweer	die Feuerwehr
de brandweervrouw	die „Feuerwehrfrau“
de elektricienne	die Elektrikerin
de machinebankwerkster	die Maschinenschlosserin
stimuleren	stimulieren, anregen
zogenaamd	sogenannt
omscholen	umschulen
erachter komen	dahinterkommen, feststellen
de techniek	die Technik
een administratieve baan	ein Verwaltungs-, Büroberuf
een verzorgende baan	ein Pflegeberuf
werkzaam zijn in ...	beschäftigt sein in ...
nogal eens	manchmal, ab und zu
Het is niet makkelijk om je als enige vrouw staande te houden tussen allemaal mannen.	Es ist nicht leicht, sich als einzige Frau zwischen lauter Männern zu behaupten.
Ze moeten zich ontzettend bewijzen.	Sie müssen sich ungeheuer (entsetzlich) beweisen.

19.2

plaatsvinden	stattfinden
voor het eerst	erstmalig, zum erstenmal

19.3

de werknemer, de werkneemster	der Arbeitnehmer, die Arbeitnehmerin
de verpleegkundige, de verpleegster	der Krankenpfleger, die Krankenschwester
de verkoper, de verkoopster	der Verkäufer, die Verkäuferin
de kapper, de kapster	der Friseur, die Friseuse
de stenotypist, de stenotypiste	der Stenotypist, die Stenotypistin
de chiropodist, de chiropodiste	der Fußpfleger, die Fußpflegerin
de dokter, de dokteres	der Arzt, die Ärztin
de leraar, de lerares	der Lehrer, die Lehrerin
de schilder, de schilderes	der Maler, die Malerin
de secretaris, de secretaresse	der Sekretär, die Sekretärin
de mecanicien, de mecanicienne	der Mechaniker, die Mechanikerin
de elektricien, de elektricienne	der Elektriker, die Elektrikerin
de automonteur, de automonteuse	der Kfz-Schlosser, die Kfz-Schlosserin
de installateur, de installateuse	der Installateur, die Installateurin
de coiffeur, die coiffeuse	der Coiffeur, die Coiffeuse
de timmerman, de timmervrouw	der Schreiner, die Schreinerin
de brandweerman, de brandweervrouw	der Feuerwehrmann, die Feuerwehrfrau
de bediende, employé	der, die Angestellte
de arts	der Arzt, die Ärztin

19.3 Abb. ⊙

de staking	der Streik
uitbreken	ausbrechen
naar aanleiding van	auf Veranlassung; bezüglich
de verdeling	die Ver-, Aufteilung
de winst	der Gewinn
bijleggen	beilegen
t.h. (ten honderd)	vom Hundert (%)
het maandsalaris	das Monatsgehalt
vervroegd	vorzeitig
het pensioen	die Pension, Rente
de regeling	die Regelung

19.4

staken	streiken
schitterend	glänzend, blendend
in staking zijn	sich im Streik befinden
de voorwaarde	die Bedingung, Voraussetzung
de arbeidsvoorwaarden	die Arbeitsbedingungen
nietwaar	nicht wahr
Dat kan wel.	Das mag sein.
het loon	der Lohn, das Gehalt
de eis	die Forderung
de looneis	die Lohn-, Gehaltsforderung
de organisatie	die Organisation
het logies	die Unterkunft
de arbeider	der Arbeiter
de werkgever	der Arbeitgeber
de wijze, wijs	die Weise
het lid	das Mitglied
de vakbond	die Gewerkschaft
de c.a.o. (= collectieve arbeidsovereenkomst)	der Tarifvertrag
voordelig	vorteilhaft, preiswert

19.5

de industrie	die Industrie
de handel	der Handel
de landbouw	die Landwirtschaft
de overheid	die Obrigkeit, Behörde
de firma	die Firma
verdienen	verdienen
de verhoging	die Erhöhung

het salaris	die Besoldung, das Gehalt
het inkomen	das Einkommen
de leeftijd	das Alter
met pensioen gaan	in Pension gehen
het betaald verlof	der bezahlte Urlaub
de 36-urenweek	die 36-Stundenwoche
de vaste werktijd	die feste/geregelte Arbeitszeit
tijdelijk, vast werk	zeitlich befristete, feste Arbeit
de betrekking	die Stelle, die Stellung
de halve, hele/volledige baan	die halbe/ganze Stelle
werkloos, werkeloos	arbeitslos
de uitkering	das Arbeitslosengeld
het recht op bijstand	das Recht/Anrecht auf Sozialhilfe
verliezen – verloor – verloren	verlieren
het arbeidsbureau	das Arbeitsamt
zorgen (voor)	sorgen (für), besorgen
opzeggen	kündigen
ontslaan	entlassen
de fabriek	die Fabrik
het vertrouwen	das Vertrauen
de voorziening	die Versorgung, Vorkehrung
het ziekenfonds	die Krankenkasse
de verhouding	das Verhältnis, die Beziehung
de collega	der Arbeitskollege
samenwerken	zusammenarbeiten

19.7

ieder, elk	jeder (jede, jedes)
zulk	solch(er, -e, -es)
zo'n	solch (so ein)
menig	manch(er, -e, -es)

19.8

gouden	golden
het goud	das Gold
houten	hölzern, aus Holz
het hout	das Holz
ijzeren	eisern
het ijzer	das Eisen
leren	ledern
het leer	das Leder
metalen	metallen
het metaal	das Metall
wollen	aus Wolle
de wol	die Wolle
zilveren	silbern
het zilver	das Silber
de kunststof	der Kunststoff
bedreven	gewandt, erfahren
de held	der Held
de kaas	der Käse
de plaatsnaam	der Ortsname
de rijbaan	die Fahrbahn
de linkerrijbaan	die linke Fahrbahn (-hälfte)
linker	link(e), linker, linkes
rechter	recht(e), rechter, rechtes

19.9 ⊙

de western	der Western
de valsaard	der Schurke
rijden – reed – gereden	reiten
het paard	das Pferd
sneeuwwit	schneeweiß
er op los schieten	darauflos schießen
kalm	ruhig
..... terwijl de dolle rit vervolgde in een klapperende vaart van klapperende hoeven op de rotsen	..... während der tolle Ritt weiterging in klappernder Fahrt von auf Felsen schlagenden Hufen
dof – doffer	dumpf – dumpfer
het zand	der Sand
de lafaard	der Feigling
..... waar menig lafaard lag te bloeden	..... wo (so) mancher Feigling in seinem Blut lag .....
het pistool	die Pistole

de hand	die Hand
de ruiter	der Reiter
onkwetsbaar	unverwundbar
galopperen	galoppieren
de pampa – de pampa's	die Pampa – die Pampas
de lelie	die Lilie
de staart	der Schwanz, Schweif
de droom	der Traum
koel	kühl
de dode	der Tote
optellen	zusammenzählen, addieren
de pepermunt	das Pfefferminz

Les 20

20.1

het verkeersongeval	der Verkehrsunfall
lichtkleurig	hell(farbig)
Toen hij de kruising naderde	Als er sich der Kreuzung näherte .....
Hij verleende geen voorrang.	Er gab keine Vorfahrt.
krachtig remmen	stark (kräftig) bremsen
het knipperlicht (signaal)	das Blinklicht, -zeichen
Hij kon de botsing niet voorkomen.	Er konnte den Zusammenstoß nicht verhindern.
slingeren	schleudern
tegen iets botsen	gegen etwas stoßen/prallen
aan de overzijde van de kruising	auf der anderen Seite der Kreuzung
de (personen)lesauto	das Fahrschulauto
tot stilstand komen	zum Stillstand (Stehen) kommen
daarbij	dabei
de inzittende	der Insasse
Hij werd op slag gedood.	Er war auf der Stelle tot.
de situatietekening	die Lageskizze

20.2

de verklaring van een getuige, getuigenverklaring	die Zeugenaussage
de politieambtenaar	der Polizeibeamte
de getuige	der Zeuge
omstreeks 15.55 uur	gegen 15.55 Uhr
de toezichthouder, de rijinstructeur	der Fahrlehrer
een auto besturen	ein Auto fahren, lenken
de linkerrijstrook	die linke Fahrbahnhälfte
Wij wilden naar links afslaan, Rijksweg 273 op.	Wir wollten nach links in die Reichsstraße 273 abbiegen.
De linker richting(aan)wijzers waren in werking.	Die linken Fahrtrichtungsanzeiger waren an.
de snelheid	die Geschwindigkeit
een snelheid van naar schatting 80 km per uur	eine Geschwindigkeit von schätzungsweise 80 km pro Stunde
vanaf de overzijde van de kruising	von der anderen Seite der Kreuzung her
Ik nam aan dat hij de kruising recht wou oversteken.	Ich nahm an, daß er die Kreuzung geradeaus überqueren wollte.
naar uw mening	Ihrer Meinung nach
volgens mij	meiner Ansicht (Meinung) nach; meines Erachtens
Hij reed de kruising op.	Er fuhr in die Kreuzung.
de aanrijding	der Zusammenstoß
Ik hoorde de banden piepen.	Ich hörte die Reifen quietschen.
niettemin	dennoch, nichtsdestoweniger

De botsing volgde met een hevige klap.	Der Zusammenstoß erfolgte mit einem heftigen Knall.
het verloop	der Verlauf
meedelen	mitteilen, berichten
De Opel ging enige malen over de kop.	Der Opel überschlug sich einige Male.
het wiel	das Rad
de slag	der Schlag
schuiven – schoof – geschoven	schieben – schob – geschoben
De Ford botste met de rechter flank tegen de voorkant van mijn auto.	Der Ford stieß mit der rechten Seite gegen die Frontseite meines Autos.
inmiddels	inzwischen
het detail	das Detail
waarnemen	wahrnehmen
voorlezen	vorlesen
opschrijven – schreef op – opgeschreven	aufschreiben
voordat	bevor, ehe
het concept	das Konzept
ondertekenen	unterzeichnen, unterschreiben

20.3 ⊙

de (politie)agent	der Polizist
de verdachte	der Beschuldigte
de rol	die Rolle
de ondervraging, het verhoor	das Verhör
weliswaar	zwar
de woordenschat	der Wortschatz
beheersen	beherrschen
aan de praktijk toetsen	praktisch erproben
het perspectief	die Perspektive

20.4

de wegenwacht	die Straßenwacht
ANWB = Algemene Nederlandse Weggebruikersbond	Allgemeiner Niederländischer Straßenbenutzer-Verein
de autopech	die Autopanne
de motorpech	die Motorpanne
de bandenpech	der Reifenschaden
de rechter voorband	der rechte Vorderreifen
springen	hier: platzen
uiteindelijk	endlich, endgültig
de praatpaal	die Notrufsäule
het spatbord	der Kotflügel
indeuken	verbeulen, einbeulen
aangeven	hier: anzeigen
vernielen	beschädigen, zerstören
zich bevinden	sich befinden
de aftakking	die Abzweigung

20.5a

de E.H.B.O.-post (= Eerste Hulp bij Ongevallen/Ongelukken)	die Unfallstation, der „Erste-Hilfe-Posten"
het politiekantoor	die Polizeistation
veronderstellen	annehmen, voraussetzen
de tabel	die Tabelle

20.5b ⊙

het lichaam	der Körper
het lichaamsdeel	das Körperteil
de ader	die Ader
de arm, bovenarm, onderarm	der Arm, Oberarm, Unterarm
de buik	der Bauch
het been, dijbeen, onderbeen	das Bein, der Oberschenkel, Unterschenkel
de boezem	der Busen
de borst	die Brust
de darm	der Darm
de dij	der Oberschenkel
de elleboog	der Ellbogen
de enkel	der Knöchel
het gewricht	das Gelenk
het gezicht	das Gesicht
het haar	das Haar
de hals	der Hals

de hersenen	das Gehirn
de huid	die Haut
de kaak, bovenkaak, onderkaak	der Kiefer, Oberkiefer, Unterkiefer
de kin	das Kinn
de knie	das Knie
de kuit	die Wade
de ledematen	die Gliedmaßen
het lijf, onderlijf	der Leib, Unterleib
de lip	die Lippe
de maag	der Magen
de mond	der Mund
de nagel	der Nagel
de nek	der Nacken
de neus	die Nase
het oog	das Auge
het oor	das Ohr
de pees	die Sehne
de rib	die Rippe
de spier	der Muskel
de vinger	der Finger
de duim	der Daumen
de pink	der kleine Finger
de middel-, ring-, wijsvinger	der Mittel-, Ring-, Zeigefinger
de tand	der Zahn
de teen	die Zehe
de wang	die Wange
de slaap	die Schläfe
de schouder	die Schulter
de wenkbrauw	die Augenbraue
de zenuw	der Nerv

20.6

doordat	dadurch, daß; indem
de hond	der Hund
uitlaten	hinauslassen; ausführen
de stekker	der Stecker
het stopcontact	die Steckdose
de platenspeler	der Plattenspieler
functioneren	funktionieren
zich opwinden	sich aufregen
allerlei	allerlei, allerhand
het speelgoed	das Spielzeug
de grond	der Grund, Boden
oprapen	aufheben
aanhouden	anhalten
in plaats van (= i.p.v.)	anstelle (von)
de parasol	der Sonnenschirm
de paraplu	der Regenschirm
de zon	die Sonne
schijnen	scheinen
waarschuwen	herbeirufen
de ziekenauto	der Krankenwagen
ernstig	ernsthaft
niemand	niemand
wonden	verwunden, verletzen
arresteren	verhaften
dus	folglich, demnach; also
de misdaad	das Verbrechen
de straf	die Strafe

20.7

noch ..... noch	weder ..... noch
of ..... of	entweder ..... oder
zowel ..... als	sowohl ..... als auch

20.9

slaan – sloeg – geslagen	schlagen – schlug – geschlagen

Test II

zinloos	sinnlos, ohne Sinn
in verband met (= i.v.m.)	im Zusammenhang mit
het drankje	das Getränk
bewijzen	beweisen
de gastheer	der Gastgeber
het appartement	das Appartement
de kleuren-tv	das Farbfernsehen
het restaurant	das Restaurant
in alle rust	in aller Ruhe
genieten	genießen
het eten(tje)	das Essen
het gebak	der Kuchen

de banketbakkerij	die Konditorei
optimaal bereikbaar	optimal erreichbar/zu erreichen
vanwaar	von wo aus
de veiligheidsmedewerker	der Sicherheitsmitarbeiter, das Wachpersonal
het eigendom	das Eigentum
in het oog houden	im Auge behalten, bewachen

Les 21

21.1

de radio-nieuwsdienst	der Radio-Nachrichtendienst
verzorgen	senden, zusammenstellen
het ANP (= Algemeen Nederlands Persbureau)	Allgemeine Niederländische Presseagentur (dt. Entsprechung: dpa)
het leger	das Heer, die Armee
de eenheid – de eenheden	die Einheit, Abteilung
vier dagen geleden	vor vier Tagen
de inval	die Invasion, der Angriff
de troepen	die Truppen
de steun	die Unterstützung, Hilfe
de helikopter	der Hubschrauber
zich meester maken van	erobern, überwältigen
erin slagen	damit Erfolg haben; gelingen
(terug)dringen	(zurück)drängen
aldus	soweit, bis dahin
op gespannen voet staan	in einem gespannten Verhältnis zueinander stehen
de (burger)oorlog	der (Bürger-)Krieg
de bevrijdingsbeweging	die Befreiungsbewegung
de basis	die Basis
de kalkwolk	die Kalkwolke
de betonmortelcentrale	das Fertigmörtelwerk
het dak – de daken	das Dach – die Dächer
de boom	der Baum
spierwit	schneeweiß
de laag	die Schicht, Lage
bedekken	bedecken
de silo	das Silo
vullen	füllen
verontreinigen	verunreinigen, beschmutzen
de milieuklachtencentrale	das Umweltschutzbüro
een onderzoek instellen	eine Untersuchung durchführen
het hockey	das Hockey
de organisator	der Organisator
het toernooi	das Turnier
de wereld	die Welt
~titel	der ~meistertitel
de wedstrijd	der Wettkampf
uitstellen	auf-, verschieben
als gevolg van	infolge (von)
zwaar	schwer
de regenval	der Regen(fall)
spelen	spielen
bijzonder klein	besonders gering
het veld	das Feld
de plas	die Pfütze
vorig	vorig
het wereldkampioenschap	die Weltmeisterschaft
de onderlinge wedstrijd	der Vereinswettkampf
wegens	wegen, infolge

21.2

intussen	inzwischen
reageren	reagieren

21.3

de dichtstbijzijnde bakkerij	die nächstgelegene Bäckerei
het witbrood	das Weißbrot
het bruinbrood	das Graubrot
het roggebrood	das Schwarzbrot
lijken	(er)scheinen
dikwijls	häufig, oft
vers brood	frisches Brot
warm	warm
de slagroomtaart	die Sahnetorte
de banketbakker	der Konditor
het broodje	das Brötchen

21.4

zwak	schwach
de uitgang	der Ausgang, die Endung
kentekenen	kennzeichnen
vervallen	weg-, entfallen
reeds	bereits, schon
erkennen	zugeben, (an)erkennen
herkennen	wiedererkennen
ontkennen	leugnen, verneinen
branden	brennen
trachten	versuchen
voorafgaan	voran-, vorhergehen

21.5

het verkeersvoorschrift, de ~regel	die Verkehrsregel
dienen	dienen
de snelheidsbeperking	die Geschwindigkeitsbegrenzung
in de bebouwde kom	innerhalb der geschlossenen Ortschaft
max. (= maximaal)	max. (= maximal)
50 km/u (= km per uur)	50 km/h
daarbuiten	außerhalb (davon)
de vrachtwagen	der Lastwagen
overig	übrig
verplicht zijn	verpflichtet/vorgeschrieben sein
de duorijder	der Beifahrer (Motorrad, Moped)
de valhelm	der Sturzhelm
minstens	mindestens
het bord	das Schild, die Tafel
het woongebied	das Wohngebiet
kenmerken	kennzeichnen
Verkeer van rechts gaat altijd voor.	Rechtsverkehr hat immer Vorfahrt.
afbuigen	abbiegen
hinderen	(be-)hindern
de oversteekplaats	der (Fußgänger-) Überweg
de zebrastreep (het zebrapad)	der Zebrastreifen
aanbrengen	anbringen
de spikes	die Spikes
toelaten	zulassen, erlauben
..... in overeenstemming met	..... gemäß, je nach .....
het land van herkomst	das Herkunftsland

21.6

vergelijken	vergleichen
het verschil	der Unterschied
het gebruik	der Gebrauch, die Benutzung

21.7a

boodschappen doen	einkaufen, Besorgungen machen
de fruitwinkel	das Obstgeschäft
uitvoerig	ausführlich
beschikbaar	verfügbar
Bespreek het al dan niet kopen van	Besprich, ob du ..... kaufst oder nicht
de fruitsoort	die Obstsorte
het fruit	das Obst

21.7b ⊙

de aardbeien	die Erdbeeren
de abrikoos	die Aprikose

de amandelen	die Mandeln
de ananas	die Ananas
de appel	der Apfel
de banaan	die Banane
de citroen	die Zitrone
de druiven	die Trauben
de kersen	die Kirschen
de (hazel-)noten	die (Hasel-)Nüsse
de peer	die Birne
de perzik	der Pfirsich
de pruim	die Pflaume
de sinaasappel	die Apfelsine
de walnoten	die Walnüsse
de watermeloen	die Wassermelone

21.8

toevoegen	(hin)zufügen
diep	tief
eindigen	enden
de tegenstelling (met)	der Gegensatz (zu)
de toren	der Turm

Les 22

22.1

de weersverwachting	die Wettervorhersage
de opklaring	das Aufklaren
de bewolking	die Bewölkung
de regen	der Regen
matige wind	mäßiger/leichter Wind
toenemen	zunehmen
de minimumtemperatuur	die Minimaltemperatur
het vriespunt	der Gefrierpunkt
de maximumtemperatuur	die Maximaltemperatur
de graad	das Grad
het weerpraatje	die Wetterprognose
het K.N.M.I. (= Koninklijk Nederlands Meteorologisch Instituut)	Königlich Niederländisches Meteorologisches Institut
de depressie (= de lage druk)	der Tiefdruck, das Tiefdruckgebiet
zich verplaatsen	sich verschieben, verlagern
zorgen (voor)	sorgen (für)
vrijwel	nahezu
onbestendig	unbeständig
maartse buien	„Märzschauer“
de bui	die Bö, der Schauer
de omgeving	die Umgebung
doorbreken	durchbrechen, -kommen
de temperatuur	die Temperatur
stijgen	steigen
langs de kust	die Küste entlang
plaatselijk	örtlich, stellenweise
boven	oben, oberhalb
boven de Alpen	in den Hochlagen der Alpen
terwijl	während
de sneeuw	der Schnee
nat	naß
de natte sneeuw	der Schneeregen
de activiteit	die Aktivität
het front	die Front
brengen	bringen; hier: verursachen
het etmaal	das Etmal, 24 Stunden (Tag und Nacht)
het frontensysteem	das Frontensystem

22.1 Abb. ⊙

de surfschool	die Surfschule
dynamisch	dynamisch
het watersportbedrijf	das Wassersportgeschäft
iets de ruimte geven	sich auf etwas einlassen
zijn naam hooghouden	seinen Namen (in Ehren) halten
aandacht besteden aan	Wert legen auf
de collectie	die Kollektion, die Auswahl
de beginnerscursus	der Anfängerkurs

inclusief gebruik pak en plank	inklusive Benutzung von Anzug und Surfbrett
de personeelsvereniging	der Verein
kennismakingsdagen voor gereduceerde prijs	Tage zum Kennenlernen zum ermäßigten Preis

22.2.

de mist	der Nebel
tijdelijk	zeitweise
droog	trocken
tamelijk koud	ziemlich/recht kalt
de storm	der Sturm
het hogedrukgebied	das Hochdruckgebiet
zonnig	sonnig
over het algemeen	im allgemeinen, insgesamt
(zoals) gewoonlijk	(wie) gewöhnlich, üblich
het vakantieverblijf	der Ferienaufenthalt
zwemmen	schwimmen
een kou vatten	sich erkälten
begeleiden	begleiten
het congresbezoek	der Kongreßbesuch
het weekend (= weekeind(e))	das Wochenende

22.3

Het regent dat het giet.	Es regnet in Strömen.
Het zal veranderen.	Es wird (soll) sich (ver)ändern.
de barometer	das Barometer
dalen	fallen, sinken
Het ziet er naar regen uit.	Es sieht nach Regen aus.
Als ik het goed heb	Wenn ich es richtig sehe/verstehe .....
druppelen	tröpfeln
opklaren	aufklaren

22.4

indelen	einteilen
zwijgen	schweigen
buigen	beugen
binden	binden
schenken	schenken
sterven	sterben

22.6

de duin	die Düne
de dijk	der Deich
de dam	der Damm
geweldig	gewaltig
de zeedijk	der Seedeich
het eiland	die Insel
de kustprovincie	die Küstenprovinz
de eb	die Ebbe
de vloed	die Flut
omgaan	umgehen
tegelijk	zugleich, gleichzeitig
veroveren	erobern
ontstaan	entstehen
de watersnood	die Wassernot, Flutkatastrophe
de nood	die Not
de kustbewoner	der Küstenbewohner
de zee	das Meer
de rijkdom	der Reichtum
de vijand	der Feind
de overstroming	die Überflutung
Ja hoor	Ja, tatsächlich/klar ... (Interjektion)
de stormvloed	die Sturmflut
de stormvloedkering	das Sturmflutwehr
het kunstwerk	das „Kunstwerk“
stemmen	stimmen; wählen
nadenken	nachdenken
de geschiedenis	die Geschichte
de molen	die Mühle
de windmolen	die Windmühle
wegpompen	wegpumpen
de kracht	die Kraft
de stoommachine	die Dampfmaschine
het meer	der See

droogleggen	trockenlegen
het hoogtepunt	der Höhepunkt
bedwingen	bezwingen

22.7a

de term	der Terminus, (Fach-) Ausdruck
de rij, het rijtje	die Reihe
hieronder	hierunter, hier unten

22.7b ⊙

de donderslag	der Donner(-schlag)
het dooiweer	das Tauwetter
de aprilse grillen	das Aprilwetter
de hagel	der Hagel
de hemel	der Himmel
de drukkende hitte	die drückende Hitze
het ijs	das Eis
de ijzel	das Glatteis
de lucht	die Luft
de luchtdruk	der Luftdruck
de maan	der Mond
de regenbui	der Regenschauer
de schaduw	der Schatten
de schemer(-ing)	die Dämmerung
de ster	der Stern
de vochtigheid	die Feuchtigkeit
de vorst	der Frost
de noordenwind	der Nordwind
de wolk	die Wolke
de wolkbreuk	der Wolkenbruch
de zonsopgang	der Sonnenaufgang
de zonsondergang	der Sonnenuntergang
heet	heiß
vochtig	feucht
glad	glatt
hagelen	hageln
sneeuwen	schneien
bevriezen	ge-, er-, zu-, einfrieren
vriezen	frieren
dooien	tauen
smelten	schmelzen

Les 23

23.1

ruilen	(um)tauschen
de blouse, de bloes	die Bluse
spannen	spannen
van voren	vorne
wijd	weit
correct	richtig, korrekt
het pak	der Anzug
het zijden hemd	das Seidenhemd
de das	die Krawatte
de broek	die Hose
de jas	der Mantel
de jurk	das Kleid
de rok	der Rock
de pullover	der Pullover
het ondergoed	die Unterwäsche
(aan)passen	anprobieren
aankleden	anziehen
verschrikkelijk dik	schrecklich/entsetzlich dick
de kwitantie	die Quittung, Rechnung
dadelijk	sogleich, sofort

23.2a

het warenhuis	das Warenhaus
de speciale winkel	das Fachgeschäft
opletten	aufpassen, achtgeben
strak	eng, straff, stramm
tevens	zugleich, gleichzeitig
de kosten	die Kosten
de zaak aanpakken	die Aufgabe anpacken/angehen
aldus	folgendermaßen
typisch	typisch
bekijken	ansehen, betrachten
toepassen	ver-, anwenden

23.2b ⊙

de beha	der Büstenhalter
de handschoen	der Handschuh

de handtas	die Handtasche
de knoop	der Knopf
de kousen	die Strümpfe
de kraag	der Kragen
de damesmantel	der Damenmantel
de muts	die Mütze
de onderbroek	die Unterhose
de pyjama	der Pyjama
de schoen	der Schuh
de (heren-/regen-)jas	der (Herren-/Regen-) Mantel
de sjaal	der Schal
de slip, het slipje	der Schlüpfer, Slip
de tas	die Tasche
de trui	der Pullover
de zak	die Tasche, der Sack, Beutel
de zakdoek	das Taschentuch

23.3

zomers	sommerlich
de weerkundige medewerker	der wetterkundliche Mitarbeiter
de zomermaand	der Sommermonat
in successie	in Folge; nacheinander
voortdurend	fortwährend, anhaltend
halverwege de maand	Mitte des Monats
de tendens	die Tendenz
bepalen	bestimmen
het weerbeeld	die Wetterlage
het beeld	das Bild, die Figur
in tegenstelling tot	im Gegensatz zu
de helft	die Hälfte
registreren	registrieren
het onweer	das Gewitter, Unwetter
des te meer	um so mehr
gemiddeld	durchschnittlich
evenals	sowie
veel op het geweten hebben	viel auf dem Gewissen haben
met name	namentlich, insbesondere
de spoorweg	die Eisenbahn
ontregelen, -sporen	entgleisen
de windhoos	die Windhose
het slachtoffer	das Opfer
de bliksem	der Blitz
de overlast	die Belästigung, Behinderung
de modder	der Schlamm
de water- en modderoverlast	die Behinderung(en) durch Wasser und Schlamm

23.4

het artikel	der Artikel
de neerslag	der Niederschlag
het begrip	der Begriff
de hoeveelheid	die Menge
het voorbeeld	das Beispiel
het ongeluk	das Unglück

23.5

breken	brechen
klimmen	klettern
schrikken	erschrecken
strijden	kämpfen, (sich) streiten
zingen	singen
afgeven	abgeben
(zich) bewegen	(sich) bewegen
de kring	der Kreis
zich gedragen	sich betragen, benehmen
onderbreken	unterbrechen
overnemen	übernehmen
tegenspreken	widersprechen
uitgeven	ausgeben
het ziekenhuis	das Krankenhaus
verschijnen	erscheinen

23.6

langzamerhand	allmählich, nach und nach
blond	blond
de krul	die Locke

aantrekkelijk	reizend, anziehend
de baard	der Bart
bijknippen	beschneiden
het haarknippen	das Haareschneiden
het kapsel	die Frisur
mopperen	meckern, schimpfen
verven	färben
de permanent	die Dauerwelle
de kleur	die Farbe
koperrood	kupferrot
Ik heb haast	Ich habe es eilig .....
laten inschrijven	vormerken lassen
aardig	nett
voor mijn part	meinetwegen, für meinen Teil
de groenteboer	der Gemüsehändler

23.7

omtrent	hinsichtlich, in bezug auf
watergolven, onduleren	Wasserwellen legen, ondulieren
de haren knippen	die Haare schneiden
groeien	wachsen
bijverven	nachfärben
kammen	kämmen
de kam	der Kamm
de borstel	die Bürste

23.8

de ober	der Kellner, der Ober
de fooi	das Trinkgeld
de regering	die Regierung
het advies	das Gutachten, der Rat
begrijpelijk	verständlich
een beslissing nemen	eine Entscheidung treffen
nadat	nachdem
voorbereiden	vorbereiten
de angst	die Angst
de discussie	die Diskussion
naar voren brengen	zur Sprache bringen, äußern
gescheiden	geschieden
de tentoonstelling	die Ausstellung
bezorgen	besorgen
eindelijk	endlich, schließlich
de etalage	das Schaufenster, die Auslage
keurig	fein, gewählt, ausgezeichnet
donker	dunkel
een heleboel speelgoed	eine ganze Menge Spielzeug
verbazen	überraschen, (er)staunen, wundern
in het huwelijk treden	heiraten
herstellen	wiederherstellen, reparieren
de afgevaardigde	der Abgeordnete, Delegierte
aarzelen	zögern
akkoord gaan met	einverstanden sein mit
bedoelen	meinen, beabsichtigen
iemand steun verlenen	jemand unterstützen, helfen
zolang	solange

Les 24

24.1

een aangeboden betrekking	ein Stellenangebot
de baggermij	die Baggergesellschaft
mij = maatschappij	Gesellschaft
de werkmaatschappij	hier: die Abteilung (z.B. eines Konzerns)
N.V. = naamloze vennootschap	AG = Aktiengesellschaft
weg- en waterbouwkundige werken	Wasser- und Straßenbauarbeiten

het binnenland	das Inland
het buitenland	das Ausland
baggeren	baggern
de vaarweg	die Fahrrinne, Wasserstraße
de aardebaan voor wegen	der Straßenunterbau
bouwen	bauen, herstellen
terreinen opspuiten	Gelände aufschwämmen, aufspülen
de rekreatie, recreatie	die Erholung
het gebied	das Gebiet
op korte termijn komt de functie vrij van directie-secretaresse ten behoeve van (t.b.v.)	in Kürze wird die Stelle einer Direktions-Sekretärin frei für ..... *(nur schriftsprachlich)*
belasten (met)	beauftragen, betrauen (mit)
onder andere (o.a.)	unter anderem (u.a.)
de coördinatie/koördinatie	die Koordination
het contact, kontakt	der Kontakt
opnemen	aufnehmen
uitwerken	ausarbeiten
de correspondentie/korrespondentie	die Korrespondenz
het rapport	der Bericht, das Gutachten
regelen	regeln, abwickeln
de vergadering	die Versammlung
de middelbare school	die Sekundarstufe
de opleiding	die Ausbildung
alsmede	sowie
noodzakelijk	nötig, notwendig, erforderlich
het geschrift	die Schrift
kennis in woord en geschrift van de moderne talen	mündliche und schriftliche Beherrschung der modernen (Fremd-)Sprachen
het accent (aksent)	der Akzent
met het aksent op	mit dem Schwerpunkt auf
de belangstellende	der (die) Interessent(in)
schriftelijk	schriftlich
zich wenden tot	sich wenden an .....
de chef Personeel(s)zaken	der Leiter der Personalabteilung
B.V. = besloten vennootschap	G.m.b.H. = Gesellschaft mit beschränkter Haftung *(ungefähre Entsprechung)*

24.2

de personeelschef	der Personalchef
afdeling personeelszaken	Personalabteilung
de sollicitant(e)	der (die) Bewerber(in)
solliciteren naar	sich bewerben um
de advertentie	die Anzeige, Annonce
achten	erachten, halten für
de voorwaarde	die Voraussetzung, Bedingung
het middelbaar onderwijs	der Unterricht in der Sekundarstufe
doorlopen	durchlaufen, absolvieren
indrukwekkend	beeindruckend
indiscreet	indiskret
huidig	heutig, derzeitig
de export	der Export
vertalen	übersetzen
belast zijn met	beauftragt/betraut sein mit
het verslag	der Bericht, das Protokoll
Naar wat ik hoor	Nach dem, was ich höre .....
mogelijk	hier: möglicherweise
gewenst	hier: erwünscht
onder vermelding van	unter Hinweis/Bezugnahme auf
de sollicitatie	die Bewerbung
bijvoegen	beifügen
het diploma	das Diplom

het getuigschrift	das Zeugnis, die Bescheinigung
de referentie	die Referenz
ruim	hier: gut
wellicht	vielleicht
hoogstwaarschijnlijk	höchstwahrscheinlich
de oproep	die Einladung, Aufforderung

24.3

vereist	erforderlich
de reden	der Grund
de vooropleiding	die Vorbildung

24.4

de sollicitatiebrief	das Bewerbungsschreiben
aangetekend	Einschreiben
met verwijzing naar	unter Hinweis/Bezugnahme auf
vergelijkbaar	vergleichbar
bijzonder	besonders; insbesondere
de belangstelling	das Interesse
de cijferlijst	die Zensuren
de fotokopie	die Fotokopie
dankbaar	dankbar

24.5

het verschillend gebruik	der unterschiedliche Gebrauch
ophouden	aufhören
afnemen	abnehmen
trouwen	heiraten
de beweging	die Bewegung
het doel	das Ziel
verzuimen	versäumen
het geheugen	das Gedächtnis
de bril	die Brille
Hij is vergeten hoe het moet.	Er hat vergessen, wie es geht/wie es sein muß.

24.6

het landschap	die Landschaft
de natuur	die Natur
de omgeving	die Umgebung
het milieu	die Umwelt, das Milieu
zoeken	suchen
ontbreken	fehlen
de plek	die Stelle
de streek	die Gegend
het gebied	das Gebiet
de gemeente	die Gemeinde
vlak	flach, eben
het vlakke land	das Flachland
het platteland	das flache Land
op het platteland wonen	auf dem Lande wohnen
de berg	der Berg
het dal	das Tal
de rivier	der Fluß
de stroom	der Strom
het milieu beschermen	die Umwelt schützen

24.7

de verf	die Farbe
schilderen	anstreichen; malen
het voorwerp	der Gegenstand
wit	weiß
geel	gelb
bruin	braun
oranje	orange
bleek	blaß, bleich
grijs	grau
licht-, donkergeel	hell-, dunkelgelb
zachtgroen	zartgrün
heldergeel	hellgelb
de schilderkunst	die Malerei
de kunstenaar	der Künstler
het (de) schilderij	das Gemälde
aanraken	anfassen, berühren
waard	wert
schatten	schätzen
gering	gering

de schade	der Schaden
vrezen	fürchten, befürchten

Les 25

25.1

de huisvrouw	die Hausfrau
treffen	treffen, begegnen
uitgerekend	ausgerechnet
de coupé	das Abteil
de treincoupé	das Zugabteil
de verrassing	die Überraschung
klagen	klagen
gewoon	gewöhnlich, normal
haast	fast, beinahe
afhangen	abhängen
zich afvragen	sich fragen
het leven	das Leben
leefbaar	lebenswert
de ingenieur	der Ingenieur
onderweg	unterwegs
tenminste	wenigstens, zumindest
de hobby	das Hobby
koffie zetten	Kaffee aufsetzen
de basisschool	die Grundschule
de kleuterschool	der Kindergarten
opruimen	aufräumen
stofzuigen	Staub saugen
de was doen	waschen, die Wäsche machen
stomen	reinigen
de afbetaling	die Abzahlung, Ratenzahlung
overmaken via de giro	überweisen durch das Postscheckkonto
de levensmiddelen	die Lebensmittel
zuinig	sparsam
koken	kochen
het middageten	das Mittagessen
het huiswerk	die Hausaufgabe
keurig	genau, tadellos
afmaken	fertigmachen, erledigen
de maaltijd	die Mahlzeit
de tanden poetsen	die Zähne putzen
flink	ordentlich, anständig
uitkleden	ausziehen
bekaf	todmüde
weinig	wenig
de boterham	das Butterbrot
het blik	die Dose
de groente	das Gemüse
de friture	die Imbißstube
uit eten gaan	zum Essen ausgehen
pakken	packen
de doos	die Schachtel, Dose
de spullen	das Zeug, die Sachen
de vuilniszak	der Müllsack
het plakband	das Klebeband, der Klebestreifen
de vuilnisophaaldienst	die Müllabfuhr
het bord	der Teller
de schotel	die Schüssel
de pot	der Topf
de pan	die Pfanne
aan het afwassen zijn	beim Spülen sein, spülen
triest	traurig
liegen	lügen
negatief	negativ
de kant	die Seite
positief	positiv
opvoeden	erziehen
lachen	lachen
droevig	traurig, betrübt

25.2

de deelnemer	der Teilnehmer
kritisch	kritisch
het huishoudelijk werk	die Hausarbeit
werkelijk	wirklich
meewerken	mitarbeiten
verlangen	verlangen
vrijwillig	freiwillig
objectief	objektiv

regelen	regeln
het conflict	der Konflikt

25.3 ⊙

het gat	das Loch
het glas	das Glas
het bevel	der Befehl
het spel	das Spiel
het lid	das Glied, Mitglied
het gebod	das Gebot
de oorlog	der Krieg
het slot	das Schloß
het verbod	das Verbot

25.4

intelligent	intelligent
dom	dumm
knap	tüchtig, klug, hübsch
slim	klug, gescheit
het karakter	der Charakter
de vent	der Kerl
breed	breit
dun	dünn
leeg	leer
rond	rund
vierkant	quadratisch
hoekig	eckig
bochtig	gewunden, kurvenreich
scheef	schief
vreselijk	fürchterlich, schrecklich, ungeheuer
schoon	schön, sauber, rein
vuil	schmutzig, dreckig
vies	schmutzig, schmierig, widerlich
rot	faul; morsch
gezond	gesund
giftig	giftig
blind	blind
doof	taub
stom	stumm
zeldzaam	selten, außerordentlich
kostbaar	kostbar
gratis	gratis
angstig	ängstlich, bang
ongerust	besorgt, beunruhigt
de veiligheid	die Sicherheit
de kerncentrale	das Kernkraftwerk
rauw	roh

25.5

het bankbiljet	die Banknote
de munt	die Münze
de waarde	der Wert
het briefje	der Geldschein
het tientje	die Banknote von 10,– Hfl.
de benaming	die Bezeichnung, Benennung
de rijksdaalder	der „Reichstaler", Münze von 2,50 Hfl.
het dubbeltje	das 10-Cent-Stück
de stuiver	das 5-Cent-Stück
de cent	der Cent

25.6

uitbetalen	auszahlen
de reischeque	der Reisescheck
de som	die Summe
de koers	der Kurs
de frank (= fr.)	der (belgische) Franc (= Bfr.)

25.8

de overeenkomst	die Übereinstimmung, Vereinbarung
samenstellen	zusammensetzen
aanduiden	andeuten, kennzeichnen
overwegen	überlegen
doorbreken	durch-, entzweibrechen
de vorming	die Bildung
de uitzondering op de regel	die Ausnahme von der Regel
minachten	geringschätzen

raadplegen	um Rat bitten, fragen
waarschuwen	warnen

25.9

waar	wahr
robuust	robust
vast	fest
de klemtoon	der Akzent
leggen	legen

Les 26

26.1

de buurt	die Nähe, die Nachbarschaft
in de buurt	in der Nähe
het bungalowpark	die Ferienhausanlage
de honger	der Hunger
de spijskaart	die Speisekarte
de dorst	der Durst
de drank, het drankje	das Getränk
de bediening; bedienen	die Bedienung; bedienen
Juffrouw!	Fräulein! (Kellnerin)
de wijn	der Wein
de limonade	die Limonade
het sap	der Saft
de fles	die Flasche
de karaf	die Karaffe
de frites, de frieten	die Pommes frites
de sla	der Salat
de zeetong	die Seezunge
Proost!	Prost!
smaken	schmecken
de keuze maken	(aus)wählen
de aardappel	die Kartoffel
de erwt	die Erbse
het dagmenu	das Tagesgericht
het extrakaartje	die zusätzliche Speisekarte
nasi goreng	Nasi Goreng
het gerecht	das Gericht
Smakelijk eten!	Guten Appetit!
Verdorie!	Donnerwetter!
het zout	das Salz
de peper	der Pfeffer
de koek, het koekje	der Keks, das Plätzchen
het ijsje	das Eis, Speiseeis
de vrucht	die Frucht
de slagroom	die (Schlag-)Sahne
het dessert	das Dessert, der Nachtisch
het toetje	der Nachtisch
op de centen letten	auf die Pfennige sehen
de cheque	der Scheck
contant	bar

26.1 Abb. ⊙

de melk	die Milch
de karnemelk	die Buttermilch
de chocomel, de chocolademelk	die Schokomilch
het nagerecht	der Nachtisch
versieren	verzieren, schmücken
de yoghurt	der Joghurt
de siroop	der Sirup
de vla (= vlaai)	der Obstkuchen
de saus	die Soße
het vat	das Faß
divers	divers, verschieden
het tomatensap	der Tomatensaft
beminnelijk (= zoet)	lieblich
geurig (= droog)	trocken, herb
het hapje	das Häppchen
de ui	die Zwiebel
de champignon	der Champignon
het kruid	das Kraut, Gewürz
de roomboter	die Butter
de ham	der Schinken
een sneetje brood	eine Scheibe Brot
het gehakt	das Hackfleisch
de tartaar	das Tatar

de kroket	die Krokette
de uitsmijter	der stramme Max
loempia	Lumpia
de portie	die Portion
de bitterbal	das Kalbsragout-bällchen
de halve kip	das halbe Hähnchen
het voorgerecht	die Vorspeise
de soep van de dag	die Tagessuppe
de biefstuk van de haas	das Filetsteak
proeven	probieren, prüfen
de kleintjes	die (kleinen) Kinder
de frikadel	die Frikadelle
het (de) appelmoes	das Apfelmus

26.2

ter hand nemen	in die Hand nehmen
de kwaliteit	die Qualität

26.3

Insgelijks!	(Danke) gleichfalls!

26.4

weglaten	weglassen
iets bedenken	sich etwas ausdenken
lekker	lecker, angenehm
lekkers	Süßigkeiten

26.5

de beer	der Bär
de eigenschap	die Eigenschaft
in de hoogste mate	im höchsten Maß

26.6

verzachten	mildern, beschönigen
de schat	der Schatz
hoogschatten	hochschätzen
de taxi	das Taxi
de baby	das Baby
de koe	die Kuh
de boon	die Bohne
de paal	der Pfahl
de bloem	die Blume
het rijm	der Reim
het touw	das Tau
de koning	der König

26.7

het vers	der Vers
de gave	die Gabe
het eind	das Ende, Stück
teruglopen	zurücklaufen, -gehen
de aardigheid	die Freundlichkeit, der Reiz
krioelen	fegen; wimmeln
aan iets ten onder gaan	an etwas zugrunde gehen

26.8

de omroep	der Rundfunk
uitzenden	übertragen, senden

Les 27

27.1

de bioscoop	das Kino
bezichtigen	besichtigen
de toegang(sprijs)	der Eintritt(-spreis)
de rondleiding	die Führung
een originele Franse film met ondertitels	ein Film in französischer Originalfassung mit Untertiteln
de schouwburg	das Theater
de opera	die Oper
het concert	das Konzert
de danszaal	das Tanzlokal, der ~saal
het vakantiekamp	das Ferienlager
de bandrecorder	das Tonbandgerät
de cassette	die Kassette
de cassetterecorder	der Kassettenrecorder
hengelen	angeln
kaarten	Karten spielen
op pad gaan	sich auf den Weg machen

het pad	der Pfad, Weg
slenteren	schlendern, bummeln

27.2a

de vrijetijdsbesteding	die Freizeitbeschäftigung
actief	aktiv
de vereniging	der Verein
de camping	das Camping, der Campingplatz
de gewoonte	die Gewohnheit
de jeugd	die Jugend
de volwassene	der Erwachsene
het gezelschap	die Gesellschaft
de cursist	der Kursteilnehmer
de volksuniversiteit	die Volkshochschule
de toneelvoorstelling	die Theateraufführung

27.2b ⊙

biljarten	Billard spielen
breien	stricken
de computer	der Computer
het computerspelletje	das Computerspiel
dansen	tanzen
dobbelen	würfeln
fotograferen	fotografieren
haken	häkeln
kamperen	campen
kegelen	kegeln
naaien	nähen
platen draaien	Schallplatten spielen
schaken	Schach spielen
schaatsen	eislaufen
tekenen	zeichnen
uitrusten	ausruhen
het elftal	die Elf
wielrennen	radrennen, radrennfahren
het zwembad	das Schwimmbad

27.3

de aangifte	die Anzeige
stelen	stehlen
de bloemenwinkel	der Blumenladen
Ik ben van oordeel dat	Ich bin der Meinung/glaube, daß .....
overdag	tagsüber
de moed	der Mut
de diefstal	der Diebstahl
verzekeren	versichern
de verzekering	die Versicherung
de inboedelverzekering	die Hausratversicherung
het merk	die Marke
het fabricagenummer	die Fabriknummer
uit het hoofd weten (kennen)	auswendig wissen; im Kopf haben
telefonisch doorgeven	telefonisch an-(durch-)geben
de personalia	die Personalien
ophelderen	aufklären
eerlijk	ehrlich
welhaast	fast, beinahe
nihil	nichts
welhaast nihil	fast gleich Null

27.4

het noodgeval	der Notfall
de autopech	der Autoschaden, die Panne
patrouilleren	patrouillieren
desbetreffend	diesbezüglich, entsprechend
het streekstation	die Bezirksstation

27.5

de breuk	der Bruch
het kwart	das Viertel
het tweevoud, viervoud	das Zweifache, Vierfache
tweevoudig, viervoudig	zweifach, vierfach
het drietal, zestal	drei, sechs (an der Zahl)
min	minus, weniger
keer	mal, multipliziert mit
delen	teilen

27.6 ⊙

de tollenaar	der Zöllner (biblisch)
de welvaartsstaat	der Wohlfahrtsstaat
de bevrijding	die Befreiung
de karikatuur	die Karikatur
de geest	der Geist
naast de mensen gaan staan	Sympathie/Mitgefühl haben mit den Menschen
de verdrukking	die Unterdrückung, Bedrängnis
hol	hohl
de hoogwaardigheidsbekleder	der Würdenträger
de politiek	die Politik
constateren	konstatieren, feststellen
de populariteit	die Popularität
bijvoorbeeld (= b.v., bv., bijv.)	zum Beispiel (= z.B.)
de minister	der Minister
het kenmerk	das Kennzeichen, Markenzeichen
terughoudend	zurückhaltend
uitbundig	überschwenglich, begeistert

27.7a

de groentewinkel	der Gemüseladen
het aanbod	das Angebot
vraag en aanbod	Angebot und Nachfrage

27.7b ⊙

asperge	der Spargel
de augurk	die (kleine) Gurke
het bieslook	der Schnittlauch
de komkommer	die (Salat-)Gurke
de kool	der Kohl
de bloemkool	der Blumenkohl
de koolraap	der Kohlrabi
de rode kool	der Rotkohl
de savooi(e)kool	der Wirsing(kohl)
de spruitjes	der Rosenkohl
de linze	die Linse
de paddestoel	der Pilz
het eekhoorntjesbrood	der Steinpilz
de hanekam	der Pfifferling
de truffel	der Trüffel
de paprika	der Paprika
de andijvie	die Endivie
de groentesla	der Gemüsesalat
de kropsla	der Kopfsalat
de spinazie	der Spinat
de wortel	die Mohrrübe

27.8

de constructie	die Konstruktion
de samenhang	der Zusammenhang
verdienen	verdienen
plaatsvervangend	stellvertretend, ersetzend
de directeur	der Direktor
de toespraak	die Ansprache, Rede
beperken	beschränken; einschränken

27.9

al	wenn auch, wenn schon
de kring	der Kreis, der Ring
winnen	gewinnen
hoewel	obwohl, obgleich
de tegenstander	der Gegner, Widersacher
verdedigen	verteidigen

Les 28

28.1

versieren	hier: aus-, durchführen, organisieren
We denken van niet.	Wir glauben nicht.
Da's jammer. (= dat is .....)	Das ist schade.

Vandaar dat we het op een rijtje zetten.	Daher weisen wir einmal deutlich darauf hin.
het voordeel	der Vorteil
Doe er uw voordeel mee.	Machen Sie sich das zunutze.
aanwippen	vorbeigehen, ~kommen
ontdekken	entdecken
van pas komen	gelegen kommen, gut auskommen
klaarstaan	bereitstehen, zur Verfügung stehen

28.2

de attractie	die Attraktion
de grenzentocht	der Grenzausflug
verkrijgbaar	erhältlich
recht geven op	berechtigen zu
de boottocht	die Bootsfahrt
de Limburgse (rijste-)vlaai	der Limburger (Reis-) Kuchen
het station uitkomend ...	aus dem Bahnhof kommend ...
direct over de brug	gleich hinter der Brücke
rechtsaf	rechtsab
de aanlegsteiger	die Anlegestelle, der Landungsplatz
de rederij	die Reederei
stilstaan	stillstehen, stehenbleiben
de sluis	die Schleuse
zgn. (= zogenaamd)	sog. (= sogenannt)
het sluizenstelsel	das Schleusensystem
liefst	hier: nicht weniger als
omlaag schutten	nach unten/talwärts schleusen
dwars	quer
met aan weerszijden van	zu beiden Seiten von
de steile wand	die Steilwand
uit het water oprijzen	vom Wasser aus hochragen
de afgifte	die Abgabe
de talon	der Bon, Gutschein
een kopje koffie met Limburgse vlaai gebruiken	eine Tasse Kaffee mit Limburger Torte verzehren
N.B. (= nota bene)	notabene; bitte beachten
daags tevoren	tags zuvor
reserveren	reservieren, bestellen
of eerder schriftelijk	oder besser schriftlich

28.3

meemaken	mitmachen, (mit-)erleben
spannend	spannend
de gebeurtenis	das Erlebnis

28.4

schakelen	schalten
de versnelling	der Gang
repareren	reparieren
duwen	drücken, schieben
de wegomlegging	die Umleitung
het kenteken	das (Auto-)Kennzeichen
het onderdeel	das Ersatzteil
tweedehands	aus zweiter Hand
verkopen	verkaufen
het eenrichtingsverkeer	der Einbahnverkehr
de bekeuring	das Protokoll, die Anzeige
gedurende	während
de pauze	die Pause
de rem	die Bremse
de accu	die Batterie
de voor- en achterlichten	die Vorder- und Rückleuchten
het stopverbod	das Halteverbot
iets over het hoofd zien	etwas übersehen
wennen	(sich) gewöhnen
inhalen	überholen

liften	per Anhalter reisen
de medereiziger	der Mitfahrer
de chauffeur	der Fahrer
loodvrij	bleifrei
de korting	der Rabatt

28.4 Abb.

afgesloten weg	gesperrt für Fahrzeuge aller Art
afsluiten	abschließen
uitrit vrijhouden	Ausfahrt freihalten

28.5

degene die	der-/diejenige, der/die .....
hetgeen hij zegt	was er sagt

28.6

het vreemde woord	das Fremdwort
de lettergreep	die Silbe
de harmonie	die Harmonie
de symfonie	die Symphonie
de natie	die Nation
de reformatie	die Reformation
de prestatie	die Leistung
de produktie	die Produktion
de conducteur	der Schaffner
het visum	das Visum
het gedeelte	der, das Teil
de gemeente	die Gemeinde
de lengte	die Länge
de methode	die Methode
de liefde	die Liebe

28.7

nagaan	prüfen, feststellen
het spoor	das Gleis
overstappen	umsteigen
de reistijd	die Reisezeit
RAI (= rijwiel- en automobielindustrie)	Station beim RAI-Gebäude
de overstap	das Umsteigen
CS (= centraalstation)	Hbf. (= Hauptbahnhof)
HS (= Hollands Spoor)	ehemalige Eisenbahngesellschaft, nach der noch ein Bahnhof in Den Haag benannt ist

Les 29

29.1

dekken	decken
deftig	vornehm
grappig	launig, komisch
het bestek	das Besteck
de vork	die Gabel
de lepel	der Löffel
het mes	das Messer
scherp	scharf
deel uitmaken van	Bestandteil sein von/gehören zu
de kan	die Kanne
het eierdopje	der Eierbecher
de suikerpot	die Zuckerdose
het schoteltje	die Untertasse
de schotel	die Schüssel
het servet	die Serviette
de versiering	der Schmuck, die Verzierung
de broodmand	der Brotkorb
aanreiken	(herüber-)reichen
de jam	die Marmelade
Ik heb geen bezwaar tegen	Ich habe nichts einzuwenden gegen .....
zacht	weich

29.2

de tandarts	der Zahnarzt
de vulling	die Füllung, Plombe
zoet	süß
trekken	ziehen
plomberen	plombieren
de kies	der Backenzahn

daarachter	dahinter
de kroon	die Krone
boren	bohren
de spuit	die Spritze
afzien van iets	von etwas absehen
gevoelig	empfindlich

29.3

ontbijten	frühstücken
ooit	jemals
de kiespijn	die Zahnschmerzen
het resultaat	das Resultat, Ergebnis
leiden	führen

29.4

Hij is aan de beterhand.	Er ist auf dem Weg der Besserung.
Hij is weer helemaal beter!	Er ist wieder ganz gesund!
de deelneming	die (An-)Teilnahme
betuigen	bezeugen
Oprechte deelneming!	Herzliches Beileid!
het leed	das Leid, der Kummer

29.5

weigeren	sich weigern, verweigern

29.6

voorafgaan	vorangehen
voor het examen slagen	das Examen bestehen

29.7

de verhuizing	der Umzug
de wijziging	die Änderung, Veränderung
het postadres	die Postanschrift
ingaande 15-1-1987	ab 15. 1. 1987
wijzigen	sich ändern, verändern
Drs. (= doctorandus)	(akademischer Titel)
het bezit	der Besitz
het postbusnummer	die Postfachnummer
het staatsbedrijf	der Staatsbetrieb
PTT (= Posterijen, Telegrafie, Telefonie)	die Post

29.8

de vlo	der Floh
het lama (de stof)	die Lamawolle
de lama (het dier)	das Lama
de koopman	der Kaufmann
de vakman	der Fachmann

29.9

het parkeerkaartje	der Parkschein
onmiddellijk	unmittelbar, direkt
de inrit	die Einfahrt
volstaan	genügen
de parkeerruimte	die Parkfläche
de boete	die Buße, das Bußgeld

29.9 Abb. ⊙

de parkeertijd	die Parkzeit
de zijde	die Seite
leesbaar	lesbar, leserlich

29.10

zoveel	soviel, so viele
passen op	aufpassen auf
opdat	damit, daß
zodat	so daß
aantrekken	anziehen
de hoek	die Ecke, der Winkel

Les 30

30.1

de bevolking	die Bevölkerung
de inwoner	der Einwohner
Germaans	germanisch
de provincie	die Provinz
voorts	außerdem, weiter
de groepering	die Gruppierung

de voormalige koloniën	die ehemaligen Kolonien
alsmede	sowie
de gastarbeider	der Gastarbeiter
de religie	die Religion
onderstaande tabel	nachstehende Tabelle
de indeling	die Einteilung
de godsdienst	das Bekenntnis, die Religion
de verschuiving	die Verschiebung
daarin	hier: dabei
optreden	hier: vorkommen
Rooms-Katholiek	römisch-katholisch
Nederlands-Hervormd	niederländisch-reformiert
Gereformeerd	reformiert, protestantisch (calvinistisch)
de kerk	die Kirche
geen kerkgenootschap	ohne Bekenntnis
opmerkelijk	bemerkenswert, auffällig
de vermindering	die Abnahme, Verminderung
het percentage	der Prozentsatz
de groei	das Wachstum, Anwachsen
de onkerkelijke	der Bekenntnislose
de regionale spreiding	die regionale Verteilung
tonen	zeigen, etwas sehen lassen
globaal	global
aantreffen	antreffen
de protestant	der Protestant
sterk	stark
vertegenwoordigen	vertreten
de strook	der (Land-)Streifen
de onkerkelijkheid	die Bekenntnislosigkeit
het verschijnsel	die Erscheinung
de mate	das Maß, der Grad
doorwerken op	durchschlagen auf
het sociale en economische leven	das soziale/gesellschaftliche und wirtschaftliche/ökonomische Leben
de „verzuiling“	die „Versäulung“
het publiciteitsmedium	das öffentliche Medium
de ontspanningsverenigingen	hier: das Vereinsleben
confronteren	konfrontieren
christelijk	christlich
neutraal	neutral
verstrijken	verstreichen, vergehen
de volkstelling	die Volkszählung
de toeneming	die Zunahme
verhoudingsgewijs	verhältnismäßig, relativ
vrijwel gelijk	nahezu gleich
de periode	die Periode
toeschrijven aan	zuschreiben, erklären durch
de leeftijdsopbouw	der Altersaufbau
de verandering	die Änderung, Veränderung
duidelijk	deutlich
de invloed	der Einfluß
de verlaging	die Verminderung
het kindertal	die Kinderzahl
de afneming	die Abnahme
de jeugdige	der Jugendliche
voortgaand	fortschreitend, zunehmend
de bejaarde	der Betagte, der Senior

30.2

meerekenen	mitrechnen
de wateren	die Gewässer
dichtstbevolkt	mit der größten Bevölkerungsdichte
de geslachtsverhouding	die Verteilung nach dem Geschlecht
het geslacht	das Geschlecht

de bevolkingsdichtheid	die Bevölkerungsdichte
het landsdeel	der Landesteil (= mehrere Provinzen)
bestaande uit	bestehend aus
incl. = inclusief	inklusive, inbegriffen
het centrale persoonsregister	das zentrale Personenregister
het zwaartepunt	der Schwerpunkt
dunstbevolkt	mit der geringsten Bevölkerungsdichte
vanouds	von alters her; von jeher
de bedrijvigheid	die Geschäftigkeit, Tätigkeit
de visserij	die Fischerei
voorspoedig	glücklich, günstig
agrarisch gerichte landprovincies	agrarisch/landwirtschaftlich ausgerichtete Landprovinzen
op den duur	auf die Dauer
de landbouwmechanisatie	die Mechanisierung der Landwirtschaft
de arbeidskracht	die Arbeitskraft
overtollig	überflüssig
de binnenlandse migratiestroom	die inländische Wanderungsbewegung

30.3

de (het) proviand	der Proviant
het gebruiksartikel	der Gebrauchsartikel
het douanerecht	der Zoll, die Zollgebühr
invoeren	einführen
uitvoeren	ausführen
het artikel	der Artikel
de hoeveelheid	die Menge, Anzahl
de belasting	die Steuer; hier: der Zoll
EEG (= Europese Economische Gemeenschap)	EWG (= Europäische Wirtschaftsgemeinschaft)
de sigarillo	der Zigarillo
de tabak	der Tabak
spiritualiën	Spirituosen
de mousserende wijn	der Schaumwein
de likeur	der Likör
personen boven 15 jaar	Personen über 15 Jahren
het extract	der Extrakt
de, het parfum	das Parfüm
een totale waarde van	ein Gesamtwert von
de valuta	die Währung, Valuta
verdelen	auf-, ein-, verteilen
de circulatie	der Umlauf
het bankpapier	die Banknote
deviezen	Devisen
het reiskrediet	der Reisekredit
over het algemeen	im allgemeinen
de kredietkaart	die Kreditkarte
accepteren	akzeptieren, annehmen

30.4

het grensdocument (grensdokument)	das Grenzdokument
de staat	der Staat
een hoogstens 5 jaar verlopen pas	ein höchstens 5 Jahre abgelaufener Paß
verlopen	ver-, ablaufen
behoeven	brauchen, benötigen
het document (dokument)	das Dokument
het reisdocument (reisdokument)	das Reisedokument
vereist zijn	erforderlich sein
het registratiebewijs	die Zulassung
het nationaliteitskenteken	das Nationalitätskennzeichen
de woonwagen	der Wohnwagen
de kampeertrailer	das Wohnmobil
de autoriteit	die Autorität, Behörde
indien	falls
er bestaat twijfel	es ist zweifelhaft
de heruitvoer	die Wiederausfuhr

de waarborgsom	die Kaution(-ssumme)
eisen	fordern
de wettelijke aansprakelijkheid	die Haftpflicht
de verzekeringskaart	die Versicherungskarte
verplicht zijn voor	vorgeschrieben sein für

30.5

doch	aber, doch
in staat zijn	imstande, in der Lage sein
tegenover de leerling	gegenüber dem Schüler/Lehrling
echter	jedoch, aber
in het begin	zu Beginn, anfangs
de muziek	die Musik

30.6

alsof, of	als ob
moe	müde
kwaad	böse, ärgerlich

30.6 Abb.

vloeken	fluchen

Test III

dicht	dicht
de ketting	die Kette
de kettingbotsing	die Massenkarambolage
onvolledig	unvollständig
de gegevens	die Angaben, Daten
de ravage	die Zerstörung, Verwüstung
onvoldoende	unzureichend, ungenügend
CNV (= Christelijk Nationaal Vakverbond)	Christlich Nationale Gewerkschaft
in het kader van	im Zusammenhang mit; im Zuge von
de werk(e)loosheidsbestrijding	die Bekämpfung der Arbeitslosigkeit
de 36-urige werkweek	die 36-Stunden-Woche
realiseren	realisieren, verwirklichen
het bedrijfsleven	die Wirtschaft
de collectieve sector	der öffentliche Dienst
op centraal niveau	auf höchster Ebene
de prijscompensatie	die Preiskompensation
de financieringsbron	die Finanzierungsquelle
de bron	die Quelle
de arbeidstijdverkorting	die Arbeitszeitverkürzung
de discussienota	der Diskussionsbeitrag
de nota	die Note, (Denk-) Schrift
het sociaal-economisch beleid	die Wirtschafts- und Sozialpolitik
het beleid	die Amtsführung, Geschäftsführung
het tempo	das Tempo
versnellen	beschleunigen
de ontwikkeling	die Entwicklung
de produktiviteit	die Produktivität
voordoen	sich bieten, zeigen, ergeben
de boekhouder	der Buchhalter
de programmeur	der Programmierer
de burgerlijke staat	der Familienstand
tegenwoordig	gegenwärtig
verwijzen naar	hinweisen auf, Bezug nehmen auf

Alphabetische Wortschatzliste

Im allgemeinen wird nur das erste Vorkommen eines jeden Worts durch die Lektionsziffer angegeben. Zwei und mehr Stellenangaben weisen auf unterschiedliche Anwendungen und Bedeutungen desselben Worts hin. Bei Wörtern mit mehreren Funktionen (z. B. „en, er") dagegen werden nicht alle Varianten verzeichnet. Ein gelegentliches Vorkommen – nur oder erstmals – im Arbeitsbuch wird durch „A" gekennzeichnet, der Wortschatz in Abbildungen ist mit dem Zusatz „Abb." versehen, der Wortschatz in den Tests erscheint unter den Ziffern „I", „II" und „III".

D

I

L

M

N

P

T

U

V

W

Y

Z

Grammatik- und Sachregister

Abkürzungen

ANP = Algemeen Nederlands Persbureau 21.1
ANWB = Algemene Nederlands Weggebruikersbond 20.4
a.s. = aanstaande 14.7
a.u.b. = alstublieft 2.13
b.v. = besloten vennootschap 24.1
b.v., bv., bijv. = bijvoorbeeld 13.5
cao, CAO, c.a.o. = Collectieve Arbeidsovereenkomst 19.5
cm = centimeter 22.1
CNV = Christelijk Nationaal Vakverbond III
CS = Centraal Station II, 28.7
div. = divers(e) 26.1
drs. = doctorandus 29.7
e.d. = en dergelijke 17.6b
E.H.B.O. = Eerste Hulp bij Ongelukken (Ongevallen) 20.5a
EEG = Europese Economische Gemeenschap 30.3
enz. = enzovoort(s) 7.6 Abb.
f, f. = florin(s) = gulden 12.1
fa. = firma III
g = gram 30.3
HS = Hollands Spoor 28.7
incl. = inclusief 30.2
i.p.v. = in plaats van 20.6
i.v.m. = in verband met III
kg = kilo(gram) 18.9
KL, K.L.M. = Koninklijke (Nederlandse) Luchtvaart-Maatschappij 14.5
km/u = kilometer per uur 21.5
K.N.M.I. = Koninklijk Nederlands Meteorologisch Instituut 22.1
l = liter 18.9
m = meter 18.9
max. = maximaal 21.5
mij = maatschappij 14.6
min. = minimaal 21.5
min. = minuten 28.7
n.a.v. = naar aanleiding van 19.3 Abb.
nl. = namelijk 7.5
nr., nrs. = nummer, nummers 7.5
NRC = Nieuwe Rotterdamse Courant 13.4
o.a. = onder andere(n) 24.1
o.m. = onder meer 11.6
PTT = Posterijen, Telegrafie, Telefonie 29.7
RAI = Rijwiel- en Automobielindustrie 28.7
resp. = respectievelijk 18.5a
St. = Sint 28.2
t.b.v. = ten behoeve van 24.1
tel. = telefoon 27.4
t.h. = ten honderd 19.3 Abb.
t/m = tot en met 7.5
tv, TV = televisie 10.3
u, u. = uur 10.7
VVV = Vereniging voor Vreemdelingenverkeer 7.1
W.C. = watercloset 16.3
Zn. = Zoon, Zonen III (bei Firmennamen)

Abkürzungen von Grammatikausdrücken

bez. = bezittelijk – besitzanzeigend, possessiv
bn. = bijvoeglijk naamwoord – Eigenschaftswort, Adjektiv
bw. = bijwoord – Umstandswort, Adverb
dw. = deelwoord – Mittelwort, Partizip
ev. = enkelvoud – Einzahl, Singular
lw. = lidwoord – Geschlechtswort, Artikel
m = mannelijk – männlich, maskulin
mv. = meervoud – Mehrzahl, Plural

o = onzijdig – sächlich, neutral
o.t.t. = onvoltooid tegenwoordige tijd – Präsens, Gegenwart
o.v.t. = onvoltooid verleden tijd – Imperfekt, Vergangenheit
pers. = persoonlijk – persönlich, personal
st.(ww.) = sterk (werkwoord) – stark (Zeitwort, Verb)
v = vrouwelijk – weiblich, feminin
v. dw. = voltooid deelwoord – Mittelwort der Vergangenheit, Partizip Perfekt
vnw. = voornaamwoord – Fürwort, Pronomen
v.t.t. = voltooid tegenwoordige tijd – Perfekt, Vollendung in der Gegenwart
v.v.t. = voltooid verleden tijd – Plusquamperfekt, Vollendung in der Vergangenheit
vw. = voegwoord – Bindewort, Konjunktion
vz. = voorzetsel – Verhältniswort, Präposition
ww. = werkwoord – Zeitwort, Verb
zn. = zelfstandig naamwoord – Hauptwort, Substantiv
zw.(ww.) = zwak (werkwoord) – schwach (Zeitwort, Verb)

Grammatikausdrücke (lateinisch, deutsch und niederländisch)

Adjektiv – Eigenschaftswort – bijvoeglijk naamwoord
Adverb – Umstandswort – bijwoord
Akzent – Betonung – (woord)accent
Artikel – Geschlechtswort – lidwoord
  bestimmter ~ bepaald lidwoord
  unbestimmter ~ onbepaald lidwoord
Aussprache – uitspraak
Deklination, Flektion – Beugung – verbuiging
Diminutiv – Verkleinerungswort – verkleinwoord
Endung – uitgang
feminin – weiblich – vrouwelijk
Imperativ – Befehlsform – gebiedende wijs
Infinitiv – Grundform – onbepaalde wijs
Kasus – Fall – naamval
  Nominativ – 1. Fall – 1e naamval
  Genitiv – 2. Fall – 2e naamval
  Dativ – 3. Fall – 3e naamval
  Akkusativ – 4. Fall – 4e naamval
Komparation – Steigerung – trappen van vergelijking

Konjunktion – Bindewort – voegwoord
adversativ – entgegensetzend – van tegenstelling
kausal – ursächlich – van causaliteit
konditional – bedingend – van voorwaarde
konsekutiv – folgernd – van (graadaanduidend) gevolg, van doel en van twijfel
konzessiv – einräumend – van toegeving
koordinierend – neben-, beiordnend – nevenschikkend
modal – Art und Weise bezeichnend – van vergelijking (modaliteit)
subordinierend – unterordnend – onderschikkend
temporal – zeitlich – van tijd
Konjunktiv – Möglichkeitsform – aanvoegende wijs
Konsonant – Mitlaut – medeklinker
Kurzform – korte vorm
maskulin – männlich – mannelijk
neutral – sächlich – onzijdig
Orthographie – Rechtschreibung – spelling
Partizip – Mittelwort – deelwoord
Partizip Präsens – Mittelwort der Gegenwart – onvoltooid deelwoord
Partizip Perfekt – Mittelwort der Vergangenheit – voltooid deelwoord
Passiv – Leideform – lijdende vorm
Plural – Mehrzahl – meervoud
Präfix – Vorsilbe – voorvoegsel
Präposition – Verhältniswort – voorzetsel
Pronomen – Fürwort – voornaamwoord
demonstrativ – hinweisend – aanwijzend
interrogativ – fragend – vragend
personal – persönlich – persoonlijk
possessiv – besitzanzeigend – bezittelijk
reflexiv – rückbezüglich – wederkerend
relativ – bezüglich – betrekkelijk
reziprok – wechselbezüglich – wederkerig
Silbe – lettergreep
Singular – Einzahl – enkelvoud
Substantiv – Hauptwort – zelfstandig naamwoord
Syntax – Satzbau – zinsbouw, volgorde van de zinsdelen
Hauptsatz – hoofdzin
Nebensatz – bijzin
Tempus – Zeiten des Zeitworts – werkwoordstijden
Präsens – Gegenwart – (onvoltooid) tegenwoordige tijd
Imperfekt – Vergangenheit – (onvoltooid) verleden tijd
Futur – Zukunft – toekomende tijd
Perfekt – Vollendung in der Gegenwart – voltooid tegenwoordige tijd
Plusquamperfekt – Vollendung in der Vergangenheit – voltooid verleden tijd

Verb – Zeitwort – werkwoord
Hilfsverb – Hilfszeitwort – hulpwerkwoord
nichtreflexives Verb – zielendes Zeitwort – niet-wederkerend werkwoord
reflexives Verb – rückbezügliches Zeitwort – wederkerend werkwoord
schwaches Verb/Zeitwort – zwak werkwoord
starkes Verb/Zeitwort – sterk werkwoord
Vokal – Selbstlaut – klinker
Wortbildung – woordvorming
Zahl – cijfer, getal, telwoord
Bruch(zahl) – breuk
Kardinalzahl – Grundzahl – hoofdtelwoord
Ordinalzahl – Ordnungszahl – rangtelwoord

Quellenverzeichnis

Der Verlag dankt den folgenden Personen, Institutionen und Unternehmen für ihre freundliche Genehmigung zum Abdruck von Copyright-Material:

Fotos
S. 37, 40, 45, 51, 124, 146: Karl-Heinz und Bernhard Hennen, Monheim
S. 50, 64, 99: Interfoto, München
S. 89, 120: NBT, Leidschendam
S. 145: N.V. Nederlandse Spoorwegen, Utrecht

Texte und Realien
S. 38: ANVV, Amersfoort
S. 73, Nr. 4: aus NRC-Handelsblad v. 7.7.79/NDU, Rotterdam
S. 73, Nr. 5: Auszug aus: Wolter's Woordenboek Nederlands/Duits, Wolters-Noordhoff, Groningen
S. 84, Nr. 11: VVV, Mol, Belgien
S. 89, Nr. 1: aus „Algemeen Dagblad" v. 14.4.79/NDU, Rotterdam
S. 103: © Prosper De Smet
S. 113, Nr. 1: ANP, Hilversum
S. 115, Nr. 5: VVV, Hilversum
S. 117, Nr. 1: ANP, Hilversum
S. 123, Nr. 3: aus NRC-Handelsblad v. 3.7.79/NDU, Rotterdam
S. 139: Bob den Uyl aus „Met een voet in het graf", © Em. Querido's Uitgeverij B.V.
S. 141, Nr. 4: VVV, Hilversum
S. 142, Nr. 6: OPLAND, © VGBild-Kunst Bonn 1988
S. 144: ANVV, Amersfoort
S. 145: N.V. Nederlandse Spoorwegen, Utrecht
S. 154, 155: aus „Het Koninkrijk der Nederlanden", Hrsg. Ministerie van Buitenlandse Zaken in samenwerking met alle ministeries
S. 156, Nr. 3: ANVV/NBT